MW01136835

TALIBAN

タリバン

イスラム原理主義の戦士たち

Ahmed Rashid

アハメド・ラシッド

坂井定雄・伊藤力司＝訳

講談社

まえがきと謝辞

この本を書き終わるまでに、二一年かかった。それはほぼ、わたしが記者としてアフガニスタンを取材し続けた年月でもある。アフガニスタンでの戦争は、パキスタンのジャーナリストであるわたしにとって、人生の大きな仕事だった。報道すべき出来事がたっぷりあった。のちには中央アジアのニュース、さらにソ連の崩壊が加わった。

なぜ、アフガニスタンなのか？ 平和なときでも戦争のなかでも、この国を訪れた人はだれも、アフガニスタンは世界で最も独特な部類に属する、ということを理解するだろう。アフガン人はまた、今世紀、最も大きな悲劇の一つの犠牲者だといえる。この時代で最も長い戦争は、語られることのない不幸を人々にもたらした。

かれらについて語るとき、かれらの性格は大きな矛盾をはらんでいる。勇敢で、堂々としていて、名誉を重んじ、寛大で、客に親切で、優雅で、ハンサムなアフガン人は、曲折した、卑しい、残忍な心の持ち主でもある。

何世紀もの間、ペルシャ人、モンゴル人、英国人、ソ連人、そして最近では、パキスタン人も加わったアフガン人とその国を理解しようとする試みは、結局、力による外交ゲームになった。しかし、よそ者はだれも、アフガン人たちを征服することも、思いのままにすることもできなかったのだ。今世紀に、英国とソ連という二つの大敵を追い出すことができたのは、アフガン人だけだった。しかし、この二一年間の戦争でアフガン人は、一五〇〇万人の死者と国土のひどい荒廃という、巨大な犠牲を支払わなければならなかった。

わたしにとって、アフガニスタンとのかかわりには、運が大きな役割を果たした。わたしは偶然、まさにそのとき、その場所に居合わせたのである。一九七八年、アフガニスタン分裂のきっかけとなったクーデター発生の際、わたしは首都カブールで、ダウド大統領の官邸への戦車部隊の攻撃を見ていた。その一年後、カンダハルに最初のソ連軍戦車が侵入してきたとき、わたしはバザール（市場）でお茶をすすっていた。

ソ連軍とムジャヒディン（イスラム武装勢力）の戦争を取材しているさなか、多くのジャーナリストたちがそうだったように、本を書くことを家族はわたしに強く勧めた。わたしはそうしなかった。書くことが多すぎ、どこからはじめてよいか分からなかったからだ。

一九八八年、国連が仲介した難しい交渉の取材で、数ヵ月をジュネーブで過ごしたのち、わたしは本を書く決意をした。ジュネーブ交渉は、アフガニスタンからのソ連軍撤退の協定で終わった。ジュネーブには、二〇〇人ものジャーナリストが集まっていたが、幸いにもわたしは、国連、アメリカ、ソ連、パキスタン、イラン、そしてアフガニスタンの外交官たちの間の、さまざまな駆け引きの多くを密かに知ることができた。しかし、わたしの初恋の対象、アフガニスタンがジュネーブからまっすぐ、いまにいたるまで続いている無意味な血みどろの内戦に突き進んだため、そんな本を書くことなど、ありえなかった。

その代わりわたしは、アフガニスタン紛争の原型を見るため、中央アジアに行き、ソ連の崩壊を目撃することになった。わたしは、中央アジアの新独立諸国の展望についての本を書いた（訳注：邦訳『よみがえるシルクロード国家』講談社）。しかし、アフガニスタンはいつも、わたしを引き戻した。

わたしは、ナジブラ政権が崩壊し、カブールがムジャヒディンに陥落した一九九二年、銃弾を避けながら首都に一ヵ月滞在した。そのとき、本を書くべきだった。アフガン問題はわたしをモスクワ、ワシントン、ローマ、ジッダ、パリ、ロンドン、アシガバードへと連れていった。最終的には、タリバンの特異性と、その彗星のような登場に関する文献がないことが、二一年間にわたるアフガニスタンの歴史とタリバンの話を語らねばならない、とわたしを説得した。

わたしは、何年にもわたってアフガニスタンを真剣に取材した唯一のパキスタン人ジャーナリストだった。この隣国の戦争が、パキスタン外交の重荷で、ジア・ウル・ハク軍事政権を居座らせ続けたにもかかわらずだ。もし、ほかにわたしの関心の理由をいうとすれば、イスラマバードのアフガニスタン政策が、パキスタンの将来の安全保障、国内政治にきわめて重要な役割をもち、国内にイスラム原理主義の反発を呼び起こすに違いない、という一九九二年からの確信だった。今日、麻薬、武器、腐敗、暴力の広がりで、パキスタンが政治的にも、経済的にも、社会的にも、どん底でもがいているとき、アフガニスタンで起こっている事態は、パキスタンにとって一層、重要なことになった。

パキスタンの政治家たちは、わたしの書くことに、いつも同意するとは限らなかった。ジア（ハク大統領）に異議をとなえるのは、やさしいことではなかった。一九八五年、ジアの情報機関から、わたしは数時間、尋問され、わたしの評論を理由に、六ヵ月間、書かないように警告を受けた。わたしは、匿名で書き続けた。わたしの電話は常に盗聴され、行動は監視された。

アフガニスタンは、アフガン人自身と同様、記者たちをくたくたに疲れさせる矛盾に満ちた国である。ムジャヒディン過激派の指導者、グルブディン・ヘクマティアルは、わたしとBBCのジョージ・アーニーに、共産主義シンパとして死刑を宣告した。そして、一年間もわたしの名前を指名手配のように、かれらの新聞に載せつづけた。のちに、ヘクマティアルの部隊が発射したロケット弾が、ミクロヤン住宅団地で小さな少年二人を殺した。その直後、その場に居合わせたわたしを殺そうとして、群衆が追いかけてきた。群衆は、わたしがヘクマティアルのスパイで、ロケット攻撃の被害を調べにきたと思ったのだ。

一九八一年、ナジブラが、KGB（ソ連の秘密警察）をモデルにした悪名高い、アフガン共産主義者の秘密警察KHADの長官をしていたとき、かれは、自らわたしを尋問した。カブール郵便局で、禁止されていたタイム誌のコピーを読んでいたため、KHADの将校に逮捕されたときのことである。のちに、かれは大統領になり、わたしは数回インタビューしたが、かれは、わたしがベナジル・ブット・パキスタン首相の親書を携えてくるかもしれない、と考えていた。わたしはかれに、ブット首相はわたしの話を聴かないだろうといったが、事実、彼女は聴かなかった。

そしてわたしは、アフガン共産主義者の部隊とムジャヒディンの、敵対するムジャヒディン同士の、さらにタリバンとマスード軍の戦車隊の撃ち合いに何回もぶつかり、身動きできなくなった。わたしはけっして戦闘員タイプではないので、たいていの場合は身を縮めていた。

アフガニスタンに対するわたしの関心は、多くの人々とりわけアフガン人たちの助力がなければ、持ち続けることができなかったろう。タリバンのムラー（イスラム指導者）たち、反タリバンの司令官たち、前線に立つ指揮官たち、戦場の戦士たち、そしてタクシー運転手たち、知識人たち、国際援助要員たち、農民たち。多すぎて名前を紹介することができず、また、名を出すにはあまりにも微妙な立場にある人たち。すべての人たちに感謝を捧げる。

アフガニスタン以外では、パキスタンの閣僚たち、外交官たち、将軍たち、官僚たち、そして情報機関の幹部たち。わたしを利用しようとする人も、わたしの見方に心から同感する人もいたが、かれらの多くが、信頼できる友人になった。

本書は、わたしの取材旅行と留守に耐え、長いあいだアフガニスタンへの思いを、わたしと共有してくれた、妻エンジェルスと二人の子供たちの愛と理解がなければ、書くことはできなかった。

ラホールで
アハメド・ラシッド

日本版へのまえがき

中央アジア・キルギス共和国で発生した、ウズベク人のイスラム過激派による日本人技師四人の拉致・人質事件は、日本の世論に衝撃を与えた。この事件の複雑な背景――タジキスタンでの五年にわたる内戦、ウズベキスタンでの襲撃事件、この地域での麻薬と密輸の拡がり、イスラム過激主義の成長――は、なお現在進行中の、二〇年間にわたるアフガニスタン内戦に、その源がある。事件の背景を、日本の世論に説明することは、メディアにとって易しいことではなかった。

タリバンがアフガニスタンの大部分を支配し、国際指名手配のサウジアラビア人、ウサマ・ビン・ラディンをはじめ二〇ヵ国以上のイスラム過激派に聖域を提供したことは、しばらく忘れられていたアフガニスタンに世界の注意を喚起した。

日本はこの地域に、重要かつ多様な関心を持っている。新しい産業への投資、カスピ海の石油、地域各国への開発援助などは、中央アジアに対する日本外交の重要な要素になった。日本はまた、エネルギー供給源の分散化、大国の干渉を極小化した平和地帯の構築を望んでいる。

それゆえ、日本はアフガニスタンの和平を必要とし、アフガン紛争の平和的解決をまっ先に支持してきた。日本の外交官は、一九八九年にソ連軍が撤退して以来、アフガン各派間の抗争を解決しようとする国連の調停努力に、きわめて重要な役割を果たしてきた。アフガニスタンで最もよく知られている日本人外交官は高橋ヒロシ氏で、かれはアフガン諸語を話し、アフガニスタン駐在国連代表部に数年間勤務、世界有数のアフガニスタン専門家とみられている。

今年、日本はタリバンと敵対勢力「北部同盟」の非公式な対話を仲介すべく、双方を東京に招待。もし平和が実現すれば、戦後復興のために絶対必要な、国際的資金支援集めに日本が先頭に立つ、という印象を双方に与えた。豊かな国々のなかで日本は、汚点がない不干渉の対アフガニスタン政策を維持してきたため、すべてのアフガン各派から、紛争の調停者として最も中立的な国だとみなされている。技師拉致・人質事件は日本の人々にとってショックだったかもしれないが、この地域の人々は、アフガン内戦終結のために日本がこれまで以上に大きな役割を果たすよう望んでいる。

本書は、この地域の深刻な問題を日本の人々により理解してもらうための、試みでもある。教育水準の高い日本の人々こそ、和平のための一層の努力を、政府に求めることができるからだ。

わたしは、本書を日本語に翻訳するやっかいな仕事に取り組んでくれた坂井定雄教授に、深く感謝する。かれは、中央アジアに関するわたしの最近の著作（講談社刊『よみがえるシルクロード国家』）の翻訳で素晴らしい仕事をしてくれた。同書と同様に、かれが成功することを確信している。またわたしは、本書を日本で出版することに強い関心を持ってくれた講談社に深く感謝している。

アハメド・ラシッド

二〇〇〇年五月、ラホールで

●目次／タリバン　イスラム原理主義の戦士たち

まえがきと謝辞 …… 1
日本版へのまえがき …… 6

第一部　タリバン、突然の登場

序章　アフガニスタンの聖なる戦士たち …… 23
イスラム学校の神学生　競技場の公開処刑　謎に包まれた政治運動
石油・天然ガスをめぐる争奪戦　アジアの心臓　複雑な民族・文化・宗教　パシュトゥン人のルーツ　英・ロのグレート・ゲーム　流血の内部抗争

第1章　カンダハル一九九四年　タリバンの誕生 …… 45
タリバン幹部らの〝勲章〟　CIAの資金　世界で最も多くの地雷が埋められた都市　内戦の再開　タリバン首脳の実像　強欲軍閥に決起
中央アジアへの交通ルート　トラック部隊救出作戦の大勝利

第2章　ヘラート一九九五年　歴史都市での戦い …… 69
男性だけの兄弟集団　電光石火の前進　初めての敗北　中央アジアのパン籠　ヘラート陥落

第3章　カブール一九九六年　信仰者の司令官 …… 86
預言者の外套を着る　カブールへの軍事援助　タリバン寄りの米政権
タリバンの完全勝利　ナジブラ元大統領を殺害　マスードの戦い　学
生運動が首都占領

第4章　マザリシャリフ一九九七年　北部での大虐殺 …… 112
裏切りの流血ドラマ　最悪の敗北　ロシア軍緊急態勢　国連の厳しい
非難

第5章　バーミヤン一九九八〜九九年　終わりなき戦争 …… 131
巨大石仏の危機　米国の忍耐を試す挑発　復讐のハザラ人虐殺　バー
ミヤン陥落　世界的考古学遺産を破壊　安保理の強硬決議

第二部　イスラムとタリバン

第6章　挑戦するイスラム　タリバンの新スタイル原理主義 …… 155
アフガン人の寛容　政治的イスラムの失敗　タリバンとデオバンド主義
ハッカニアの卒業生　イスラム原理主義の新しい顔

第7章　秘密社会　タリバンの政治、軍事組織 …… 176
独裁的な仕組み　「カンダハリ」と評議会　最高権力者ムラー・オマル
穏健派と強硬派の対立

第8章　消えた性　女性、子どもたち、そしてタリバンの文化……192
宗教警察の恐怖　世界最貧国の一つ　一二歳の少年兵　女性に対する抑圧　パシュトゥンワーリに従う　同性愛を厳罰

第9章　麻薬とタリバンの経済……214
見渡す限りのケシ畑　アフガン産ヘロインのルート　麻薬マネー　密輸マーケット　地雷上の生活

第10章　世界的ジハード　アラブ・アフガンとウサマ・ビン・ラディン……234
イスラム国際旅団　CIAの関与　自前の訓練キャンプ　公然とサウジ王室批判　五〇〇万ドルのお尋ね者　アフガン帰還兵の動き　パキスタンが抱える矛盾　サウジアラビアの立場　タリバン流客人のもてなし方

第11章　独裁者と石油貴族　タリバンと中央アジア、ロシア、トルコ、イスラエル……259
カスピ海地域を過大評価　中央アジアをめぐるゲーム　スターリンの身勝手　タジク人の夢　ウズベキスタンの動向　中立のトルクメニスタン　汎トルコ主義外交　イランの影響力

第12章　タリバンに求愛　①　一九九四～九六年のパイプラインをめぐる闘い……285

第13章　タリバンに求愛 ② 一九九七〜九九年のパイプラインをめぐる闘い……311

アルゼンチンの石油会社が口火　ブリダスとユノカル　クリントン政権の変化　中央アジア戦略の疑問　米議会も肩入れ　石油会社の綱引き　パイプラインは平和をもたらさない

第14章　主人かそれとも犠牲者か　パキスタンのアフガン戦争……337

タリバンの交渉術　米国の劇的政策転換　巨大石油会社アモコの登場　無秩序のフロンティア　麻薬と軍閥の一掃が目標　パッチワーク外交　パキスタンの孤立　タリバンを全否定

第15章　シーア対スンニ　イランとサウジアラビア……359

ISIの秘密資金　パキスタンの代償　「戦略的な深さ」という概念　ISIの弱体化　世界最大の密輸ビジネス　パキスタンの巨大な汚職構造　スンニ・ムスリムの世界

第16章　結論　アフガニスタンの将来……379

テヘランの変化　アラブ人とペルシャ人の戦場　クーデターの画策　対立の激化　イランの武器庫　サウジアラビアの外交　イラン外交官殺害事件　イランが試されるとき

悲痛の国家　テロリズムと麻薬の聖域　宗派代理戦争　神学がすべて　国際人道援助の疑問　タリバンの限界　アフガン和平の巨大な配当

訳者あとがきと解説……396
付録　女性および文化的問題に関するタリバンの布告……404
用語解説……409
索引……417

タリバン

イスラム原理主義の戦士たち

TALIBAN: Islam, Oil and the New Great Game in Central Asia
by Ahmed Rashid

Japanese translation published by arrangement with
I.B.Tauris & Co Ltd through The English Agency (Japan) Ltd.
The original English edition of this book is entitled
TALIBAN: Islam Oil and the New Great Game in
Central Asia and published by I.B.Tauris & Co, Ltd.,
(地図製作＝ウェルコム)

ロシア
モンゴル
ウランバートル
ハルビン
朝鮮民主主義人民共和国
瀋陽
北京
ピョンヤン
日本海
日本
東京
新疆ウイグル自治区
天津
ソウル
プサン
大韓民国
中華人民共和国
上海
太平洋
武漢
ベット高原
重慶
シッキム
ティンプー
タイペイ
ブータン
台湾
香港
南シナ海
ハノイ
マンダレー
ダッカ
ミャンマー
ハイナン島
フィリピン
マニラ
バングラデシュ
タイ
カンボジア
ベトナム
ヤンゴン
バンコク
ホーチミン
ブルネイ
プノンペン
バンダルスリブガワン
インドネシア
マレーシア

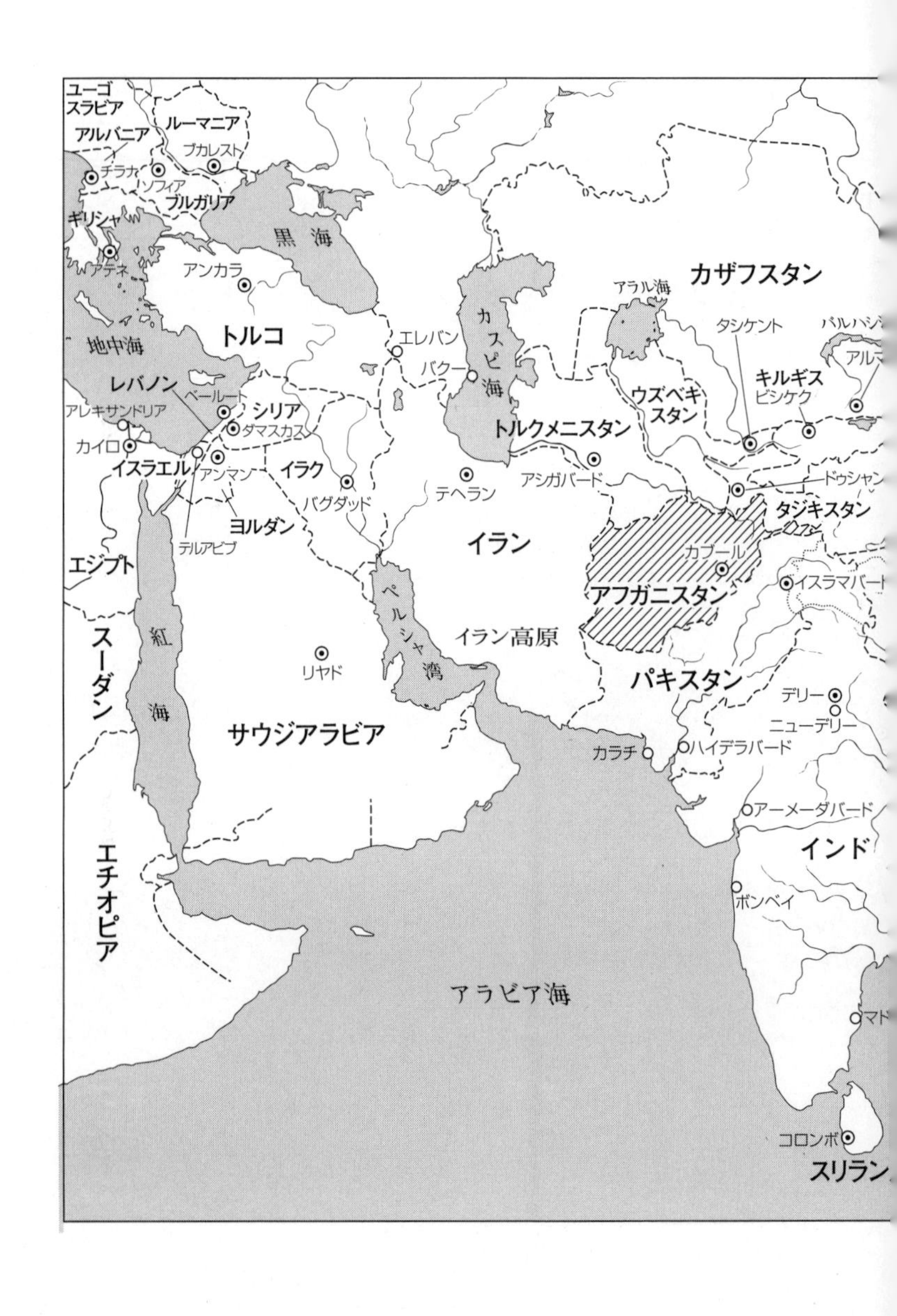
ユーゴ
スラビア
アルバニア
ルーマニア
ブカレスト
チラナ
ソフィア
ブルガリア
ギリシャ
黒　海
アテネ
アンカラ
カザフスタン
アラル海
トルコ
カスピ海
エレバン
タシケント
地中海
バクー
キルギス
ビシケク
レバノン
ベールート
シリア
ウズベキスタン
アレキサンドリア
ダマスカス
トルクメニスタン
カイロ
イスラエル
アンマン
イラク
アシガバード
テヘラン
ドゥシャンベ
バグダッド
タジキスタン
ヨルダン
テルアビブ
イラン
カブール
エジプト
ペルシャ湾
イスラマバード
アフガニスタン
スーダン
紅海
イラン高原
リヤド
パキスタン
デリー
ニューデリー
サウジアラビア
カラチ
ハイデラバード
アーメーダバード
インド
エチオピア
ボンベイ
アラビア海
コロンボ

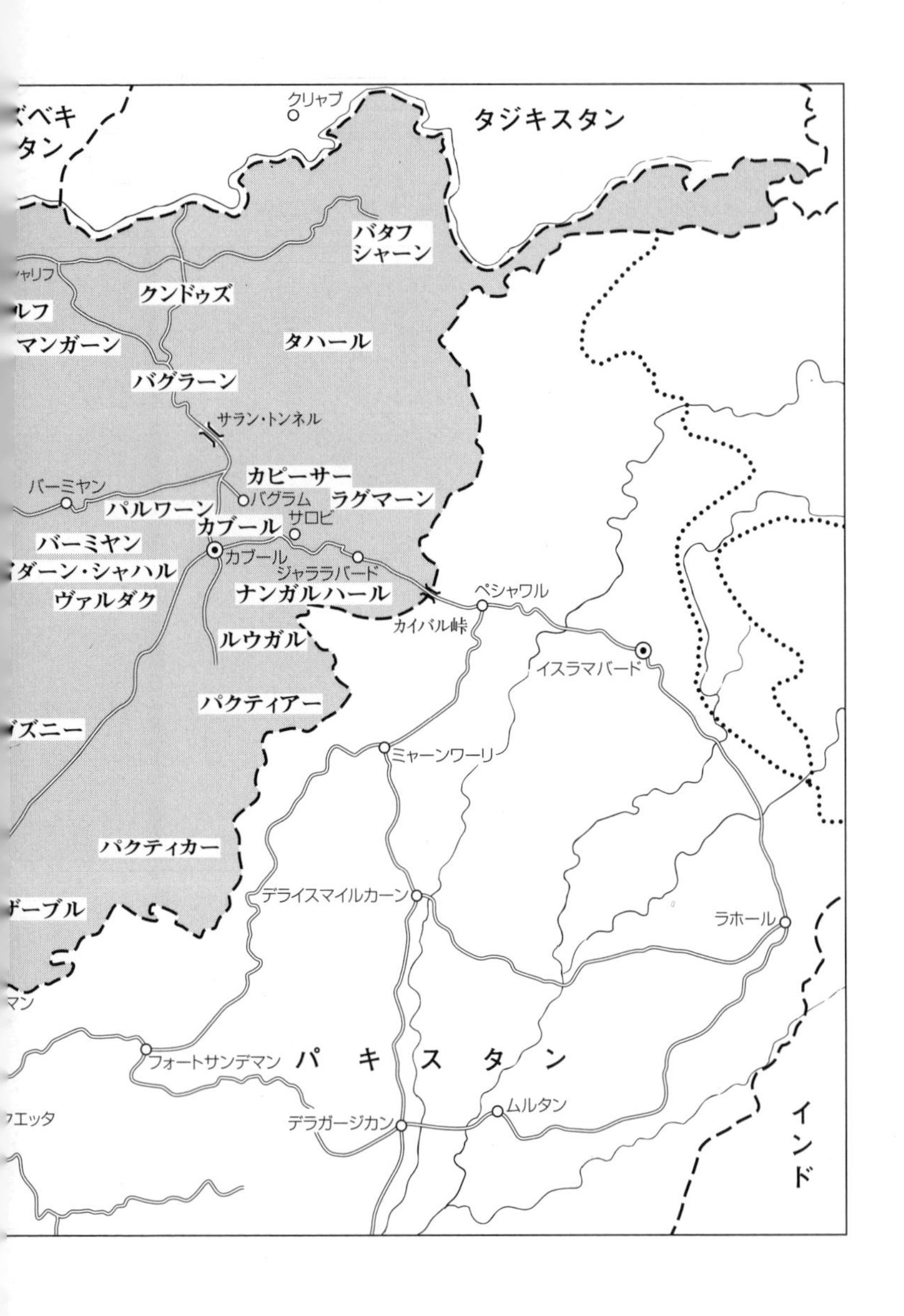

クリャブ
タジキスタン
バタフシャーン
クンドゥズ
タハール
バグラーン
サラン・トンネル
カピーサー
バーミヤン
バグラム
ラグマーン
パルワーン
サロビ
カブール
バーミヤン
カブール
ジャララバード
ナンガルハール
ヴァルダク
ペシャワル
カイバル峠
ルウガル
イスラマバード
パクティアー
ミャーンワーリ
パクティカー
デライスマイルカーン
ラホール
フォートサンデマン
パ キ ス タ ン
ムルタン
デラガージカン
インド

アフガニスタン全図
マリー
トルクメニスタン
シベルガン
ジョウズジャ
マイマネ
クーシカ
ファーリヤーブ
サレ
バグディス
イ ラ ン
ヘラート
ヘラート
ゴウル
シンダンド
アフガニスタン
ピールジャンド
オールズガ
ファラー
プーシュティルード
ネーバンダーン
カンダハル
シースターン
ヘルマンド
カンダハル
ニームルーズ
レギスターン
ザーヘダーン
0
100
200km

装丁　川上成夫
装画　西口司郎

第一部　タリバン、突然の登場

序章　アフガニスタンの聖なる戦士たち

イスラム学校の神学生

アフガニスタン南部の町カンダハル。ある暖かい春の午後、週末をひかえて、商店の店員たちはシャッターを下ろし始めていた。黒いターバンをきつく巻き、あごひげを長く生やしたパシュトゥン人の男たちが、ほこりっぽい狭い路地を、バザール（市場）のすぐ向こう側にある競技場へと詰めかけていた。子どもたちの多くはぼろをまとった孤児たちなのだが、これから見物することになる光景を心に描いて興奮し、叫んだり、身振りをまじえながら、路地を走り回っていた。

それは、一九九七年三月のこと。カンダハルが、厳しいイスラムの戦士たち——タリバンの都になってから二年半が過ぎていた。いまや、かれらはアフガニスタンの三分の二を支配し、残った国土を征服するために戦っていた。

一九八〇年代のアフガン戦争で、ソ連軍と戦った経験のあるタリバンの戦士は、数十人しかいない。一九八九年にソ連軍が撤退したあと、四年間も続いたナジブラ政権との戦いには、もうすこし多くのタリバンが参加しているが、ほとんどのタリバン戦士は、共産主義者と戦ったことはない。当時かれらは、パキスタンのアフガン難民キャンプにつくられた、数百校のマドラサ（イスラム神学校）の神学生だった。その神学生たちから選び出されて、タリバンの戦士になったのだ。

一九九四年の年末、タリバンがドラマチックに、突然、姿を現して以来、かれらはカンダハルと周辺の地方に、それなりの平和と安全をもたらした。タリバンと戦った武装部族集団は粉砕され、そのリーダーたちは殺された。武器を持っていた住民たちは武装解除された。地域各国の経済の支柱だった旺盛な密輸のルート——パキスタン、アフガニスタン、イラン、中央アジアを結ぶ主要道路が再開した。

タリバンを構成するのは、二〇〇〇万のアフガニスタン人口の約四〇パーセントを占めるパシュトゥン人。パシュトゥン人は、かつて三〇〇年にわたりアフガニスタンを支配したが、最近は他の少数民族によって、その地位を失っていた。タリバンの勝利は、パシュトゥン民族主義を刺激し、再びアフガニスタンを支配する望みを、パシュトゥン人に甦（よみがえ）らせた。

しかし、その一方で、タリバンは、極端に厳しく解釈したシャリーア（イスラム法）を実施し、多くのアフガン人とイスラム世界を震え上がらせた。タリバンは女子学校を閉鎖し、女性たちは、買い物にでさえ、滅多に家の外に出ることが許されなくなった。タリバンはあらゆる種類の娯楽、音楽、テレビ、ビデオ、トランプ、凧あげ、そしてほとんどのスポーツとゲームを禁止した。

タリバン流のイスラム原理主義はあまりにも極端なので、平和と寛容についてのイスラムの教え、他の宗教や民族と共存するイスラムの包容力を傷つけるようにみえた。かれらは、伝統的なイスラムの価値観、社会構造、現存の国家システムとの妥協を拒否する、パキスタンや中央アジアに広がるイスラム原理主義に、新たな過激主義を吹き込もうとしていた。

数週間前、カンダハルで、タリバンはサッカー禁止令を久しぶりに解いた。滅多になかった娯楽のチャンスだとばかり、国連の援助機関のスタッフたちは、再開された競技場、弾痕だらけのスタンドの席に急いだ。だが、イスラムの週末に入る、その騒々しい木曜日、競技場のスタンドには、だれ一人、外国人の援助要員は招かれてはいなかったのだ。サッカーの試合はなかった。その代わり、公開処刑が行われ、その犠牲者はゴール・ポストの真ん中で射殺されることになっていた。

わたしはその日、パキスタンからの国連機を降りたばかりで、困惑した表情の外国人援助要員から、公開処刑について聞かされた。

「これは、アフガニスタン援助計画に、もっと多く支出するよう国際社会を励ます催しではなさそうです。われわれの援助で修復されたサッカー場を、タリバンが何に使ったかを、どう説明したらいいんでしょうね」

かれらはまた、わたしの同僚でアメリカ人記者のグレッチェン・ピーターズを神経質に見た。彫りの深い、大きめの顔にまっすぐなブロンド・ヘアを垂らした、背の高い彼女は、一サイズは小さいシャルワル・カメーズ、つまり、だぶだぶのコットン・パンツ、膝下までの上着の民族衣装を身につけ、長いスカーフで頭を覆っていた。だが、そんな衣装も彼女の背丈と印象的なアメリカ人の顔を隠すことはできず、女性は男性をイスラムが定める道から踏み外させ、欲望に駆り立てるので、家族以外の男性から見られることも声を聞かれることもしてはならない、というタリバンの教義に脅威を与えていた。女性への恐れか、あるいは女らしさへの嫌悪か、タリバンの指導者たちは、しばしば女性記者のインタビューを拒否した。

一九九四年冬、神秘的なタリバンがはじめて出現してカンダハルを征服して以来（それからかれらは北方に進んで一九九六年にはカブールを占領する）、わたしは、カンダハル、ヘラート、カブールのタリバン陣地を一〇回以上も訪ねて、タリバン現象を報道し続けてきた。かれらはどこのだれなのか、なにがかれらを動かしているのか、だれがかれらを支持しているのか、どのようにしてかれらは戦闘的で、極端なイスラムの解釈に到達したのか、といったことにより興味が引きつけられた。

そして新たに、悪夢であるとともに、すべての記者への贈りものになる、タリバンの驚異があった。それはわたしを、恐怖と期待に震えさせる、おぞましい出来事だった。わたしは、何年もの戦争の間、たくさんの死に出会った。しかし、そうした経験も同胞である人間の処刑の目撃者となることとは別だった。まして処刑を、何千もの群衆とともに娯楽として見ることや、イスラムの正義、タリバンの支配の誇示として見ることは、もっと難しいことだった。

競技場の公開処刑

午後の半ばまでに、競技場のスタンドは、一万人を超える男性と子どもたちで埋まり、グランドの中まで人があふれ、子供たちはピッチを走り回った。が、怒った警備員たちは、ゴール・ポストの後ろまで人垣を押し戻した。場内には、市内の全男性が集まっているかのようだった。女性は、このような公開の催しに加わることが禁止されていた。突然、騒がしい群衆が静まった。プラスチックのサンダルをはき、黒いターバン、男性用の民族衣装シャルワル・カメーズを身につけたタリバンの戦士たちがピッチに入ってきたからだ。かれらはゴール・ライン沿いに足早に進み、銃身で子どもたちをスタンドに追い返し、群衆に静かにしろと大声で命令した。たちまち群衆は静まり返り、場内に聞こえるのは、戦士たちのサンダルの足音だけになった。

合図があったかのように、タリバン好みのダットサン・二ドア小型トラックが数台、サッカー場のピッチに乗り入れてきた。そのうちの一台が、がなり立てるスピーカーをとりつけた。パキスタンやアフガニスタンの何千ものモスクにあるものと同じものだ。真っ白のひげをはやした老人が車に立ち、群衆に説教を始めた。カンダハルにあるタリバンの最高裁判所の判事、カジ・ハリルラ・フェロジは一時間以上にわたって、タリバン運動の美徳を称賛し、イスラム的刑罰の効用と本事件の全容について話した。

二〇代前半のアブドラ・アフガンは、カンダハル近くの村に住む農民のアブドル・ワリから医薬を盗んだという。ワリが抵抗したので、アブドラはワリを撃ち殺した。数週間の捜索のあと、アブドラはワリの親戚に突き止められ、逮捕されてタリバンに引き渡された。アブドラは裁判にかけられ、まずカンダハルの高裁で死刑、続いてタリバンの最高裁でも死刑判決が下された。裁判では弁護士がつかず、被告は有罪が予想され、自分で弁護しなければならない。

タリバンのシャリーア、つまりイスラム法の解釈は、被害者の家族による処刑を求めているが、判事は執行直前まで、被害者の家族に殺人犯の助命を訴える。もし家族が慈悲を与えることになれば、かれらは血の代償金を受け取る。だが、このようなタリバンのイスラム法解釈が、どれほどシャリーアにもとづいているのか、どれほどパシュトゥン人の部族的な掟（パシュトゥンワーリ）にもとづいているのかについては、アフガニスタン内外のムスリム学者たちの間で論争されてきたことだ。

さて、ピッチには被害者の親族が二〇人ほど現れ、カジはかれらと向かいあった。両手を天にさし上げ、カジはかれらに血の補償金との交換にアブドラの命を救うよう訴えた。

「もし、この男の命を救えば、おまえたちはメッカに一〇回、行けるだろう。われわれの指導者たちは、もしおまえたちが赦すなら、バイツル・マル（イスラム基金）から大金を支払うことを約束している」とカジは話した。

しかし、親族たち全員が頭を振って拒否の意を示した。タリバンの警護兵たちは銃を群衆に向け、動く者は撃つと警告した。スタンドは静粛になった。

この間、タリバンの兵士に警護されて別の小型トラックのなかにいたアブドラは、外に引き出された。明るい黄色の頭巾と新しい衣服を身につけ、重い足かせをはめられ、両手は後ろ手に縛られていた。かれは、スタジアムの端のゴール・ポストまで歩くよう命じられた。足かせを引きずりながらピッチを歩く両足は恐れに震え、足かせの鎖はがちゃがちゃ鳴って、陽光に光った。ゴール・ポストにたどり着くと地面にひざまずかされ、群衆から顔をそむけた。警備兵が最後の祈りを捧げてよいと、かれにささやいた。

一人の警備兵が、カラシニコフ銃を殺された被害者の親族に手渡した。この親族は素早くアブドラに近より、銃を向け、数フィートの距離から三発、かれの背中を撃った。アブドラが俯せに倒れると、処刑者は横にいって銃を突きつけ、さらに三発、胸に発射した。何秒もたたないうちに、遺体は小型トラックに積まれ、走り去った。群衆は早足で、静粛に解散した。わたしたちが街なかに戻ったとき、バザールでは、茶店とケバブ（焼き肉の一種）屋の明かりが点り、夕方の売り物を用意する火から、うす煙りが立ちのぼっていた。

謎に包まれた政治運動

一五〇万人以上が死亡した、長年の戦争がもたらした恐怖、あきらめ、疲労困憊、そして荒廃が、多くのアフガン人にタリバン流の正義を受け入れさせることになった。次の日、カブール近郊の村では、血縁者ではない男性といっしょにアフガニスタンから脱出しようとした一人の女性が、死刑を宣告され、取り囲んだ群衆の投石で殺された。盗みをはたらいた者に対する、片手や片足、あるいはその両方切断は、よくあるタリバンの刑罰である。

一九九六年、タリバンがカブールを占領したとき、初めは解放者として歓迎したカブール市民と国際世論は、タリバンがナジブラ大統領を拷問したうえ、公開処刑したことへの嫌悪感から、そっぽを向いてしまった。ナジブラはかつての共産党政権の権力者で、政権崩壊後の四年間、カブールの国連施設内で保護されていた。

冷戦が終わって以後、イスラム世界でアフガニスタンのタリバンほど注目を集めた政治運動はなかった。一部のアフガン国民は、この国に平和をもたらすと約束し、純真なイスラム神学生たちに率いられるこのタリバンが、一九九二年にカブールの共産党政権が打倒されて以来、人々の生活を破壊してきた武装集団各派を放逐するのに成功するかもしれない、との希望をいだいていた。それ以外の人々は、タリバンが遠からず、もうひとつの武装集団になり下がってしまい、絶望のどん底にあるアフガン国民に、専制的な支配を押しつけるのではないかと恐れていた。

パシュトゥン人のタリバンは、多民族国家のなかの民族問題を、イスラムと氏族、部族、封建的制度の関係、保守的なイスラム社会のなかでの近代化と経済開発問題などとともに、最重要問題にした。タリバンの政治構造、指導者たち、内部での意志決定のプロセスの極端な秘密性が、タリバン現象の理解を一層困難にした。

タリバンはプレス・リリースや、政治声明をまったく発表しないし、定期的な記者会見もしない。かれらは写真、テレビ撮影を禁止しているので、指導者たちがどんな顔をしているのかさえ誰も知らない。片方の目が見えないタリバンの指導者、ムラー・モハメド・オマルはこうした神秘の謎のなかにとどまっている。カンボジアのクメール・ルージュ以後、世界で最も謎に包まれた政治運動がタリバンなのだ。

石油・天然ガスをめぐる争奪戦

タリバンはこの地域のイスラム急進主義に、図らずも新しい問題を提起し、近隣諸国に衝撃波を走らせた。イラン、トルコ、ロシア、中央アジア五ヵ国のうちの四ヵ国——ウズベキスタン、カザフスタン、キルギスタン、タジキスタン——が反タリバンの北部同盟に資金と武器を供与して支援し、タリバンの前進を食い止めようとしたことは驚くに足りない。それとは対照的に、パキスタンとサウジアラビアはタリバンを支援した。冷戦後の時代にあって、タリバンはこの地域全体に前例のない分極化をもたらした。一九九八年夏のアフガニスタン北部でのタリバンの勝利、それにともなう国土の九〇パーセントの支配は、西側世界による、イランのアフガニスタン侵攻への警告、パキスタンに対するタリバン支援非難など、より重大な地域紛争の予兆を呼び起こした。

この地域的な激動の核心にあるのは、陸に閉ざされた中央アジアの巨大な石油・天然ガスをめぐる争奪戦だ。それは、今日の世界に未開発のまま残された最後のエネルギー資源なのである。同じく重要なのは、このエネルギー資源を欧州とアジアの市場に運び出すために必要な、大規模パイプライン建設をめぐる地域各国と西側石油企業間の激しい競争だ。こうした競争は、一九世紀、ロシアと英国が中央アジアとアフガニスタンへの覇権を争ったグレート・ゲームを投影したような、新グレート・ゲームのはじまりなのである。

一九九五年末以降、タリバンが支配するアフガニスタンを経由して、トルクメニスタンからパキスタンに至るガス・パイプラインの建設をめざす米国の石油企業ユノカルを米政府は強く支援してきた。しかし、この新グレート・ゲームには、予想外のプレーヤーがあらわれた。カンダハルでの処刑の翌日、わたしはインタビューのためカンダハル州知事、ムラー・モハメド・ハッサンの邸宅に行った。タリバンの厳重警備陣の前を通って玄関へと歩くうち、わたしの足が凍りついた。金ボタンつきのブルーのブレザー、黄色いネクタイ、イタリア製ローファーという、非のうちどころのない重役スタイルの、ハンサムな銀髪のビジネスマンが、知事の家から出てきたのだ。

かれには、膨れ上がったブリーフ・ケースをもった、これまたきちんとした服装のビジネスマンが二人つき添っていた。かれらはほこりっぽいカンダハルでイスラム・ゲリラと交渉しているというより、ウオール街で取引を終えたばかり、という感じだった。

この重役はアルゼンチンの石油企業ブリダスの会長、カルロス・ブルゲローニで、同社も一九九四年以来、アフガニスタンを通るパイプラインを建設するため、タリバンおよび北部同盟と密かに交渉をしてきたのだった。ブリダスは当時、有利な立場でユノカルと競争をしており、カリフォルニアの裁判所に提訴、ユノカルがアイデアを盗んだと非難していた。

わたしは一一年もの間、このあたりでは名も知られていないアルゼンチンの一企業が、アフガニスタンのようなリスクの高い場所に投資するには、どんな利益があるのか知ろうと努めてきた。ブルゲローニが最も望まなかったことは、タリバンの指導者のオフィスから出てくるところをジャーナリストに見られることだったのだ。かれはその訳を弁解し、いまから北部同盟の首都、マザリシャリフへ飛ぶため、自社の飛行機が待っているといった。

中央アジア発のパイプライン戦争が激化するにつれ、イスラム世界と西側世界は、タリバンが攻撃的な拡張主義者なのかどうか、アフガニスタンを預言者ムハンマドの時代の七世紀アラビアをモデルとする社会に逆戻りさせたいとする、純粋で非妥協的な、イスラム原理主義の新潮流を代表しているのかどうか、といった関心を深めた。西側世界はまた、アフガニスタンからの麻薬輸出の拡大やサウジアラビア人の過激派、ウサマ・ビン・ラディンのような国際テロリストを保護することを恐れた。ビン・ラディンの組織、アル・カーダは一九九八年八月、ケニアとタンザニアの米国大使館を爆破した。

さらに専門家たちは、新たな攻撃的イスラム世界と西側の対立が、冷戦に代わる文明の衝突を引き起こすという、一部のアメリカ知識人たちの恐ろしい予見を、タリバンの原理的なイスラム主義が的中させるのだろうか、と考えた。

アジアの心臓

アフガニスタンにとっては、こうした紛争の中心になることは、もちろんはじめてではない。今日のタリバンといえども、古い文明と宗教を破壊して新しいものをもち込み、アフガン回廊を席巻したかつての征服者、軍閥、説教者、聖人、哲学者たちの歴史の長い列の最も新しい登場者にすぎない。古い世界の王たちは、アフガニスタン地域を世界の中心と信じ、その見方は近代にまで引き継がれていた。著名なインドの詩人、モハメド・イクバルはアフガニスタンを「アジアの心臓」と書き、二〇世紀初めの英インド総督はアフガニスタンを「アジアの操縦席」と呼んだ。

世界のいくつかの国では、地理的条件が歴史や政治、人々の性質を決定づけるということは事実だ。イラン、アラビア海、インドを結ぶ十字路にあり、中央アジアと南西アジアの間にあるその地政学的位置は、六〇〇〇年前のアーリア人の侵入以来、アフガニスタンの領域と山岳部の峠をとりわけ重要なものにしてきた。アフガニスタンの荒々しい、不毛の乾ききった土地は、かつて世界が目にした最強の戦士たちを生み出したし、一方、そそり立つ山々とたわわに実る果樹が茂る緑の渓谷の織りなす驚くほど美しい風景は、詩人たちの霊感をかき立てた。

何年か前、賢明な老戦士がわたしに、神がどのようにアフガニスタンを造ったかを物語った。「アラーの神が世界を創造したとき、土塊やこまごまとした物など、世界のどこにもはまらないくずが、たくさん残ってしまった。そこで神は、それらを集め、地球に投げ下した。それがアフガニスタンになったのだ」

現代のアフガニスタンは、面積六五万平方キロ余（日本の一・七五倍）、国土は真ん中を貫くヒンズークシ山脈によって、南北に分断されている。多数の人種が入り混じってはいるが、おおまかにいって、ヒンズークシの南側は多数のパシュトゥン人と少数のペルシャ語を話す民族が、北側にはペルシャ系とトルコ系の民族が住んでいる。ヒンズークシの山間部にはペルシャ語を話すハザラ人とタジク人が住んでいる。マルコ・ポーロが「世界の屋根」と呼んだ、北東端のパミール山地は、タジキスタン、中国、パキスタンと接している。パミール山地はきわめて険阻で標高が高い。雪深い渓谷に住む、多くのエキゾチックな民族間の往来は、ほとんどなかった。

ヒンズークシの南麓に首都カブールがあり、そのあたりの平地は国内で最も農業生産性が高い地域。アフガニスタンの西部と南部はイラン高原の東端に位置し、平らな荒れた乾燥地に数ヵ所の町があるだけで人口が希薄だ。この地域の大部分を現地のアフガン人たちは、ただ「レギスタン」つまり砂漠と呼ぶ。例外はオアシスの街ヘラートで、三〇〇〇年以上にわたって文明の中心だった。

ヒンズークシの北側から、中央アジアの広大な草原が、数千キロかなたのシベリアへと拡がる。その苛酷な気候と土地で暮らすトルコ系の民族はきわめてしたたかで、最も荒々しい兵士たちを作り出してきた。アフガニスタン東部には、スレマン山脈などパキスタン国境地帯のやや低い山脈がつらなり、その両側にはパシュトゥン人が住んでいる。有名なカイバル峠をはじめ山々の峠は、征服者たちが、何世紀にもわたって、豊かなインドに達する通り道だった。

アフガニスタンの土地のわずか一〇～一二パーセントが耕作可能だが、山の斜面にぶらさがったような畑も含めた農耕地は、収穫を維持するには大変な労働量が必要だ。一九七〇年代まで、山羊と尻尾が太いアフガン羊を育てる遊牧が主な収入源で、コチ人遊牧民は、毎年、良質な牧草を求めてパキスタン、イラン、アフガニスタンを数千キロも遊牧する。一九八〇年代には、ソ連との戦争がコチ人遊牧民の文化と生活を破壊したが、牧畜は依然、貧しい農民たちの生計の命綱である。昨日のアフガン遊牧民は、今日の貿易商、トラック運転手で、アフガニスタンを通る密輸ルートにトラックを走らせる、タリバンの最も重要な支持基盤、収入源となっている。

複雑な民族・文化・宗教

歴史の夜明け以来、道路と道なき通行路が、アフガニスタンの中心を通っていた。この陸に閉ざされた地域は、アジア大陸の文化の十字路であり、西からの洗練されたペルシャ帝国と、北の中央アジアからのトルコ系遊牧帝国が出会う場となり、戦場となってきた。そのため、アフガニスタンには考古学的遺物が豊富に残っている。

歴史の波動の中で、栄枯盛衰を遂げた二つの帝国にとって、アフガニスタンの支配は、死活的に重要だった。またあるときには、アフガニスタンは両帝国の緩衝地帯となり、インドへ侵攻しようとする軍隊が進軍する回廊となった。

ここは原始宗教ゾロアスター教（拝火教）、マニ教の地であり、仏教が栄えた場所だった。マザリシャリフから数キロのところにその遺跡が残るバルフは、ユネスコによれば世界最古の都市の一つで、仏教系、ペルシャ系、トルコ系の美術と建築が繁栄した中心だった。

巡礼者や商人たちが、仏教を中国、そして日本へと伝えた古代シルクロードは、アフガニスタンを通っていた。征服者たちは、流星のようにこの地域を通過していった。紀元前三二九年、アレキサンダー大王率いるマケドニア軍が、アフガニスタンと中央アジアを征服し、インドへ侵攻した。ギリシャ人たちは、ヒンズークシの山中に、ギリシャ文明とアジア文明の融合である輝かしい仏教とその文化を残していった。

紀元六五四年までに、アラブ軍がアフガニスタンを通って、中央アジアとの境を流れるオクサス川（現在のアムダリア）に達した。かれらは新たにかれらの宗教、イスラムを持ち込んだ。それは平等と正義を説き、この地域にたちまち拡がった。八七四年から九九九年にかけて栄えたペルシャ人のサーマン朝の下で、アフガニスタンは、美術と文学の新ペルシャ・ルネッサンスの舞台の一部となった。九七七年から一一八六年にかけて統治したガズナ朝は、インド北西部のパンジャブ地方とイラン東部を征服した。

一二一九年、チンギス・ハンが率いるモンゴル騎馬軍団は、バルフやヘラートなどの都市を破壊し、おびただしい屍（しかばね）の山を築きつつ通過していった。しかし、モンゴル人は、かれらと原住民との混血で生まれた、現在のハザラ人を残すという貢献もした。

次の世紀には、チンギス・ハンの子孫であるチムールが、ロシアからペルシャにかけて拡がる巨大帝国を築き、現在のウズベキスタンのサマルカンドを首都として統治した。チムールは一三八一年にヘラートを占領、かれの息子のルフは一四〇五年、チムール帝国の首都をヘラートに移した。トルコ系であるチムール帝国の人々は、ペルシャ文明の範囲内にあった中央アジアに、トルコ系の遊牧文化を植えつけ、ヘラートを世界で最も文化的で、洗練された都市の一つにしていった。中央アジアとペルシャの文明の融合は、その後のアフガニスタンへの大きな遺産となった。一世紀後、チムールの子孫のバーブルはヘラートを訪れたとき、次のように書いた。

「人が住める世界の中で、ヘラートのような街はなかった」

その後の三〇〇年間、アフガニスタン東部の諸部族は、周期的にインドを侵略し、デリーを征服、巨大なインド・アフガン帝国を築いた。一五〇〇年、アフガン人のロディ朝は一四五一年から一五二六年にかけてデリーを支配した。一五〇〇年、バーブルは、故郷のフェルガナ盆地（現ウズベキスタン）を追い出された。かれは南に新天地を求め、一五〇四年、まずカブール、続いてデリーを征服した。バーブルはムガール帝国を築き、帝国は英国がやってくるまで、インドを統治した。同じ頃、西方ではペルシャの力が弱まり、ヘラートはウズベク人のシャイバニ・ハンによって征服された。一六世紀までに、アフガニスタン西部は、サファビ朝のペルシャ人支配下に再び戻った。

このような侵略の歴史は、複雑な民族的、文化的、宗教的混合をもたらし、アフガニスタンの国家創造をきわめて困難にした。アフガニスタン西部はダリ語と呼ばれるペルシャ語方言を話す民族が多数を占める。ダリ語はまた、ペルシャ人によってイスラム・シーア派に改宗された中央部のハザラ人にも使われている。かれらは、このスンニ派地域の中で、最大のシーア派グループである。古代ペルシャ文化を残している西部のタジク人も、ダリ語を話す。アフガニスタン北部では、ウズベク人、トルクメン人、キルギス人ほかが中央アジアのトルコ系言語を話す。そして南部と東部では、パシュトゥン人がインド・ペルシャ系言語の混じり合ったパシュトゥ語を話している。

パシュトゥン人のルーツ

西のペルシャ・サファビ朝、インドのムガール朝、ウズベク王朝がいずれも傾いた一八世紀の歴史的混乱期に、アフガニスタンで近代国家を創ろうとしたのが南部のパシュトゥン人だった。パシュトゥンの諸部族は、大きくギルザイ、アブダリの二つに分かれており、しばしば、対抗していた。アブダリは、後にみずからドゥラニと呼ぶようになる。

パシュトゥン人は、その血統を預言者ムハンマドの友のクァイスに遡(さかのぼ)るとしている。人類学者たちは、パシュトゥンはインド・ヨーロッパ人種だとしているが、かれら自身はセム人種で、何世紀もの間に数多くの民族を同化してきたと考えている。ドゥラニ・パシュトゥンは、自分たちはクァイスの長男サルバナルの子孫だと主張し、ギルザイ・パシュトゥンはサルバナルの次男の子孫だと主張している。クァイスの三男は、パシュトゥンの他の部族、カンダハルのカカール族やペシャワル周辺のサフィ族らによって、祖先だとされている。

六世紀の中国とインドの文献は、ガンジス川の東に住んでいるアフガン人またはパシュトゥン人について述べている。これらの部族は一五世紀から西方のカンダハル、カブール、ヘラートの方へ移動を始めた。次の世紀にはギルザイとドゥラニは、カンダハルをめぐる土地争いで戦闘している。今日、ギルザイの本拠地はカブール川の南側のカンダハルまでで、東部はサフェドコーとスレマン山脈の間、西部はハザラジャートまでである。

一七〇九年、カンダハルのギルザイ・パシュトゥンのホタキ族長、ミル・ワイスが、サファビ朝のシャー（王）に反乱を起こした。反乱の一因は、シャーが、熱心なスンニ派だったホタキ族を、シーア派に改宗させようとしたことだった。歴史的な憎悪の感情は三世紀後、イラン、アフガニスタンのシーア派に対するタリバンの敵意になってよみがえった。数年後、ミル・ワイスの息子が、サファビ朝を倒し、イランを征服した。しかし、アフガン人たちは一七二九年、イランから追い出された。

ギルザイの力が衰えると、カンダハルにいた長年の対抗勢力、アブダリ・パシュトゥンが部族連合を結成した。一七四七年、九日間のロヤ・ジルガ（国民大会議）の後、アハマド・シャー・アブダリを王に選出した。部族長たちは、頭にターバンを巻き、王への忠誠のしるしであるガラス板をそれにつけた。ロヤ・ジルガは伝統的な法的機関となり、新しい支配者に正統性を与え、世襲制を避けることになった。支配者は、ロヤ・ジルガで部族代表によって選ばれた、と胸を張ることができた。

アハマド・シャーは、アブダリ連合をドゥラニと改称、すべてのパシュトゥン人部族をまとめ、相次いで遠征し、まもなく現在のパキスタンの大半を支配するようになった。一七六一年までに、アハマド・シャー・ドゥラニはヒンズー・マハラッタを破り、デリーの王座とカシミールを手中にして、最初のアフガン帝国を築いた。アフガン民族の父といわれるアハマド・シャー・ドゥラニは、彼の都カンダハルにある壮麗な墓所に埋葬されており、今日でもアフガン人たちが大勢、礼拝にやってくる。アフガン人の多くは、聖人として敬っているのだ。

かれの息子タイムル・シャーは一七七二年、都をカンダハルからカブールに移した。新たに征服したヒンズークシ山脈の北側とインダス川東側の領土支配をやりやすくするためだった。一七八〇年までに、ドゥラニは中央アジアの中心的な支配者、ブハラの首長と条約を結び、中央アジアとアフガニスタンの新しいパシュトゥン人国家の境界を、オクサスすなわちアムダリア川と取り決めた。それは新アフガニスタンの北部国境を初めて画したものだった。

次の世代に、ドゥラニはインダス川東側の領土を失い、ドゥラニ内部の諸氏族間の抗争で力が弱まった。しかし、ドゥラニの他の氏族が一九七三年まで、二〇〇年以上もアフガニスタンを支配し続ける。

その年、ザヒル・シャー国王がいとこのサルダル・モハメド・ダウドに追放され、アフガニスタンは共和国を宣言した。一方、ギルザイとドゥラニのとげとげしい対立は続き、一九七九年末のソ連軍侵攻の結果さらに激化、タリバンの登場となる。

英・ロのグレート・ゲーム

さて、弱体化し、動揺するドゥラニの王は、東の英国、北のロシアという二つの帝国の圧力に抵抗しなければならなくなった。一九世紀、英国は、中央アジアへのロシア帝国の膨張が、インドの英帝国に対抗してアフガニスタンに進出するかもしれない、と警戒した。英国は三度、アフガニスタンを征服しようと試みたが、結局、失敗、アフガン人とは戦うよりも、別なやり方がはるかによいということを理解した。英国は現金で補助金を与えると提案、アフガニスタンを保護国にするため部族長たちに工作した。

それに続いたのはロシア帝国と英帝国の間の覇権争い『グレート・ゲーム』で、知恵と賄賂(わいろ)の秘密戦争と、時たまの軍事行動だった。両国はアフガニスタンを緩衝地帯として維持するために、両軍を適当な距離、引き離すようになった。英国の情報機関に油を注がれて、ドゥラニ支配者たちの争いが激化したことが、アフガニスタンの王たちを弱体化させ、収入を増やすために英国に依存させることになった。その結果、非パシュトゥン人のグループがカブール中央の支配から離れ始めた。

パシュトゥン人の勢力はまた、英国がインド北西部を支配したため、さらに弱まった。パシュトゥンの諸部族が英植民地インドとアフガニスタンに分離させられたからである。パシュトゥン人の分離は、一八九三年に英国が引いたデュランド・ラインによって確定した。

第二次アフガン戦争の後、英国はアミール・アブドル・ラーマンの王位主張を支持した。「鉄のアミール」と呼ばれた国王（在位一八八〇〜一九〇一）は、英国の補助金と武器供与を投じて、効率的な行政組織と強力な軍隊をつくった。かれはパシュトゥン人の中の敵性部族を従え、ハザラ人、ウズベク人の自治を容赦なくつぶすため、北へと進軍した。一世紀後にタリバンがそっくり同じように行動した。つまり、民族浄化、非パシュトゥン人反対勢力の集団殺害、北部へのパシュトゥン農民の移住、他の民族の間に忠実なパシュトゥン人口を増やす——などの手法の二〇世紀版を行ったのである。

アブドル・ラーマンは在位中、四〇回以上も非パシュトン人の反乱を粉砕し、八〇年代の共産主義者のKHAD（秘密警察）の先輩にあたる、アフガニスタン最初の残虐な秘密警察を創設した。こうして、アフガニスタンのすべての民族グループをまとめ上げ、国家をかつてなく固めたが、その後の北部での民族間対立や、一九九七年以降の民族間の集団虐殺の大部分は、「鉄のアミール」の政策にさかのぼることができる。

間接的にはタリバンに影響を与えたアミールの他の遺産は、教育をはじめ、西側あるいは近代化の影響からアフガニスタンを隔離したことや、パシュトゥン人のムラー（イスラム指導者）の権力を強めたイスラムの重視、ロヤジルガによる伝統的な選挙ではなく、神の統治の概念を導入したことなどだった。

「鉄のアミール」の後継者たちは、おおむね近代化指向で、一九一九年に英国からの完全独立を達成、最初の憲法を制定し、都会的教育を受けた少数のエリートを育て始めた。にもかかわらず、二人の国王が暗殺され、周期的に部族反乱が発生した事実は、多民族の部族社会を近代国家に変えるときに、支配者がぶつかる困難を示している。

ザヒル・シャー国王の時代にドゥラニの王朝は終わった。かれは一九三三年以来、国を統治してきたが、いとこで義兄弟のサルダル・モハメド・ダウド元首相の無血クーデターで、ローマへの亡命に送り出された。アフガニスタンは七三年、共和国を宣言し、ダウドは大統領になった。かれは、軍の左翼将校たちと、バブラク・カルマルが率いる、都市が基盤の小さなパルチャム党に支持され、生まれつつあったイスラム原理主義運動を弾圧した。

流血の内部抗争

原理主義運動の指導者たちは一九七五年、パキスタンのペシャワルに脱出し、ザルヒカル・アリ・ブット首相の支持を獲得、ダウドへの反抗を続けた。かれら、グルブディン・ヘクマティアル、ブルハヌディン・ラバニ、アハマド・シャー・マスードらはのちにムジャヒディン（イスラム武装勢力）

を率いることになる。

ダウドは国家近代化のため、援助を求めてソ連に接近した。ザヒル・シャー時代を含めソ連は、一九五六〜七八年の間に、総額一二億六〇〇〇万ドルの経済援助と一二億五〇〇〇万ドルの軍事援助をアフガニスタンに与えた。冷戦の最盛期に、アフガニスタンはソ連圏に結びつけられたのである。米国は総額五億三三〇〇万ドルの援助をアフガニスタンに与えたが、その大部分は五〇年代である。その後、ワシントンは関心を失った。

ダウドが権力を握ったとき、アフガニスタンは国家収入の四〇パーセントを外国に依存する〝怠け者〟国家になっていた。ダウドは前任者たちと同様、国家機構づくりには失敗したが、おおかたのメンバーが指名で決まるロヤ・ジルガ以外に、公的代表制がない社会の上に、ゆるやかな中央集権の官僚制度を置いた。

ちょうど五年後の一九七八年四月、軍内部のマルクス主義シンパたちが、流血のクーデターでダウド政権を倒した。かれらはソ連で軍事訓練を受け、ダウドが権力を握るときには、それを支持した連中だった。ダウドと家族たち、そして大統領の護衛たちは全員、殺された。

しかし共産主義者たちは、ハルク（人民）派とパルチャム（旗）派に分裂しており、アフガニスタンの複雑な部族社会の理解が欠如していたため、広範な反乱を地方で引き起こすことになった。ムラーたちとハン（族長）たちは共産主義者に対するジハード（聖戦）を宣言、共産主義者のエリートたちは流血の内部抗争にはまり込んでしまった。

ハルク派の初代大統領ヌル・モハメド・タラキは殺害され、後継者のハフィズラ・アミンは一九七九年、ソ連軍が侵攻し、パルチャム派の指導者バブラク・カルマルを大統領に据えたとき殺害された。

短い劇的な数ヵ月のあと、アフガニスタンは米ソの高まる冷戦の中心に放りだされた。アフガン・ムジャヒディンは、米国が支援する反ソ突撃隊になろうとしていた。アフガン人たちにとって、ソ連の侵略は、かれらを征服しようとする外部勢力の、もう一つの攻撃であり、かれらの伝統的な宗教と社会を外部の思想と社会システムに置き換えようとするものだった。

ジハード（聖戦）は、米国、中国そしてアラブ諸国が資金と武器をムジャヒディンに注ぎ込んだために、いっそう勢いをつけた。この戦争でアフガン人一五〇万人が死亡したといわれ、一九八九年にソ連軍がアフガニスタンから撤退して終わった。そしてこの戦争から、自らタリバン（イスラムの学生たち）と呼ぶムジャヒディンの第二世代が出現することになる。

第一章　カンダハル一九九四年　タリバンの誕生

タリバン幹部らの〝勲章〟

タリバンのカンダハル州知事、ムラー・ハッサン・レーマニは、健康な方の前足でテーブルを押すという、困った習性がある。ハッサンとわたしの話が終わる前に、小さな木のテーブルはかれがすわる椅子のまわりを、十数回も回される。かれの神経質な動作は、まだ一本の足があると感じるための、心理的なものかもしれないし、単に足の運動のためかもしれない。

ハッサンの二番目の足は木の義足で、スチーブンスンの『宝島』に出てくる海賊、ロング・ジョン・シルバーのものと同じ形。古い切り株から作られ、ニスはだいぶ前に剝げ落ち、傷だらけ。木肌がえぐり取られているのは、オフィスの外の、岩だらけの場所での難しい交渉の結果であるに違いない。

ハッサンは最古参のタリバン指導者の一人で、四〇歳を超え、ソ連軍と戦闘した数少ない経験者だ。タリバンの創設メンバーで、古い戦友、ムラー・オマルに次ぐ指導者になるとみられていた。

ハッサンは一九八九年、アフガニスタンからソ連軍が撤退を開始する直前、カンダハルの戦線で片足を失った。ハッサンは国際援助機関が国内の一〇〇万人もの身体障害者に取りつけている新しい義足の性能が良いのに、自分の木の義足が好きと言う。かれはまた、別なときに手投げ弾で手の指先を一本なくした。このタリバンの指導者が、誇らしげに、自分は世界でも最もひどい障害者だと言うとき、訪問者は笑うべきか、泣くべきか、どう反応してよいか困ってしまう。

ムラー・オマルは一九八九年、近くでロケット弾が爆発し、右目を失った。法相のムルディン・トラビと前外相のモハメド・ガウスも片目だ。カブール市長のアブドル・マジドは片足で、指二本がない。他の指導者たち、軍司令官たちも同様に身体障害者である。

タリバン幹部たちの傷跡は、一五〇万人の死者を生み、国土を荒廃させた二〇年間の戦争をいつも思い出させる。ソ連はムジャヒディン鎮圧のため、毎年五〇億ドル、総額四五〇億ドルほどをアフガニスタンに注ぎ込み、敗北した。

米国は一九八〇年から九二年までの間、ムジャヒディン支援に四〇億〜五〇億ドルを供与した。サウジアラビアとほかのイスラム諸国、欧州諸国を合わせた援助額も米国のそれに匹敵し、合わせてムジャヒディンは一〇〇億ドル以上の援助を受け取ったことになる。これら援助の大部分は強力な近代兵器として与えられ、純朴な農民がそれを使用し、恐るべき結果をもたらした。タリバンの幹部たちに刻まれた障害は、八〇年代のカンダハル一帯での戦争のすさまじさ、残酷さを物語っている。

ＣＩＡの資金

ＣＩＡと西側の援助機関ルートで、アフガニスタン東部やカブール周辺のギルザイ・パシュトゥンは武器と資金さらに医療施設などの後方支援を受けたが、南部とカンダハル一帯のドゥラニ・パシュトゥンが受けた援助はそれよりはるかに少なかった。このような援助は、パキスタン軍統合情報部（ＩＳＩ）によって分配されたが、ＩＳＩはカンダハルを軽視しがちで、ドゥラニに対して疑念を抱いていた。

そのため、カンダハルのムジャヒディン負傷者にとって最も近い医療施設は、ラクダに乗せられ、骨がバラバラになるような二日間の旅をして、国境を越え、やっとたどり着けるパキスタンのクエッタにあった。今日でもタリバンの救急医療施設はまれで、医者もわずかで前線近くに外科医はいない。実際上、この国で活動している医療施設は、赤十字国際委員会（ＩＣＲＣ）の病院だけなのだ。

一九七九年一二月、たまたまカンダハルにいたわたしは、最初のソ連軍戦車が侵入してくるのを見つめていた。ティーンエイジャーのソ連兵たちは、ソ連・中央アジアのトルクメニスタンからヘラートまで二日間走り、それから、ソ連が六〇年代に建設した砂利敷きのハイウエーをカンダハルまでやってきたのだ。兵士たちの多くは中央アジア出身で、戦車から降りて軍服のほこりを払い、砂糖なしの緑茶を一杯飲もうと、近くの店へと歩いていった。このお茶は、アフガニスタンと中央アジアでは欠かせない飲み物だ。バザールにいたアフガン人たちは、それをじっと見ていた。

一二月二七日、ソ連特殊部隊スペツナズは、カブールのアミン大統領の官邸を襲撃、アミンを殺し、カブールを占領、後任にバブラク・カルマルを任命した。カンダハルで対ソ・レジスタンスが始まったとき、それはドゥラニの部族ネットワークを根拠地にしていた。ソ連に対するカンダハルでの戦いは、イスラム主義者に率いられた思想的なジハード（聖戦）ではなく、部族長とウレマ（高位のイスラム法学者）に率いられていた。

ペシャワルには、パキスタンが承認した七つのムジャヒディン政党があり、ＣＩＡ援助の分け前を受け取っていた。そのなかには、ドゥラニが率いる党はなかった。カンダハルでは、七党すべてが下部組織をもっていたが、アフガニスタン南部で最も人気があったのはナビ・モハメディ率いるイスラム革命運動とユヌス・ハリスのイスラム党のように、部族を基盤とする政党だった。戦争前に両指導者は、パシュトゥン人の居住地域でよく知られ、マドラサ（イスラム神学校）を開いていた。

南部の武装勢力の司令官たちにとって、政党への忠誠度は、ペシャワルのどの指導者がカネと武器を用意しているかにかかっていた。ムラー・オマルはハリスのイスラム党に加わり、ムラー・ハッサンはイスラム革命運動に加わった。

「オマルをとてもよく知っていたが、われわれは別の戦線、別のグループで戦っていた。ときには、いっしょに戦っていたが」とハッサンは言った。ピール・サイド・アハマド・ガイラニが率いるイスラム民族戦線も人気があり、反ソ抵抗運動の指導者としてドゥラニのザヒル・シャー前国王が帰国するよう主張していたが、それにはパキスタンと米国が強く反対していた。前国王は、ローマで亡命生活を送っており、ドゥラニの指導権を取り戻すために前国王の帰国を望んでいるカンダハルの住民たちに人気があった。

戦争が拡大するにつれ、パシュトゥン人ムジャヒディンの内部抗争が、パシュトゥンの指導権を弱めることとなった。ウレマたちはイスラム初期の歴史的な理想像を高く評価していたが、ジルガ（部族長会議）のようなアフガンの部族的伝統に挑戦することはまれだった。かれらは少数民族の世話を熱心にしていた。一方、イスラム主義者たちは、アフガニスタンでのイスラム革命を実現するために、部族的伝統を攻撃し、急進的な政治的思想を進めようとしていた。かれらは排他的だったため、少数民族は疑いの目で見ていた。

ナビ・モハメディのイスラム革命運動は、初級マドラサで教育を受けただけの司令官や部族長たちの緩やかな同盟でしかなく、しっかりした党組織がなかった。一方、ヘクマティアルのイスラム党は、秘密でしっかりした中央集権の政治組織で、幹部たちは教育ある都市出身のパシュトゥン人だった。戦争前、イスラム主義者たちはアフガン社会にほとんど根がなく、CIAからの資金と武器、パキスタンの支援によって、大きな影響力を築いたのだった。伝統的勢力とイスラム主義者たちは厳しく戦い、一九九四年までにカンダハルの伝統的勢力はほとんど消滅した。その結果、より過激なイスラム主義者の新たな波、タリバンに自由な活動の場を用意することになった。

世界で最も多くの地雷が埋められた都市

カンダハルをめぐる戦いは、その独特な歴史によっても決定づけられた。カンダハルはアフガニスタンの二番目の都市で、戦争前の一九七九年の人口は約二五万人、今日の約二倍だった。古代カンダハルは紀元前五〇〇年まで遡るが、五六キロほど離れたムンディガク村には紀元前三〇〇〇年の青銅器時代から人が住んでおり、古代インダス文明の一部だった。カンダハルの住民はいつも豊かな貿易商だった。この地が東はボラン峠を越え、シンドそしてアラビア海へ、西はヘラート、そしてイランへと続く、古代貿易路の結び目に位置していたからだった。この街はイランとインドの間を往き来する交易、美術・工芸の通過点で、バザールは何世紀にもわたって有名だった。

一七六一年にドゥラニ朝の創始者、アハマド・シャー・ドゥラニが市の配置を整えて以来、カンダハルの姿はほとんど変わっていない。ドゥラニがカンダハルからアフガン国家を築き、二〇〇年余の統治を続けたという事実は、パシュトゥン人のなかでカンダハル住民に特別な地位を与えることになった。故郷の住民への贈り物として、カブールの王たちは、カンダハル住民の兵役を免除した。アハマド・シャーの墓所は中央バザールにそびえ立ち、国家の創始者として敬う数千のアフガン人たちが、ここで祈るために集まってくる。墓所の隣は預言者ムハンマドの外套(がいとう)を収めた聖所で、アフガニスタンで最も聖なる礼拝所の一つである。この外套は、一九二九年にアマヌラー王が部族代表たちを集めたときや、一九三五年にコレラが同市を襲ったときなど、ごくまれな機会にだけ、見せられてきた。しかし一九九六年、神から授けられたアフガン人の指導者としての役割を正統化するために、ムラー・オマルは外套を取り出し、タリバンの大集団を前に着て見せた。そのときからかれらは、オマルを「アミール・ウル・モミンイーン」、すなわち「信仰者たちの指導者」と呼んだのである。

カンダハルは、果樹の豊かさでこの地域全体に知られている。砂漠の中のオアシス都市で、夏の暑さは猛烈だが、市のまわりは緑が茂り、ブドウ、メロン、桑の実、イチジク、桃、ザクロの産地としてインド、イランにまで知られている。カンダハルのザクロは、一〇〇〇年前に書かれたペルシャの医者の処方箋に記されていたし、前世紀にはデリーの英インド総督の食卓に供されていた。タリバンの全国制覇のための大きな資金源となった同市のトラック運送業者たちが、その仕事を始めたのは、前世紀にカンダハルの果物を、デリーやカルカッタに運び出したときだった。

果樹園は戦争前まで、入り組んでいるが手入れの良い灌漑水路で潤されていたが、ソ連軍とムジャヒディンがたくさんの地雷を埋めたため、農民たちはパキスタンに逃れ、果樹園は放棄された。カンダハルはいまも、世界で最も地雷が密集して埋められている場所である。

平坦な地形にもかかわらず、周辺の農業地帯をすばやく支配したムジャヒディンにこうした果樹園や水路が隠れ場所を提供し、市内のソ連軍を孤立させたのだった。その報復にソ連軍は、数千本の果樹を切り倒し、水路をずたずたにしてしまった。一九九〇年以降、避難民たちが荒れ果てた果樹園に戻ってきた。かれらは生活の糧を得るためにケシを育て、それがタリバンの主要な資金源となった。

内戦の再開

一九八九年、ソ連軍が撤退したが、ナジブラ大統領の政権との長い戦いが続く。それが終わったのは一九九二年、政権が打倒され、ムジャヒディンがカブールを占領したときである。カブールを占領したのは、ブルハヌディン・ラバニとかれの軍事司令官アハマド・シャー・マスードが率いるしっかり組織されたタジク人勢力とラシッド・ドスタム将軍の北部ウズベク人部隊だった。ペシャワルを本拠地にしているパシュトゥン人勢力（武装は良いが内部抗争が絶えない）ではなかったことが、その後の内戦の激化を決定づけた。

パシュトゥン人が三〇〇年間維持してきた、カブールの支配権を失ったことの心理的打撃は深刻だった。ヘクマティアルがパシュトゥン人を結集しようとして、カブールに対し無差別砲撃を開始、内戦がたちまち再開した。

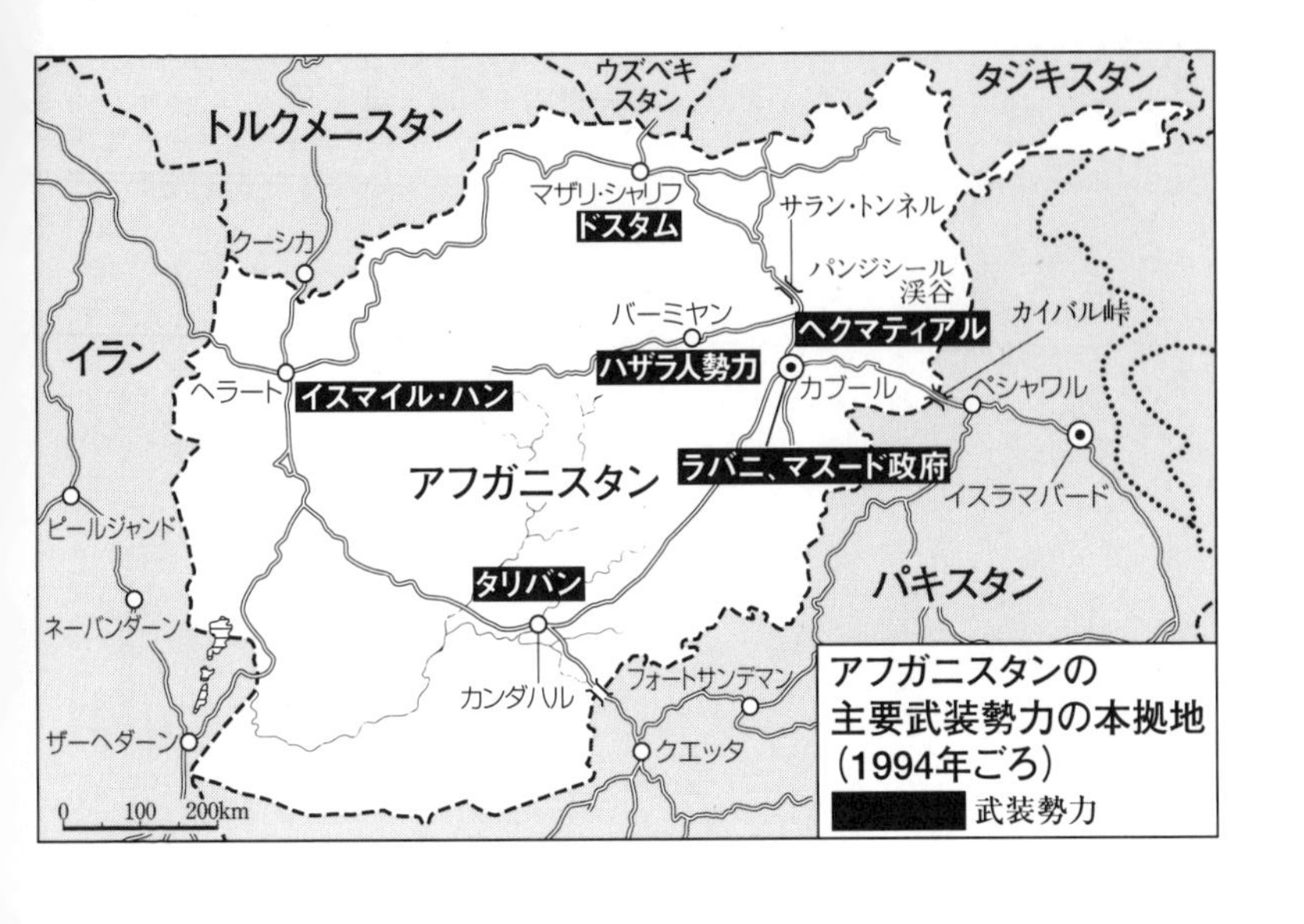

アフガニスタンの主要武装勢力の本拠地（1994年ごろ）

タリバンが出現した一九九四年、アフガニスタンはばらばらな状態になっていた。アフガン軍閥たちは領地ごとに分裂し、すべての軍閥が同盟、裏切り、流血の中を動揺しながら戦っていた。最も有力だったラバニ大統領のタジク人政権がカブールとその周辺、国内北西部を支配し、ヘラートを中心とした西部三州はイスマイル・ハンに支配されていた。東部パキスタン国境地帯のパシュトゥン三州は、ジャララバードを根拠とする、軍司令官たちのシューラ（評議会）の支配下にあった。南部の小さな地域とカブールの東側はヘクマティアルが支配していた。

北部のウズベク人軍閥ドスタム将軍は、六州を支配していたが、一九九四年一月、カブールを攻撃するため、ラバニ政権との同盟を破棄してヘクマティアル派に加わった。中央部はハザラ人がバーミヤン州を支配していた。

アフガニスタン南部とカンダハルは、何十も

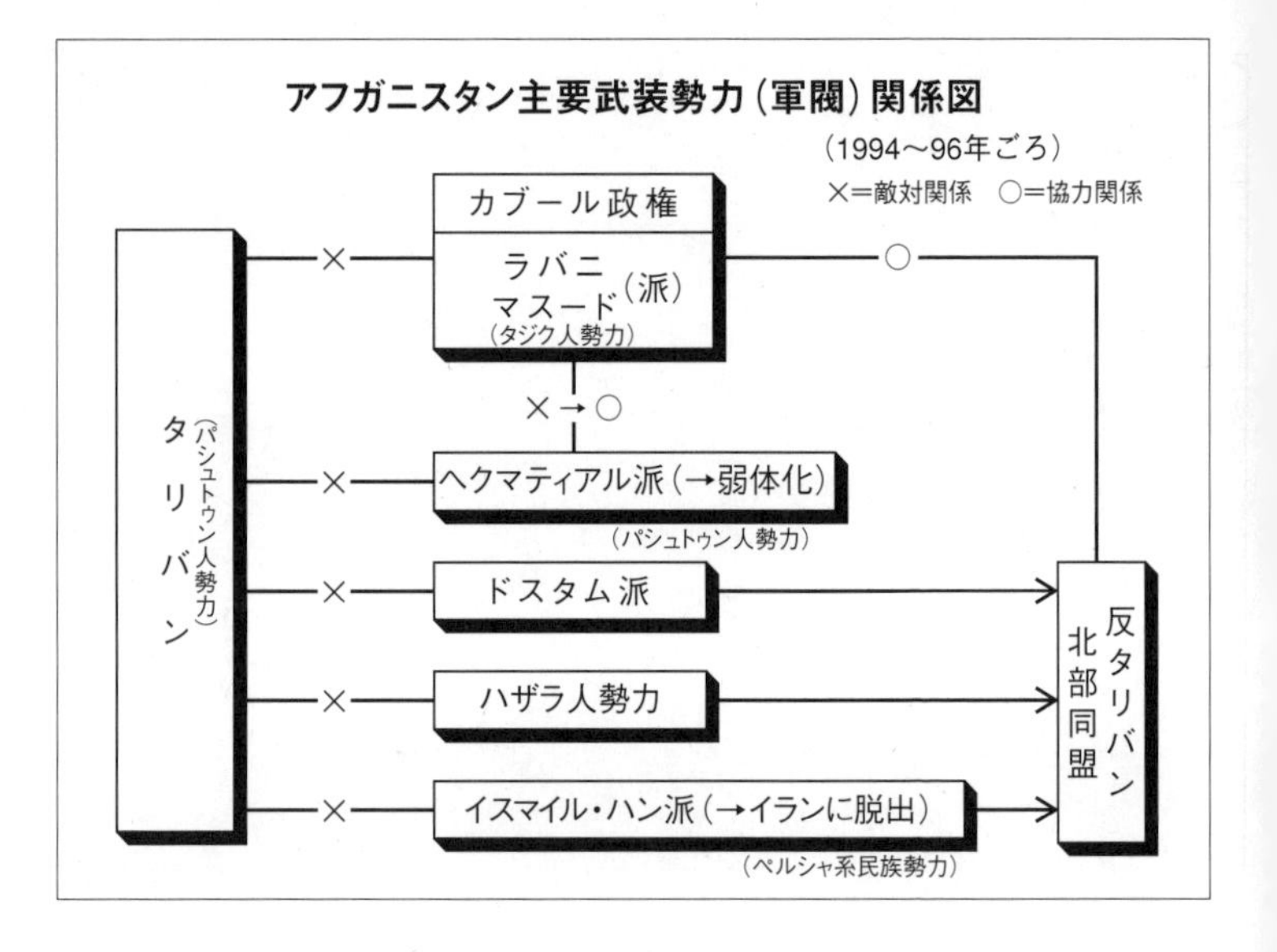

の旧ムジャヒディン軍閥や強盗集団の支配下に分かれていた。部族的構造、ぼろぼろの経済状態、パシュトゥン人指導者たちの不一致、さらにはパキスタンがヘクマティアルに与えた軍事援助をドゥラニには渋ったため、南部のパシュトゥン人たちは互いに抗争していた。

国際援助機関は、カンダハル市が武装グループごとに支配地区が分かれていたため、市内で活動するのを恐れていた。武装グループの指導者たちは金になるものは何でも奪った。電話線を引きちぎり、木を切り倒し、工場を、機械を、道路用のローラーまでスクラップにしてパキスタン商人に売った。軍閥は家々や農場を押さえ、住人を放り出し、支持者たちの手に渡した。司令官たちは住民を思いのまま虐待し、少女や少年を誘拐して性欲を満たした。バザールの商人から強奪し、街なかでけんかし撃ち合った。パキスタンから難民たちが戻って来るどころか、新たな難民たちがカンダハルからパキスタンのクエッタへと脱出し始めた。

クエッタとカンダハルの強力なトラック運送マフィアたちにとって、ビジネスのためにこんな状態は受け入れ難いものだった。一九九三年にわたしは、クエッタからカンダハルまで、車で行ったことがある。二〇〇キロほどの距離の間に、少なくとも二〇もの武装グループが路上にチェーンを張った検問所を設け、通行料を要求された。運送マフィアたちは、クエッタからイランや新独立国のトルクメニスタンへ密輸品を運ぶルートを開こうとしたが、こんな状態では不可能だった。

ナジブラ政権と戦ったあと、故郷に戻り、クエッタかあるいはカンダハルのマドラサで学び続けていたムジャヒディンたちにとって、この状態はとりわけ苦々しいものだった。

「ムラー・オマル、ガウス、(大統領とは無関係の)モハメド・ラバニ、そしてわたしは、知り合いでした。われわれはウロズガン州出身で、一緒に戦ったからです」とハッサンは言う。

「わたしはクエッタを行き来し、そこのマドラサに通っていました。われわれが一緒になるといつも、民衆が強盗たちの下で暮らしている、ひどい状態について話し合いました。われわれは意見が合い、お互い非常によく助け合っていたので、何かすることを決めるのが容易でした」

片目のタリバン外相、ムラー・モハメド・ガウスも同じことを言った。

「われわれは、こんな状態を変えるにはどうすればいいか、長時間、話し合いました。行動を開始するまで、われわれには漠然としたアイデアしかなかったし、失敗するかもしれないと考えていましたが、われわれはアラーの神とともにある、その教え子なのだ、と信じていました」

南部の他のムジャヒディン・グループも、同じ問題を話し合っていた。「大勢の人が問題の解決法を探していました。わたしはザブール州カラト（カンダハルの北一四〇キロ）出身で、マドラサに入ったのですが、情勢が非常に悪かったので勉強にならず、いくつかの友人グループと、何をなすべきかについて、討論ばかりしていました」と、のちにカブールの保健相になるムラー・モハメド・アバスは言った。

「古いムジャヒディンの指導部は、平和の実現に完全に失敗しました。このためわたしは、友人たちのグループとヘラートに行き、イスマイル・ハンが招集したシューラ（評議会）に参加しましたが、シューラは平和解決に失敗、情勢はもっと悪くなりました。そこでわたしたちは、カンダハルにきてムラー・オマルと話し合い、かれに加わりました」

タリバンのナンバーツー、モハメド・ラバニ暫定統治評議会議長（サン・テレフォト）

タリバン首脳の実像

分散してはいたが、深く憂慮していたこうしたグループは、議論を重ねたすえ、タリバンの宣言に取り入れられる目標を描き出した。それは、平和の回復、一般住民の武装解除、シャリーア（イスラム法）の実施、アフガニスタンの一体性とイスラム的特質の保全であった。

かれらの大部分は、マドラサの学生たちだった。かれらが自分たちのために選んだ名称はごく自然だった。「タリブ」はイスラム学生のことで、かれらに知識をあたえるムラーに匹敵するだけの、知識を求めていた。タリバン（タリブの複数形）という名称を選んだことで、かれらはムジャヒディンの政党政治と距離を置き、権力を得ようとする政党ではなくて、社会を浄化しようとしているのだと示唆したのだった。

オマルの周りに集まった者はすべて、反ソ聖戦の子どもたちだが、かつては理想化されたムジャヒディンの指導者たちの派閥主義と犯罪行為に大きく幻滅していた。かれらは自分たちを、堕落したゲリラ戦争、不正な社会システム、腐敗に妥協したイスラム的生活を清め、純化する者だとみなした。かれらの大部分はパキスタンの難民キャンプで生まれ、パキスタンのマドラサで教育を受け、戦闘技術をパキスタンに根拠地をもつムジャヒディン諸党から学んでいた。かれらタリバンの若者たちは、自分の国とその歴史についてはわずかに知っていただけだったが、一四〇〇年前に預言者ムハンマドが創った理想的なイスラム社会のことはマドラサで学んだ。それこそかれらが見習おうとするものだった。

オマルが指導者として選ばれた理由について、何人かのタリバンは、かれの政治的あるいは軍事的能力ではなく、その敬虔な、揺るぎないイスラムへの信仰のためである、と言い、他の者たちは、かれは神によって選ばれたのだ、と言った。

「われわれは、ムラー・オマルをこの運動の指導者として選びました。かれは神の下で平等な人間の先頭にいる人で、われわれはかれに、われわれを導く権力を与え、かれはわれわれに人々の諸問題を扱う力と権威を与えたのです」とムラー・ハッサンは言う。

オマル自身はパキスタン人ジャーナリストのラヒムラ・ユスフザイに単純な説明をしている。

「われわれは、アフガニスタンの聖戦の目的を達成し、ムジャヒディンという者たちによって人々がこれ以上苦しめられないよう、武器を取って立ち上がった。われわれは全能の神への完全な信仰を持っている。われわれは、決してそれを忘れない。神はわれわれを勝利で祝福することも、敗北に突き落とすこともできるのだ」

ムラー・モハメド・オマルほど秘密のベールに包まれた指導者は、今日の世界にはいない。三九歳のかれは、決して写真を撮らせないし、西側の外交官やジャーナリストに会わない。かれが初めて国連の外交官と会ったのは一九九八年、タリバンが生まれて四年後だった。タリバンはイランの破滅的な攻撃を受ける可能性に直面しており、かれは国連アフガニスタン特別代表のラフダル・ブラヒミに会った。

オマルはカンダハルに住み、首都カブールを訪れたのは二回だけ、しかもごく短時間だった。かれに関する断片的な事実を組み合わせる作業に、大部分のアフガン人や外国の外交官たちはかかりきりになった。

オマルは一九五九年ごろ、カンダハル近くのノデ村で生まれた。一家は土地のない貧しい農民で、ギルザイ・パシュトゥン人のホタキ部族に属していた。ホタキ族長のミル・ワイスは一七二一年、イランのイスファハンを占領、最初のギルザイ・アフガン帝国を樹立したが、すぐにアハマド・シャー・ドゥラニに取って代わられた。オマルの部族的、社会的地位はなく、カンダハルの有力者は、かれの家族について聞いたことはないと言っている。一九八〇年代の聖戦の間、かれの一家はウロズガン州のタリンコトに移住した。そこは、最も後進的なところで、ソ連軍が滅多に入ってこられない地域だった。かれが若いときに父が死に、それから母を支え、家族を養う役割がかれの肩にかかった。

仕事を探すためオマルは、カンダハル州メワンド地区のシンゲサル村に行った。そこでかれは村のムラーになり、小さなマドラサを開いた。カンダハルのマドラサでの学習は、最初はソ連軍の侵攻、次はタリバンの結成で、二回中断された。オマルはハリスのイスラム党に加わり、一九八九年から九二年まで、ネク・モハメド司令官のもとでナジブラ政権と戦った。かれは四回負傷、うち一回は右目を傷つけて永遠に目が見えなくなった。

タリバンの成功にもかかわらず、シンゲサルはいまも他のパシュトゥンの村と変わらない。パシュトゥン住居の伝統的な防御性を示す高い塀に囲まれ、土とわらで塗り込められた、日干し煉瓦建ての建物。雨が降ると泥沼になる、狭くてほこりっぽい小道。そこでオマルのマドラサは今も開かれている。小さな土小屋。土の床には少年たちが眠るためのマットレスが敷いてある。

オマルには妻が三人いて、村に住み続け、顔をベールで厚く覆っている。最初と三番目の妻はウロズガン出身だが、一九九五年に結婚した一〇代の二番目の妻グルジャナはシンゲサル出身だ。かれには全部で五人の子どもがおり、かれのマドラサで学んでいる。オマルは背が高く、がっしりした男で、長い黒ひげを生やし、黒いターバンを巻いている。軽いユーモアと、皮肉なウィットのセンスがある。かれは外部の人間とくに外国人に対しては極度に内気だが、タリバンにとっては近づきやすい。タリバン運動が始まったころ、かれはカンダハルの大モスクで人々とともに祈ろうとしたが、結局、姿を隠して、カンダハル郊外のかれが住んでいる役所兼用の邸宅から、まれにしか外に出なくなった。かれはたまに自分の村を訪ねるが、その際には、いつも黒い窓のデラックスな日本製四輪駆動車に、何十人もの護衛兵を乗せた部隊をともにしている。

シューラ（評議会）では、オマルはほとんどしゃべらず、他の者の発言に耳を傾けている。内気なためか、めったに演説者にならず、いまやかれを取り巻いている神話にもかかわらず、カリスマ的なアピールもしない。一日中、邸宅内の小さなオフィスで仕事をしている。当初は、コンクリートの床の上で、訪ねてきたタリバンの横に座っていたが、今では自分はベッドに腰掛け、他の者は床に座る。指導者としての地位を強調する動作だ。かれには司令官たちや一般兵士、ウレマそして訴訟人らとの会話を記録する秘書たちが数人いる。そして、国中に配置されている司令官たちがかれと連絡するため、無線機がいつもカリカリ音を立てている。

長い討議のすえ、司令官たちへの攻撃命令、訴訟人を援助するようにとのタリバンの州知事への指示、国連の調停官へのメッセージなどを書き付けた、紙切れが発行される。イスラマバードの外国大使館への公式な連絡は、パキスタン人顧問によって口述されることが多い。

タリバン運動の初めの頃、わたしは市や町から別の市や町への旅行許可を記した書きつけのある、タバコの箱や包装紙をたくさん集めたものだ。いまでは、普通の用紙が使われている。オマルの脇にはスズ製のスーツケースが置かれ、その中には必要に応じて、司令官や訴訟人へのアフガン語の指示を書きつける用箋が入っている。タリバンの勝利が進み、米ドルが詰まったもうひとつのスーツケースが、それに加わった。これらのスズのスーツケースは、タリバン運動の宝物である。

重要な会合の際には、オマルのそばにオマルの信頼厚い、公式スポークスマンのムラー・ワクリ・

アハメドが座る。ワクリはカカール族出身のマドラサの若い学生で、オマルのもとで学び、オマルの付添人、運転手、毒味係、通訳、そして筆記係として仕事についた。ワクリはすぐに昇進して、やってきた外国外交官や援助機関要員との連絡、タリバンの司令官と会うための旅行、パキスタン当局者との会合などをこなすようになった。かれはタリバンのスポークスマンとして外国プレスがまず連絡をとる人物だし、同時にジャーナリストたちがあまりにも激しく、タリバンを批判したと感じたときには、かれらを責める係でもある。ワクリはオマルの耳であり眼であり、門番でもある。どんなアフガンの重要人物でも、まずワクリを通さずには、オマルに達することができない。

強欲軍閥に決起

小さなグループだったタリバンが、カンダハルの強欲な軍閥たちに対して、どのようにして立ち向かったのか、神話と物語の製造工場がある。最も信頼できそうな、繰り返し語られる物語によると、一九九四年春のこと、シンゲサルの住民が来てかれにこう訴えた。

「ある軍閥司令官が一〇代の少女二人を誘拐、彼女らの頭をそり、軍の基地に連れて行って繰り返し暴行した」と。

オマルは三〇人ほどのタリバンに命じ、一六丁の自動小銃しかないのに基地を攻撃。少女たちを解放し、司令官を戦車の砲身に釣り下げた。かれらは大量の武器、弾薬も同時に獲得したのだった。

「われわれは、誤った道を行ったムスリムと戦ったのだ。女性や貧乏人に対する犯罪をみて、じっとしていることはできなかった」と後にオマルは言った。

数ヵ月後のこと、カンダハルの司令官二人が、同性愛の相手にしようとした少年をめぐって争った。その際、市民たちがとばっちりで死亡した。オマルのグループは少年を解放、タリバンに対して地元住民の問題解決に助力するよう、公式の指示が出された。オマルは、強欲な軍閥司令官たちに対する貧乏人の味方のロビンフッドとして姿を現した。人助けをしても、何の謝礼も報酬も求めなかったので威信は高まった。オマルは正しいイスラム制度をつくるために、自分に従うよう人々に求めただけだった。

同じ頃、オマルの使者たちは、他の司令官たちの動向を探っていた。かれの同志はヘラートを訪ね、イスマイル・ハンと会い、九月にはタリバンの創設メンバーの一人、ムラー・モハメド・ラバニがカブールを訪ね、ラバニ大統領と会談した。孤立していたカブール政権は、ヘクマティアルに敵対するパシュトゥン新勢力の支持を求めていた。ヘクマティアルはカブールを砲撃し続けており、ラバニ大統領はもしヘクマティアルを攻撃してくれるなら、タリバンに資金援助すると約束した。

しかし、タリバンと最も結びついていたのはパキスタンで、かれらはそこで育ち、活発なモーラナ・ファズラ・レーマンとかれのウレマ・イスラム協会（JUI）が開いているマドラサで学んだ。JUIは原理主義者の党で、パキスタン領バルチスタンと北西辺境州（NWFP）のパシュトゥン人たちから、相当な支持を受けていた。より重要なことは、モーラナ・レーマンがいまやベナジル・ブット首相と手を組み、パキスタン政府、陸軍と軍統合情報部（ISI）につながりがあることだった。

パキスタンの対アフガニスタン政策は行き詰まっていた。一九九一年のソ連崩壊後、歴代パキスタン政府は、中央アジア諸国に直結する陸上貿易ルートを開くことに鋭い関心を持っていた。大きな障害は、どのルートの場合でも避けては通れないアフガニスタンで、内戦が続いていることだった。このため、パキスタンの政策立案者は戦略的ジレンマにぶつかった。友好的になるであろうパシュトゥン人のグループにカブールの権力を握らせるため、ヘクマティアルへの支援を続けるべきか、それとも方針を変えて、パシュトゥンに損をさせても、すべてのアフガン・グループに権力分配で合意するよう要請して、中央アジアへの道路を開通できる安定政権をつくるべきか、である。

パキスタン軍部は、他の民族グループがかれらの命令に従うとは思えず、ヘクマティアルを支持し続けた。パキスタン陸軍の約二〇パーセントはパシュトゥン人で、ISIと軍内部の親パシュトゥン派とイスラム原理主義派は、アフガニスタンでパシュトゥンに勝利させるという決意を変えてはいなかった。しかし、一九九四年までにヘクマティアルは、軍事的に支配範囲を縮小し、かれの過激主義がパシュトゥンを分裂させ、多数のパシュトゥンに嫌われるなど、明らかに失敗していた。パキスタンは次第にこの失敗者への支援に疲れ、それに代わるパシュトゥンの代理人を探していた。

中央アジアへの交通ルート

一九九三年にベナジル・ブットが首相に選ばれ、彼女は中央アジアへのルートを開くことに熱心だった。最も近いのは、ペシャワルからカブール、そしてヒンズークシ山脈を越え、マザリシャリフを経てウズベキスタンのテルミズ、タシケントに達するルートだが、このルートは、カブール周辺の戦闘のため閉鎖されていた。このため、新しいルートの提案が、不満を鬱積させているパキスタンの運送業者と密輸マフィア、急進的イスラム政党のウレマ・イスラム協会（ＪＵＩ）、そしてパキスタン軍部と政府当局者から行われた。カブール経由の北ルートに代わって、新ルートはクエッタからカンダハル、ヘラートそしてトルクメニスタンの首都アシガバードに至るものだった。南部には戦闘がなく、数十人の軍閥司令官がいるだけで、かれらは適当に賄賂を渡せば、道路に張ったチェーンを解くのに同意するだろう。

一九九四年九月、道路調査のためパキスタンの調査要員とＩＳＩ将校たちが、パキスタン国境チャマンからヘラートへの道を慎重に進んでいった。パシュトゥン人のナセルラ・ババル内相も同じ月、チャマンを訪ねた。カンダハルの軍閥たちは、この計画に不信を持ち、パキスタンがかれらを殲滅（せんめつ）するため軍事介入をするのではないかと疑った。軍閥司令官の一人、アミール・ラライはババルに不愛想な警告を発した。

「パキスタンは、われわれの道路を再建すると提案している。しかし、わたしは、道路の整備が自動的に平和をもたらすとは考えない。近隣諸国がわれわれの国内問題に干渉する限り、平和を期待してはならない」

にもかかわらずパキスタンは、カンダハルの軍閥たちやヘラートのイスマイル・ハンと、トルクメニスタンへの通行を許可するよう交渉を始めた。一九九四年一〇月二〇日、ババルはカブール政府に通告することなしに、西側の大使六人をカンダハルとヘラートにつれていった。一行には鉄道、道路、通信、電力各省の高官も含まれていた。ババルは国際機関から三億ドルを得て、クエッタからヘラートまでのハイウエーを再建したいと語った。一〇月二八日、ブット首相はアシガバードで、イスマイル・ハン、ドスタム将軍と会い、南ルートを開通させるよう要請した。そうすれば運送業者の通行料の支払いとかれらの安全を保障する、と述べた。

しかし、この会合の前に、重大事件がカンダハルの軍閥たちを揺さぶった。九四年一〇月一二日、カンダハルとパキスタンのマドラサからのタリバンが約二〇〇人、チャマンと国境を挟んだアフガニスタン側の小さな町スピン・バルダクにやってきた。運送マフィアたちにとって砂漠の真ん中にある油で汚れたその町は、重要な荷の積み替えと給油の場所で、ヘクマティアル派の部隊が抑えていた。ここでアフガン人のトラックはパキスタン人のトラックから、アフガニスタンへの運び込みが禁止されている荷を積み替える。こうしてアフガニスタンの軍閥兵士たちを養うための石油が、パキスタンから密輸入される。運送マフィアにとって、この町の支配は死活問題として重要だった。

タリバンの部隊は三グループに分かれ、ヘクマティアル派の兵舎を攻撃した。短時間の激しい戦闘の後、ヘクマティアル側は、七人が死亡、数人が負傷して逃走した。タリバン側は一人死んだだけだった。そこでパキスタンは、ヘクマティアル派が警護していたスピン・バルダクの町外にある大きな武器貯蔵庫の占領をタリバンに許した。この貯蔵庫は、一九九〇年にパキスタンから国境を越えてアフガニスタン側に移された施設だった。ジュネーブ協定で、パキスタン当局が自国領内で、アフガニスタン向けの武器を保有することを禁止されたための措置だった。この武器貯蔵庫でタリバンが手にしたのは、カラシニコフ自動小銃一万八〇〇〇丁、数十の砲、大量の弾薬、そして多数の車だった。

スピン・バルダクの占領でカンダハルの軍閥たちは心配し、パキスタンがタリバンを支援していると非難したが、新たな脅威に対して団結するどころか内部抗争を続けていた。

ババルは次第に我慢できなくなり、アシガバードに向け、医薬品を積んだトラック三〇台を試験的に送る命令を出した。

「わたしはババルに、カンダハルの司令官たちとの合意ができていないので、二ヵ月待つべきだ、と言ったのですが、かれはトラック部隊を行かせるよう固執しました。司令官たちは、トラック部隊が、やがてくるパキスタン軍のための武器を積んでいると疑ったのです」と、カンダハル駐在のパキスタン当局者は後に、わたしに語った。

トラック部隊救出作戦の大勝利

九四年一〇月二九日、八〇年代に米国からの兵器をムジャヒディンに運ぶため、ISIが設置した機関、陸軍全国補給組織（NLC）から集められたトラック部隊は、元陸軍運転手八〇人とともにクエッタを出発した。南部に配置されていたISIの最優秀野戦将校、イマム大佐とヘラート駐在パキスタン総領事も同乗していた。タリバンの若い司令官、ムラー・ボルジャンとムラー・トラビも一緒だった（この二人は後に、タリバンのカブール初攻撃を指揮し、ボルジャンは戦死した）。カンダハル近郊一九キロの空港近くにあるタフテプルで、トラック部隊はアミール・ラライ、空港を管理していたマンスール・アチャクザイ、ウスタド・ハリムら軍閥司令官たちのグループによって押さえられた。トラック部隊は低い山地の麓の村にとどまるよう命じられた。わたしは二、三ヵ月後にその場所に行ってみたが、たき火の跡や捨てられた糧食が残っていた。

司令官たちは、金と品物の分け前、そしてパキスタンがタリバン支援をやめるよう要求した。司令官たちがイマム大佐と交渉していたとき、パキスタン当局はトラック部隊ジャックのニュースを三日間、抑えた。

「われわれは、マンスールがトラックに武器を積み込んで、パキスタンを非難するのではないかと心配しました。そこでわれわれは特殊任務グループ（パキスタン陸軍コマンド）による救出作戦や降下部隊などすべての軍事オプションを考えました。これらの軍事オプションは非常に危険だったので、タリバンにトラック部隊救出を頼んだのです」とあるパキスタン将校は語った。

九四年一一月三日、タリバンが行動を開始、トラック部隊を捕らえていた軍閥部隊を攻撃した。軍閥司令官たちはパキスタン軍の攻撃だと思い逃げ出した。タリバンはマンスールを砂漠の中まで追いかけ、捕まえ、ボディガード一〇人とともに射殺した。かれの死体は、誰もが見えるよう戦車の砲に吊された。

同じ夜、タリバンはカンダハルに入り、二日間の散発的な戦闘の後、司令官たちの部隊を敗走させた。二五〇〇人の兵士を抱えた市内最大の軍閥司令官、ムラー・ナキブは抵抗しなかった。かれの顧問の何人かは後に、ナキブがＩＳＩから相当な賄賂をもらい、軍閥を維持できると約束されていた、と述べている。タリバンはかれの兵士たちを組み入れ、ナキブはカンダハル郊外の村へ引退させた。タリバンは数十台の戦車、装甲車、軍用車、武器を獲得、特別な獲物は、ソ連占領軍が空港に残したミグ21戦闘機六機と輸送用ヘリ六機だった。

まだほとんどの人に知られていなかった、武装勢力タリバンは、十数人の犠牲者を出しただけで、アフガニスタン第二の都市を占領した。イスラマバードの外交官やアナリストたちは、タリバンがパキスタンから相当な支援を受けているのをだれも疑わなかった。カンダハルの陥落をパキスタン政府とJUIは祝賀した。タリバンの勝利で名声を得たババルは、ジャーナリストたちにこっそり、タリバンは「われわれの子だ」と話した。タリバンは、パキスタンからの自立を誇示し、だれの手先でもないと示唆したのだが。

九四年一一月一六日、ムラー・ガウスは、今後、パキスタンはトラック部隊を送るにあたって、タリバンを無視してはならず、軍閥たちと取引してはならない、と言明した。かれはまた、運送マフィアの中心的要求であった、パキスタン・トルクメニスタン向け商品の輸送を、タリバンは許さないだろう、と述べた。

タリバンは道路を閉鎖していたチェーンを取り除き、アフガニスタンに入るトラックからはスピン・バルダク一ヵ所でだけ通行料を徴収するシステムをつくり、パキスタンからのハイウエーをパトロールした。運送マフィアたちは興奮した。一二月には最初のパキスタンのトラック隊が、トルクメニスタンから原綿を積んでクエッタに到着した。かれらがタリバンに払った通行料は二〇万ルピー(五〇〇〇米ドル)だった。

一方、パキスタンのバルチスタンと北西辺境州で学んでいたアフガン・パシュトゥンの若者数千人がタリバンに加わるため、カンダハルに駆けつけた。かれらに続いて、アフガニスタンの新しいイスラム運動に刺激された、JUIのマドラサのパキスタン人学生たちが、ボランティアとしてやってきた。九四年一二月までに、アフガン人とパキスタン人の学生たち約一万二〇〇〇人が、カンダハルでタリバンに加わった。

パキスタンにその立場の説明を求める国際的、国内的な圧力が高まった。ブット首相は九五年二月、パキスタンはいかなるタリバン支援をも行っていないと、公式に表明した。「われわれは、アフガニスタンにいかなる〝お気に入り〟もいないし、アフガニスタンに介入しない」と、ブット首相はマニラ訪問中に述べた。

後にブット首相は、パキスタンは、新たにタリバンに加わろうとする者が国境を越えるのを阻止できない、と語った。

「わたしはラバニ（大統領）の戦争で、かれに味方することはできない。もしアフガン人が国境を越えたいのなら、それを止めない。わたしは、かれらの再入国を止めることはできるが、かれらの大部分は、こちらに家族がいる」

タリバンはただちに、イスラム世界で最も厳格な解釈によるシャリーア（イスラム法）を実施した。女学校は閉鎖され、家の外で女性が働くことを禁止、テレビはぶち壊された。あらゆるスポーツや娯楽も禁止、すべての男性はあごひげを生やすよう命令された。次の三ヵ月間にタリバンは、アフガニスタン三一州のうち一二州を支配、道路を開き、一般国民を武装解除した。タリバンがカブールへと進むにつれ、行く手の地方軍閥は、逃走するか白旗を掲げて降伏するかを、選択しなければならなかった。ムラー・オマルとその学生軍はアフガニスタン全土を行進していった。

第2章　ヘラート一九九五年　歴史都市での戦い

男性だけの兄弟集団

一九九五年三月、ダシュテマンゴ（死の砂漠）の北端では、カンダハルと五六〇キロ離れたヘラートを結ぶ、がたがたのハイウエーに細かな白い砂埃（すなぼこり）が立ち昇っていた。この道路は五〇年代に、この地球上で最も暑い、最も乾いた砂漠の一つの縁に沿って、ソ連が建設した。長年の戦争の後、このハイウエーは戦車の軌道、砲弾の爆裂口、壊れた橋で傷だらけになり、車は時速三〇キロぐらいでしか走れない。

タリバンの戦争車両——日本製の二ドア小型トラックで、荷台の後部は何でも積めるように開いたままになっている——の列が重武装の若い男たちを乗せてヘラートへ向かっていた。同市を占領するためだ。反対方向には、車体にくくりつけたベッドに横たわるタリバンの負傷者や、ヘラートを支配しているイスマイル・ハン派の捕虜たちを乗せた、車の流れが続いていた。

カンダハルを占領してから初めの三ヵ月間に、タリバンはアフガニスタンの三一州のうち一二州を獲って、アフガン内戦の行き詰まりを打ち破り、北はカブールの外側まで、西はヘラートまで到達した。タリバンの兵士たちは、カンダハルの司令官たちの鋭い視線の下では話したがらないので、かれらについて何か知ろうとすれば、道路で車に同乗させてもらって、行ったり来たりするのが唯一の方法だった。小型トラックの荷台には、何十人もの兵士たちが弾薬、ロケット弾、手投げ弾発射機の箱や小麦粉の袋などとともに、詰め込まれており、かれらの体験談を熱心に話して聞かせてくれた。

かれらの話によると、カンダハルを押えてから、二万人ほどのアフガン人と数百人のパキスタン人マドラサ学生が、パキスタンの難民キャンプから国境を越えて流れ込み、ムラー・オマルのもとに加わった。北への進軍の間に、さらに数千のアフガン・パシュトゥン人が加わった。大部分は信じがたいほど若く、一四歳から二四歳までで、その多くがすべてのパシュトゥンと同様、銃の扱い方を知ってはいても、実際に戦った経験はまったくなかった。

若者たちの多くは、これまでの人生をパキスタンのバルチスタンか北西辺境州にある難民キャンプで過ごし、アフガン人のムラーやパキスタンのイスラム原理主義政党によって国境地帯に設けられた、何十校ものマドラサのどこかで、イスラム教育を受け、なにがしか身につけた。そこでかれらは、コーラン、ムハンマドの言葉とイスラム法の基礎を、わずかに読み書きができる程度の教師たちの解釈に従って、学んだのだった。教師も生徒もだれ一人、数学、科学、歴史あるいは地理の正式な基礎知識を持っていなかった。これら若者たちの多くは、自分の国の歴史、ソ連に対する聖戦の物語さえ知らなかった。

自分たちの部族や氏族の血統について話し、放棄した農園や渓谷を郷愁とともに記憶している、そしてアフガン人の歴史に根ざした物語や言い伝えを語れる男たち――八〇年代にわたしが知っていたムジャヒディン——とは別な世界に、これらの若者たちはいた。かれらは平和な時代、侵略者との戦争や内戦のない自分の国を見たことがないのだ。かれらには自分の部族のことを、長老たちを、隣人たちを、そしてよくあるように、かれらの村、故郷にさまざまな民族が複雑に混じり合って住んでいる姿の記憶がない。この若者たちは、歴史の浜辺にうち寄せられた海の漂流物のように、戦争が投げ捨てたものなのだ。

かれらには過去の記憶も将来の計画もなく、現在だけがすべてだった。文字通りの戦争孤児で、根もなく、休息もなく、仕事もなく、貧困だけがあるのだが、その自覚はない。かれらは戦争が好き。なぜなら、それだけに、自分が役に立てるからだ。素朴な村のムラーたちから教え込まれた救世主的、清教徒的イスラムの単純な信仰だけが、かれらを支え、ある意味でかれらに生命を与えている。農耕、牧畜あるいは手工芸など父祖からの伝統的な職業についてさえ、いっさいの訓練を受けていないかれらをマルクスはアフガニスタンのルンペン・プロレタリアートと呼ぶだろう。

かれらは自ら進んで、タリバンの指導者たちがつくらせた、男性だけの兄弟的集団に集まってきた。それ以外について知らなかったからだ。事実、かれらの多くは母親、姉妹あるいは従姉妹といった女性なしに育った戦争孤児。そうでない若者たちも、マドラサの学生だったか、通常は女性の親族が行き来できない、隔離された難民キャンプ内で生活してきた。村や放牧民の露営地の密接なコミュニティで、男性たちは血縁のある女性たちと混じり合って生活してはきたが、保守的なパシュトゥン社会の規範によって、若者たちは粗野に、したたかに育ってきた。かれらは、女友達を持ったことがない。

かれらを教育したムラーたちは、女性は誘惑的で男性をアラーへの奉仕から引き離す不必要なものだ、と強調した。だから、タリバンがカンダハルに来て、女性たちが外で働くことも、学校に行くことも買い物に出ることとさえも禁じて、家庭に閉じこめた際に、マドラサの若者たちの大部分は、こうした措置を何も異常だとは思わなかった。かれらはまったく知らない人類の半分の存在からおびやかされていると感じ、それを閉じこめておく方がはるかに気楽だった。とくにそれが、イスラム法には根拠がない素朴なイスラム的命令なのに、ムラーたちから指示されたものであれば、なおのことである。女性の従属は、真の信仰者の使命とされ、タリバンと他のムジャヒディンの根本的な相違点だった。

この兄弟的集団は若者たちに、宗教の教義だけでなく、神にすべてを奉仕する生活の仕方を教え、かれらの存在を意味あるものに変えた。皮肉なことにタリバンは、目的達成のために規律正しく、動機が明確で、非情だという点で、イスラムと戦うために宗教的軍令を布告した十字軍とそっくりである。タリバンが圧倒的な勝利を始めた最初の数ヵ月に、神の兵士だけが持つ不敗神話が作り出された。厳しい日々のなかで、神はかれらの側にあり、かれらのイスラム解釈だけが唯一の解釈なのだ、という信念が勝利のたびに強まった。

新たな戦士たちが増強され、タリバンはウロズガン、ザブール両州へと北進し、一発も銃弾を発射することなしに占領した。

電光石火の前進

南部では、ガファル・アフンザデの武装勢力に立ち向かった。かれの一族は八〇年代のほとんどの期間、ヘルマンド州とその豊富なケシ畑を支配していた。かれは激しく抵抗したが、タリバンは反アフンザデ派の軍閥を味方につけ、それ以外は賄賂をつかませて、九五年一月に同州を征服した。タリバンは西への進軍を続け、カンダハル、ヘラート間ハイウエー上のディララムとイスマイル・ハンが支配している西部三州の境界に達した。同時にカブールに向け、パシュトゥン居住地帯を北進し、抵抗よりも大量の投降者に出会うことになった。

混乱と無法状態になった南部のパシュトゥン地域では、勢力の小さい軍閥たちが割拠していただけで、タリバンの手に容易に落ちたが、残った地域は大きな軍閥と複雑な政治的、民族的状況が支配していた。

九五年一月、ラバニ大統領の政権に反対するすべてのグループが、カブール攻撃のため手を握った。ヘクマティアルは北部のウズベク人軍閥ラシッド・ドスタム将軍、中部とカブールの一部を支配しているハザラ人と同盟した。パキスタンはこの新たな同盟作りを支援した。ヘクマティアルが依然、イスラマバードのお気に入りだったからで、かれはこの年の初め、カブールを攻撃するためのロケット弾を大量に、パキスタンから援助されていた。

しかし、タリバンの急速な前進には、イスラマバードさえも驚いた。ブット政権は全面的にタリバンを支持していたが、ＩＳＩはタリバンの力に疑問をもっており、役に立つが南部の一勢力に過ぎないと思っていた。

ヘクマティアルは明らかに、パシュトゥンの新ライバルが南部から進出してきたことを心配し、タリバンの前進を食い止めようとする一方、カブールへの大規模なロケット弾による攻撃を開始、数百人の市民を死亡させ、市内の広い地区を破壊した。

九五年二月二日、タリバンがカブールの南五六キロのワルダクを占領、カブール周辺のヘクマティアルの陣地が初めて脅威を受けることになった。タリバンは電光石火のように前進し、二〇〇人もの死者を出す激しい戦闘の末、二月一〇日にマイダン・シャハルを、次の日にはモハメド・アガを占領した。ヘクマティアルはいまや、北は政府軍、南はタリバンに囲まれ、かれの武装勢力は戦意を喪失してしまった。

九五年二月一四日、タリバンはヘクマティアルの司令部を占領、かれの部隊はパニックを起こして、東部ジャララバードへと敗走した。マスード司令官が指揮するラバニ政権の軍隊は、カブール市内へと撤退した。タリバンはすべての道路を開いて、ヘクマティアルの勢力によって何ヵ月間も阻止されていたカブールへの食糧輸送を許可した。この措置はタリバンを疑問視していた市民たちに喜ばれ、その威信を高めるとともに、タリバンを支持する運送マフィアたちの最も大きな要求を満たした。マスードの軍隊とタリバンはいまや敵対することになり、国連アフガニスタン特別代表のチュニジア外交官、マハムード・メスティリによる停戦の呼びかけは無視された。

マスードは足元にも問題があった。ヘクマティアルは敗走したが、首都南郊を支配している、イスラム統一党のシーア派ハザラ人勢力にマスードは直面していた。マスードは時間稼ぎを策し、ムラー・ラバニ、ボルジャン、ガウスらタリバンの司令官たちと二度会った。タリバンが最大のライバルと会ったのは、これが初めてで、マスードはその後、タリバンと戦い続けることになる。タリバン側は、ラバニの大統領辞任とマスードの降伏を要求、それは、相手側が到底受け入れられない交渉だった。

タリバンはハザラ側との交渉も始めた。

タリバンは国連代表のメスティリとも会い、国連が調停する和平会談に参加する三条件を提示した。それはタリバンの部隊がカブールの「中立軍」を結成すること、「良いムスリム」だけがカブールの暫定政権を構成すること、タリバンに国内三〇州すべての代表権が与えられることだった。カブールの新政権はタリバンがリードするものでなければならない、というかれらの要求は、ラバニ政権と国連に拒否を強いるものだった。

マスードはまず、第一の敵を叩くことを決断した。九五年三月六日、かれはハザラ人との戦闘を開始、カブール南郊の戦車隊を投入してハザラ人を攻撃、カブールから追い出した。絶望的な状況になったハザラ人は前進中のタリバンと取引して、重火器と陣地を引き

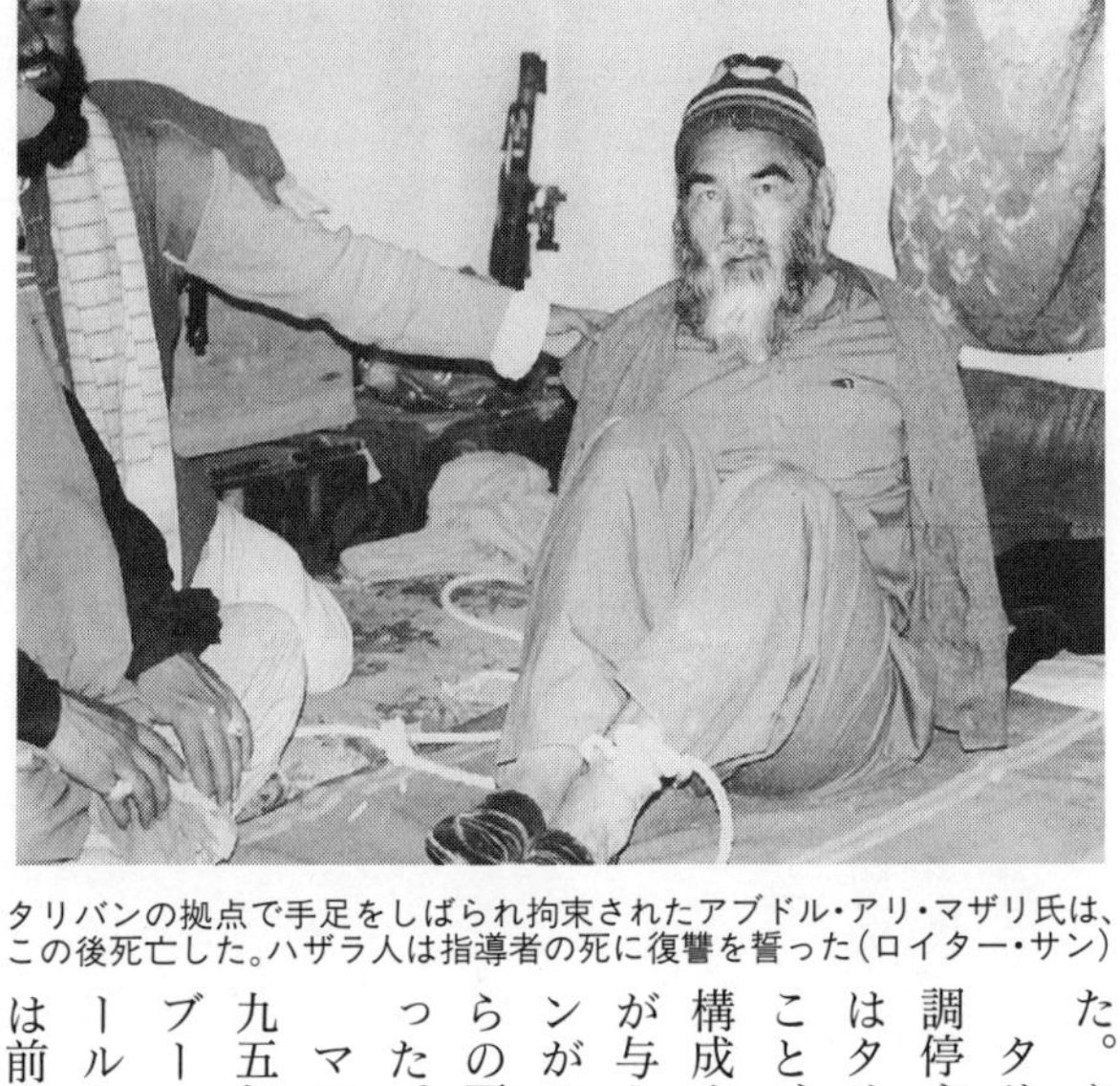

タリバンの拠点で手足をしばられ拘束されたアブドル・アリ・マザリ氏は、この後死亡した。ハザラ人は指導者の死に復讐を誓った(ロイター・サン)

渡した。しかし、その引き渡しの混乱のなかで、タリバンに拘留されていたハザラの指導者アブドル・アリ・マザリが死んだ。ハザラ側は、マザリが捕虜としてヘリコプターでカンダハルへ連行されているとき、かれが自動小銃をつかもうとしたので、タリバンが突き落としたのだ、と非難した。

事故なのか、意図的に殺されたのか、いずれにせよマザリの死は、アフガンのシーア派とその保護者のイランの眼に、タリバンを非難の対象として永遠に映すこととなった。ハザラ人はマザリの死を絶対に許さず、二年後、北部で数千人のタリバンを殺して復讐した。パシュトゥンとハザラ、スンニ派とシーア派という民族的、宗派的な血なまぐさい対立は、水面下からたちまち露出してしまった。

初めての敗北

一方、マスードは、カブール南郊でタリバンがハザラに代わるのを許すつもりはなかった。九五年三月一一日、かれはタリバンへの懲罰的攻撃を開始、タリバンは市街戦で数百人が死んだうえ、市外に追い出された。これは、タリバンが敗北した初めての戦闘だった。かれらの弱体な軍事力構成と戦術が、マスードのより経験豊かな軍隊に敗北したのは当然だった。

タリバンは南部のパシュトゥン地域では勝利した。戦争に疲れ果てた人々が、タリバンを救済者、平和をもたらす者、あるいは、タジク人やウズベク人に押さえつけられてきたパシュトゥン人を、復活させる可能性がある勢力とみなしたからだ。多くの投降者たちに現金を与え、収賄した司令官たちを寝返らせる、というタリバンの戦術はきわめて巧妙になった。その資金は、麻薬収入の増加、運送ビジネス、そしてパキスタンとサウジアラビアからの援助によってまかなわれた。

前進しながら、タリバンは大量の小火器、戦車そしてヘリコプターまで手に入れ、部隊をもっと多く配置できるようになった。かれらが支配したところでは、住民は武装解除され、道路も通行できるようになったので、すぐ食料品の価格が下がった。長く戦争に苦しんできた人々は驚喜した。

カブールでの敗北はタリバンの威信を大きく傷つけたが、かれらの決意を損ないはしなかった。タリバンは、ヘラートを征服すべく西へと向かった。九五年二月、激しい戦闘の末、イスマイル・ハンが支配していたニムルズ、ファラハ二州を占領、ヘラート南方のシンダンドにある旧ソ連空軍基地まで進出した。カブール政権は、タリバンの前進とイスマイル・ハンが防衛線の維持に失敗したことに憂慮した。

マスードの航空機がカブールから飛び、タリバン側前線の爆撃を開始、シンダンドとヘラート防衛のため、戦闘経験豊かなタジク兵二〇〇〇人をカブールから空輸した。タリバンには空軍力がなく、本拠地カンダハルからの補給も細々で指揮系統が弱体だった。シンダンド周辺の政府軍陣地を攻撃するにつれ、タリバンの負傷者が急増しだした。

九五年三月までに、タリバンはシンダンドから押し返された。当初、占領していた地域のほとんどを失い、死傷者は三〇〇〇人以上に達した。タリバンの前線には医療施設がなかったので、負傷者数百人が置き去りにされて死んだ。補給が絶えたために、前線の部隊に水と食糧を支給できなくなった。

「こんなひどい状況になったことはありません。毎日、爆撃が一〇回から一五回あります。食糧も水もなく、友は渇え死にしました。司令官との連絡も途絶え、自分の部隊がどこにいるのか分かりませんでした。弾薬も尽きました。すさまじい悲劇でした」と、タリバンの負傷兵サレ・モハンマドは、カンダハルに送り返される途中、わたしに話した。

いまやタリバンは、二つの戦線で、政府軍に決定的に押し返され、政治、軍事両指導部は混乱していた。平和をもたらす勢力というタリバンのイメージはひどく傷つき、多くのアフガン人の目には、一つの軍閥にしか映らなくなった。

ラバニ大統領は、一時的にカブールとヘラートでの軍事的立場を強化できた。九五年五月までに政府軍は、カブール周辺と北部の六州を直接支配、西部三州はイスマイル・ハンが支配していた。カブールとヘラートでの戦いに敗れ、タリバンの支配は一二州から八州に縮小していた。しかし、タリバンだけでなく、ヘラートを通ってイラン、中央アジアまでの道路をなんとしても開きたい、パシュトゥンの運送業者と麻薬マフィアにとっては、ヘラートはできるだけ早く手に入れたい獲物だった。

中央アジアのパン籠（かご）

イスマエル・ハンほど、名声が高いムジャヒディン司令官はいなかったし、ソ連との戦争で、ヘラートほど市民が犠牲になったところはなかった。ソ連軍がアフガニスタンに侵攻したとき、イスマイル・ハンはアフガニスタン軍将校で、イスラム的、民族主義的傾向が強かった。ヘラートを占領したとき、ソ連はペルシャ語を話すヘラート市民は扱いやすく、平和的で、アフガン人のなかでは最も洗練されていると思っていた。それ以前に、ヘラートの市民が戦わねばならなかったのは、一世紀以上も昔の一八三七年で、ペルシャの侵略に抵抗したときだった。

市民たちが無抵抗だと考え、ソ連軍はシンダンド空軍基地をアフガニスタン最大の基地に拡張し、将校の家族がヘラートに住むことを許した。しかし八〇年三月一五日、市民たちは前例のない都市蜂起に立ち上がった。市民たちがソ連軍将校とその家族たちを殺したので、イスマイル・ハンは市内のアフガン政府軍兵営で反乱を起こし、ソ連兵とアフガン人の共産主義将校を殺し、市民たちに武器を配った。ソ連人数百人が死亡した。

モスクワは、アフガニスタンの他の都市で同様な反乱が発生することを恐れ、反乱鎮圧のためソ連トルクメニスタンから戦車三〇〇両を急派して、この世界最古の都市の一つを無差別に砲撃した。それから一五年たっても、市の大部分の地区はまるで月面のように荒れ果て、残骸(ざんがい)が見渡す限り拡がっていた。その数日間に二万人以上のヘラート市民が殺され、イスマイル・ハンは新しいゲリラ部隊とともに市外に脱出、数千人の市民がイランに流出した。

その後の一〇年間、イスマイル・ハンはソ連占領軍に対する熾烈(しれつ)なゲリラ戦を続け、支配地域では効率的な行政を実施して住民の尊敬を集めた。この経歴が、ソ連撤退後、かれがヘラートで再起する際に大いに役立った。

ヘラートは、アフガニスタンの歴史と文明の揺り籠だった。このオアシスの町に、最初に人が住み着いたのは五〇〇〇年前。山あいに拡がる、五〇〇平方キロあまりのきちんと灌漑(かんがい)された農地は、中央アジアでも最も豊かな土地だといわれてきた。古代ギリシャの歴史家ヘロドトスは、ヘラートを「中央アジアのパン籠」と呼んだ。

「丘の間は要塞のような村落、庭園、ブドウ畑、コーン畑で埋まり、この土地をあらゆる方向に刻んでいる。この豊かな光景は、多くの小さな水路によって、キラキラ光り輝いている」と英国の冒険家でスパイのコノリー大佐は一八三一年に書いている。

何世紀にもわたり、ここは競い合うトルコ系帝国とペルシャ帝国の間の十字路で、早い時期にイスラム化した。市中心の主モスクは七世紀につくられ、一二世紀に再建された。中世にはネストリウス派キリスト教の中心地になるとともに、イスラム神秘主義スーフィの主な中心だった。スーフィのナクシュバンディ教団とチシュティア同胞団のメンバーは首相や大臣になった。

一〇八八年に没したヘラートの聖者ハワジャ・アブドラ・アンサリは高名なスーフィの詩人、哲学者で、今なおアフガニスタンに崇拝者がたくさんいる。

一二二二年にチンギス・ハンが占領したとき、一六万市民を殺し、助命したのは四〇人だけだった。それから二世紀も経たない一四〇五年、チムール大王の息子のシャー・ルフ王とその妃ゴワール・シャドが、チムール帝国の首都をサマルカンドからヘラートに移し、市は奇跡的な復興をとげた。

チムール帝国は初めて、トルコ系遊牧民の草原文化とペルシャ定住民の洗練された文化を融合し、壮大な建造物を建てるためにペルシャ、インド、中央アジアから職人たちを集めた。シャー・ルフとゴワール・シャドは、ヘラートをモスク、マドラサ、公衆浴場、図書館、宮殿を建てる、巨大な複合建設現場に変えた。ヘラートのバザールでは、精巧な絨毯(じゅうたん)、宝石、武器、鎧かぶと、そしてタイルが製造された。もっとも優れたペルシャの細密画家ビヒザドは、一日中、宮殿内で制作をした。

「ヘラートでは、足を運べば詩にぶつかる」とシャー・ルフの首相で画家、詩人、作家だったアリシエル・ナワイは言っている。ヘラートに葬られたかれは、近代ウズベキスタンの民族的詩人で、初めてペルシャ語でなくトルコ語で詩を書き、トルコ語文学の父といわれている。

ペルシャの詩人ジャミも宮殿で暮らし、シャー・ルフの息子ウルグ・ベクの時代に、ヘラートに葬られた。ウルグ・ベクは天文学者で、サマルカンドの天文台から星の運行を観測、かれが作ったカレンダーと星座表は一六六五年、オクスフォード大学で出版されたが、驚くほど正確だった。

何十ものモスクを建てたゴワール・シャドは一四一七年、市の郊外にモスク、マドラサ、彼女自身の墓からなる壮大な建築群を完成した。その墓の壁は、花模様のペルシャ青のタイルで覆われ、青いドームには真っ白な文字でコーランが刻まれ、現在でも、世界で最も精巧なイスラム建築の一つだといわれている。この墓を見た詩人バイロンは「神と自らの栄光のために、人間が創り出した、もっとも色彩の美しい建造物の例だ」と述べている。

ゴワール・シャドは、アフガニスタン、ペルシャ、中央アジアに三〇〇ほどの建造物を建てて、八〇歳で没した。彼女の墓に記されている文字は「時のビルキス」とだけ読める。ビルキスとはシバの女王のことである。これらの建築群は大半が一八八五年に、英国によって破壊され、後年、ソ連軍がムジャヒディンを近づけないため、その一帯を地雷原にした。

ヘラート陥落

一九八〇年にソ連軍がヘラートを爆撃したとき、モンゴル人よりも大きな打撃を与えた。「ヘラートは今日の世界で、最もひどく破壊され、最も多くの地雷が埋められている都市になってしまいましたが、まだ、われわれはどこからも援助を受けていないのです」と九三年、イスマイル・ハンはわたしに語っている。この荒廃にもかかわらず、かれは三州で住民を武装解除し、効率的な行政を再生して、医療施設と学校を再開した。

小柄で賢く、いたずらっぽい笑みを浮かべ、四七歳の年齢より若くみえるイスマイル・ハンは、九三年の時点で、その半分が女生徒の四万五〇〇〇人の生徒たちを、市内の学校で学ばせていた。支配下の三州でその数は、七万五〇〇〇人に達していた。九三年にわたしは、かれに連れられて、アトゥン・ヘイルヴィ校に行ったことがある。二交代で学ぶ一五〇〇人の女生徒たちは、教室も机も本もノートもなく、再評価されているヘラートの歴史を学ぶ希望だけを抱いて、野天に座っていた。

それとは対照的に、カンダハルをタリバンが占領したときには、四五の学校が閉鎖され、たった三校だけが残った。後にタリバンがヘラートを支配すると、すべての学校が閉鎖され、少女たちは自宅で勉強することも禁じられた。

イスマイル・ハンは九五年までに、大きな問題を抱えるようになった。かれは住民を武装解除し、代わりに不人気の徴兵軍を編成したが、タリバンと戦うためには、住民を再武装しなければならず、かれの軍隊は腐敗し、士気が低く、装備が貧弱だった。住民に威張り散らす役人たちがはびこり、税関吏はヘラートを通過するトラック一台から一万パキスタン・ルピー（三〇〇米ドル）も徴収、確実に運送マフィアの敵になった。

タリバンはイスマイル・ハンの問題点をよく知っていた。

「イスマイルは弱い。かれの兵士たちは給料をもらっていないので、戦う意志がありません。行政当局の腐敗のために、イスマイルへの信頼まで失われています。かれは一人でがんばり、マスードに支えられているだけです」とムラー・ワクリ・アハメド（ムラー・オマルの秘書）がわたしに言った。

イスマイル・ハンは軍事的にも大きな誤算を犯した。タリバンは敗北して崩壊寸前にあると信じ、準備不十分のうえタイミングの悪い攻勢を仕掛けた。機動部隊を動員して、九五年八月二三日、ディララムを占領、その一週間後にはヘルマンド州の一部を取り、カンダハルをおびやかした。しかしかれの軍は敵地に突っ込みすぎた。

カブールの南45キロのモハメド・アグハ攻撃に備えるタリバン兵（95年10月　ロイター）

一方、タリバンは夏の間に、パキスタンとサウジアラビアが提供した武器、弾薬、車両で軍を再建し、ISIからの顧問の援助で指揮系統を一新していた。ISIはまた、タリバンとドスタム将軍の間の極秘の取り決めを仲介した。ドスタムはウズベク人技術者たちをカンダハルに派遣、タリバンが一年前に獲得したミグ戦闘機とヘリコプターを修理させた。タリバンは初めて空軍力を持った。

イスマイル・ハンの攻勢に直面し、タリバンはすばやく二万五〇〇〇人を動員したが、その多くはパキスタンからの新たな志願兵だった。戦闘経験のある兵士たちは、イスマイルの補給ラインを妨げるための小型トラック部隊に配置された。八月末、タリバンは決定的な待ち伏せ攻撃に成功、イスマイル・ハンは総退却を命令した。数日後、タリバンはイスマイルの部隊をシンダンドまで押し返し、九五年九月三日、イスマイルは不可解にも戦わずして同地を放棄した。その二日後、タリバンの機動部隊がヘラートに突入、イスマイルの部隊はパニックとなり、かれはヘラートを放棄、司令官たちや数百人の兵士とともに、イランに脱出した。

翌日、ヘラート陥落に怒ったカブールの親政府群衆が、パキスタン大使館を襲撃、政府軍兵士が見ている前でパキスタン大使を傷つけた。カブールとイスラマバードの関係は最悪になり、ラバニ大統領は、パキスタンがタリバンを使ってかれの政権を打倒しようとしている、と公然と非難した。

タリバンはいまや、イランと接する敏感な国境地帯を支配下に収め、パシュトゥン人が多数を占めていない地域を、初めて支配することになった。

タリバンはヘラートを占領都市として扱い、市民数百人を逮捕、すべての学校を閉鎖、カンダハルでのそれよりも厳しく、イスラム法を強制した。

市内は地元の脱走兵たちではなく、カンダハルからきたタリバンの中核部隊の兵士たちの兵営となり、市政はペルシャ語が話せず、市民たちと会話ができないドゥラニ・パシュトゥン人の手中に収められた。その後の数年間、ヘラート市民は一人も市政に採用されなかった。洗練されている市民たちは、粗野で教育がなく、ヘラートの偉大な歴史を想像もできないだろう、と見下げるパシュトゥン人に心から支配されることはなかったが、唯一できたことは、ジャミの墓に行き、碑文を読むことだった。

月が夜の闇に隠されるように
お前の顔が隠されてしまうとき
わたしは、涙の星たちを流す
すべての星たちが輝いているのに
夜はなお暗い

ヘラートの陥落はラバニ政権の終わりの始まりだった。この勝利に励まされたタリバンは、一〇、一一月、冬の雪で戦闘ができなくなる前に有利な地点を占領すべく、カブール攻撃を再開した。マスードは一一月末、反撃してタリバンを押し返し、数百人が戦死した。その一方でタリバンは、戦車からの砲撃とは別の手段、賄賂攻勢でマスードの軍隊を骨抜きにする、いつもの作戦を密かに進めた。

第3章　カブール一九九六年　信仰者の司令官

預言者の外套を着る

一九九六年の冷たい春の日、数百人のムラーたちが、ジープやトラックあるいは馬に乗ってカンダハルに向かっていた。三月二〇日までに、一二〇〇人のパシュトゥンの宗教指導者たちが、アフガニスタン南部、西部、そして中部から同市に集まった。政府の建物、古い砦、屋根のあるバザールなどが数百枚の絨毯（じゅうたん）を広げるだけの単純作業で、かれらに眠る場所と食事を提供する大きな宿舎になった。それは、アフガニスタンの近代史で最大の、ムラー（イスラム指導者）たちとウレマ（イスラム法学者）たちの集まりだった。

重要だったことは、地方の軍閥司令官たち、伝統的な部族や氏族の長たち、ソ連との戦争時代の政治指導者たち、さらにアフガニスタン北部の非パシュトゥン指導者たちの不参加だった。

ムラー・オマルによって宗教指導者だけが今後の行動計画を討議し、それより重要なことである、タリバンの指導者を国家の最も権威ある指導者として正統化するために招集されたのだ。

カブールに対するタリバンの一〇ヵ月間攻勢は、タリバン側の死傷者増大で失敗し、内部の動揺が拡がっていた。長い冬の間、穏健派はカブール政権との交渉の必要性を公然と主張した。強硬派は、全土征服の戦いを続けるよう望んでいた。パシュトゥンの内部対立は拡がっていた。オマルを取り巻くカンダハル・グループは戦いの継続を主張し、最近、タリバンの支配下に入った地域の代表は和平と紛争終結を求めていた。

国外でも、タリバンが岐路に立たされていると見られていた。

「タリバンはカブールを取れないし、マスードはカンダハルを取れないでしょう。もしカブールを取るのに失敗すれば、タリバンはどうなるのか。たとえかれらがカブール攻略に成功したとしても、アフガニスタンの他の地域は、かれらのタイプのイスラム・システムを受け入れるでしょうか」と国連調停特使のマハムード・メスティリはわたしに語った。

シューラ（評議会）は二週間以上、昼も夜も続いた。分科会で政治的、軍事的将来、イスラム法実施の最良の方法、タリバン支配地域での女性の教育のあり方などの問題を討議した。討議は厳しい秘密下で行われ、外国人はその期間、カンダハルに入るのを禁止された。しかし、カブール駐在パキスタン大使のカジ・フマユンとISI将校のイマム大佐ら、ヘラート駐在パキスタン総領事らはシューラを傍聴しようと努めた。

会議参加者の相違を乗り越えるため、ムラー・オマルを取り巻くカンダハル・グループは、オマルを「アミール・ウル・モミンイーン」すなわち「信仰者たちの指導者」として指名した。これは、かれを異議なき聖戦の指導者、そしてアフガニスタンの首長とするイスラム的称号だった（タリバンは後に、国名をアフガニスタン首長国と改称した)。

九六年四月四日、あるビルの屋上に、オマルが預言者ムハンマドの外套(がいとう)を着て現れた。それはこの六〇年間に初めて聖所の外に持ち出されたものだった。オマルは外套を脱いだり、風に翻(ひるがえ)させたりもした。下の広場に集まっていたムラーたちは「アミール・ウル・モミンイーン」と絶叫しオマルを称賛した。

この「バイアト」という忠誠の誓いは、預言者ムハンマドの死後、カリフ(後継者)オマルが、アラビアのムスリム社会の指導者として確認されたときと同じ手続きだった。預言者のマントを着たことで、大きな政治的成功を収め、ムラー・オマルはすべてのアフガン人だけでなく、すべてのムスリムを指導する権利を手中にしたのだった。

シューラは、ラバニ政権への聖戦の宣言で終わった。タリバンはいかなる敵との話し合いも行わないと誓い、女性の教育についての最終的決定は「アフガニスタンに正統政府が存在するようになったときに」討議されると宣言した。強硬派とムラー・オマルの勝利だった。

しかし、多くのアフガン人と世界のムスリムにとって、学識もなく、部族的権威も、預言者の血筋との関係もない村のムラーが、これほど重要な称号を得たことは、重大な侮辱であった。一八三四年、ドスト・ムハンマド・ハン王がペシャワルのシーク王国に対する聖戦を宣言するのに際して、この称号を得て以来、誰一人としてこの称号を認められたことはなかった。ドスト・ムハンマドは外敵と戦ったのだが、オマルは彼自身の国の人々に対して聖戦を宣言したのである。しかも、その国のすべてのウレマが、それを授けると決めたのでなければ、イスラムではこの称号は認められない。

タリバンはかれらの会議が、コーランにある「アハル・アルハル・オ・アック」（いましめを解くことも、結ぶこともできる人）、つまりイスラム・コミュニティを代表して正統な決定を下す力のある人々、という要件を満たす人々で構成されていた、と固執し続けた。

オマルにとって、この称号はどうしても必要な正統性と、他のムジャヒディン指導者たちがパシュトゥン人から得られなかった新たな神秘性をかれに与えるものだった。それは、日常的な政治からかれをさらに引き離し、外国の外交官と会わない口実を与え、タリバンの指導部の権限拡大や反対派と話し合うことなどについて、より硬直した姿勢をとることを許すものだった。オマルはいまや、称号の後ろに隠れ、反対派の指導者たちと対等な立場では会おうとしなくなった。

ドスタム将軍（AP／WWP）

しかしシューラは、タリバンがアフガニスタンをどのように統治するかといった、より微妙な問題や、もし議題にあったとしても経済・社会開発計画については、いかなる決定も下さないように慎重だった。こうした問題については、かれらがカブールを占領した後でさえ、いつも解答がなかった。

「われわれは、だれを首相に、あるいは大統領にするかを決めるほど強くはなかったから、われわれの統治機構について公にはしなかったのです」とオマルの顧問、ムラー・ワクリは言った。

「イスラム法は、政治や政党を認めません。われわれが公務員や兵士に給料を払わず、食糧、衣服、靴そして武器しか与えない理由もイスラム法です。われわれは、預言者が生きていた一四〇〇年前のように生活することを望んでいるし、聖戦はわれわれの正義です。われわれは、預言者の時代を再現したいし、アフガニスタンの人々が過去一四年間、願っていたことを実行しているだけです」とかれはつけ加えた。

また他のタリバンの指導者は、もっと簡潔に「われわれは敵を愛することができます。ただしそれは、敵をうち負かしてからです」と言った。

カブールへの軍事援助

イスラマバードでタリバンの特使が国連特使のメスティリに、ラバニ大統領と会談する用意がある、と伝えたのはわずか一日前だった。メスティリは「もしタリバンに話し合う用意があり、ラバニ大統領もそうなら、それは本当に結構なことです」と希望を込めて語った。しかしウレマ会議の最終的な結果は、メスティリや国連による和平工作再開の努力への打撃となり、メスティリは五月に辞任した。ウレマ会議は、カブール政権が反対勢力の指導者を味方に引きつけることに成功し、ラバニ大統領が国際的立場を強めていることにも刺激されたのだった。

一方、ラバニ大統領は、ヘクマティアル派、ハザラ人勢力を追いだし、タリバンの攻勢を撃退した軍事的成功で、いまこそ支持を拡大して、強力な政権基盤を固めるときだと思い込んだ。ラバニは他の軍閥たちと、新政府をつくってかれらをそれに加えるという人参をぶら下げながら、話し合いを始めた。九六年一月と二月、ラバニの特使アブドル・ラーマン博士は、サロビでヘクマティアルと、マザリシャリフでドスタム将軍と、バーミヤンでハザラ人政党のイスラム統一党の指導者と個別に会談した。タリバンを除くすべての反対勢力は、カブールと和平条件を協議する一〇人評議会を設置した。タリバンは依然、政権の降伏を要求し続けていた。数週間後、評議会はヘクマティアルにラバニ政権と連立政権樹立のための交渉権限を与えた。

パキスタンはラバニの成功を懸念して、同じ軍閥たちがタリバンに加わって反カブール同盟を結成するよう、工作を始めた。ＩＳＩは、ヘクマティアル、ドスタム、ジャラルバード評議会のパシュトゥン指導者たち、さらにハザラ人政党のイスラム統一党の幹部をイスラマバードに呼び集め、タリバンとの同盟を説得しようとした。交渉は二月七日から一三日にかけて一週間続き、軍閥たちはレガリ・パキスタン大統領、陸軍参謀長カラマト将軍とも会った。

パキスタン側は、政治的同盟案とともに、タリバンが南から、ヘクマティアルが東から、ドスタムが北からカブールを攻撃する計画を密かに提案した。これらの提案をタリバンにも受け入れさせるために、ババル内相はチャマンからアフガニスタン南部を通り、トルクメニスタン国境のトルグンディに至る道路の改修に三〇〇万ドルを出すと提案した。しかしタリバンは、ババル内相、ＪＵＩのレーマン党首、そしてＩＳＩからの直接の呼びかけにもかかわらず、この会合への出席を拒否、パキスタンの調停特使も追い返した。タリバンは、軍閥たちとは決して一緒に行動しようとはしなかった。

イスラマバードが反カブール統一戦線の結成に失敗したことは、ラバニをいっそう力づけた。三月初め、国際的な支持と援助を獲得するため、ラバニは六〇人の代表団をつれてイラン、トルクメニスタン、ウズベキスタン、タジキスタンを歴訪した。

カブール政権を支持しているロシアとインドは、内戦は決定的な段階に入っており、新たなカブール攻防戦で中央アジアの政治的不安定とイスラム原理主義の影響が拡大するかもしれない、と心配した。イランは、激しい反シーア派の地域ライバル、パシュトゥン勢力がヘラートを占領したことに激怒していた。中央アジア各国の安全を懸念しているロシアは、カブール政権の方がタリバンより穏

ブルハヌディン・ラバニ（反タリバン政権であるアフガニスタン救済イスラム国民戦線の大統領）／サンテレフォト

健で柔軟だとみていた。モスクワはまた、アフガニスタンから油が注がれているタジキスタンでのネオ共産党政権とイスラム反乱勢力の四年間にわたる内戦の終結を望んでいた。インドは単にパキスタンがタリバンを支持しているというだけの理由で、カブール政権を支持していた。

これらすべての国が、カブールへの軍事援助を強化した。ロシアは、ロシア、タジキスタン、ウクライナからロシア製の武器、弾薬、燃料を輸送するカブールのバグラム空軍基地を改良するため、技術支援チームを派遣した。イランは東部のマシャドからバグラムへの空路を開き、武器空輸が始まった。パキスタンの情報機関は、供与品を満載したイラン機が毎日一三機、バグラムに着陸していると

報告している。

ＣＩＡ（米中央情報局）は、ラバニ政権とつながるアフガン・シーア派がイランに、スティンガー対空ミサイル五基を、一基あたり一〇〇万ドルで売ったのではないかと疑っていた（米国は一九八六、八七年に、ソ連と戦うムジャヒディンに約九〇〇基のスティンガー・ミサイルを供与。ＣＩＡは九二年以降、残ったミサイルの買い戻し作戦を密かに進めたが成功しなかった）。イランはまた、マシャドの近くに、イスマイル・ハン前ヘラート州知事が率いる約五〇〇〇人の部隊のための訓練基地五ヵ所を作った。カブール政権へのイランの支援は注目すべきことだった。なぜならテヘランは、カブールで前年、シーア派のハザラ人多数がマスードの部隊に虐殺されたことへの怒りを抑えねばならなかったからだ。

最強硬派のイスラム党のヘクマティアル党首
（ロイター・サン）

一方、インドはニューデリーに本部を移したアフガニスタン国営アリアナ航空の活性化を助けた。カブール政権への武器空輸ルートを確保するためだった。インドはまた、航空機部品、新しい地上レーダー施設そして資金を援助した。

それに対してパキスタンとサウジアラビアは、タリバンへの武器供与を増強した。パキスタンは新しい電話と無線のネットワークを提供、カンダハル空港を改良し、タリバンの空軍に部品と装備を援助、食糧、燃料、ロケット弾はじめ弾薬の供与を続けた。サウジアラビアは燃料、資金、小型トラックの新車数百台をタリバンに供与した。これら援助物資の大部分は、ペルシャ湾岸のドバイからカンダハル空港に空輸された。

タリバン寄りの米政権

こうした外部からの介入の拡大に米国は憂慮を深めた。親ソ政権が崩壊してから四年間、アフガニスタンへの関心を失っていた米国は、再びアフガニスタン内戦解決への努力に関心を持ち始めていた。三月初め、米上院外交委南アジア小委員会のハンク・ブラウン議員が、米国の議員としてはこの六年間に初めて、カブールと各武装勢力の根拠地を訪問し、ワシントンで全アフガン各派の会合を開くよう呼びかけた。

米国務省のロビン・ラフェル南アジア担当次官補は、対アフガニスタン政策再検討のため、九六年四月一九日、まずイスラマバードに到着した。続いて彼女は三勢力の根拠地、カブール、マザリシャリフ、カンダハルに行き、さらに中央アジア三ヵ国の首都を歴訪した。

「われわれはアフガン問題に首を突っ込むつもりはないのですが、アフガニスタンの友人だと考えており、だからこそ、アフガン人自身が集まって話し合うよう、呼びかけるために来ました。われわれはまた、政治的安定が得られなければ、経済上のチャンスが失われることを心配しています」とラフェルはカブールで語った。

彼女は米国の大手石油企業ユノカルが提案している、トルクメニスタンからアフガニスタン経由パキスタンに至るガス・パイプライン建設計画について言及したのだった。米国はパイプライン計画がアフガン各派によって受け入れられるのを待っており、パキスタンに対しラバニとの関係修復およびタリバンとラバニ政権を和平話し合いのテーブルにつけさせることを求めていた。

他の戦線でも米国は動いた。九六年四月一〇日、国連安保理はこの六年間で初めてアフガン問題を討議、米国がアフガニスタンに対する国際的武器禁輸を提案した。ラフェルはこの動きを、内戦にかかわっているすべての地域諸国に対し、アフガニスタン不介入に同意させるてこにしようとした。それとともに、全アフガン各派による和平会議開催のため、国連の努力により重みを与えようとしたのだった。

クリントン政権は、明らかにタリバン寄りだった。タリバンはワシントンの反イラン政策に沿っており、カスピ海からイランを通らずに南へ向かうどのパイプライン計画を成功させるためにも、重要な勢力だったからだ。米議会はイラン国内をさらに不安定にするために、二〇〇〇万ドルのＣＩＡ秘密予算を承認した。テヘランは、ワシントンがこの資金の一部をタリバンにそそぎ込んでいると度々、非難したが、米国はいつも否定した。ブット・パキスタン首相は数回、ワシントンに特使を派遣、米国がパキスタン、タリバン寄りの立場でもっと公然と介入するよう求めた。しかしワシントンは、反イラン感情が一般的であるにもかかわらず、紛争の一方の側に立つのを拒否し続けた。ラフェルは米国がタリバンに援助を与えていることを強く否定した。

「われわれは、あるグループを他のグループよりひいきすることもないし、いかなるグループ、個人も支援していません」と彼女はわたしに語った。

米国は、タリバンが近い将来カブールを占領できるかどうか、依前として疑問視していた。ラフェルはタリバンについて、派閥化し、経験不足で、強いリーダーシップに欠け、組織運営がいい加減で、他の勢力を遠ざけている、と言った。

「こうした弱点とマスードの軍事力の強化が、いくぶん力のバランスの上でタリバン側を不利にしており、タリバンが宣言したカブール占領を達成できなくしています。タリバンの支配地域拡張は限界に達したようにみえますが、かれらの本拠地であるパシュトゥン地域南部の支配は強固です」

ワシントンは他の軍閥たちを招いた。まずドスタム将軍が九六年四月一一日、ワシントンで米当局者と会った。すべてのアフガン各派の指導者や代表が、六月二五日から二七日にワシントンで開かれたハンク・ブラウン上院議員主催の前例のない議会聴聞会に参加した。しかし、米国は大統領選挙年で、アフガニスタンの泥沼への新たな関与に熱意はなかった。アフガニスタン内部での武器と麻薬の密輸拡大に憂慮を深めてはいたものの、ワシントンの目的は限られていた。

パキスタンが反ラバニ同盟の結成に失敗したことも、タリバン支持に踏み切らない米国の姿勢に影響した。五月、ラバニ政権支援のためヘクマティアルの部隊一〇〇〇人がカブールに到着したとき、イスラマバードはさらに困惑した。九六年六月二六日、ヘクマティアルはこの一五年間で初めてカブールに入り、ラバニ政権が提供した首相のポストに就任、かれの党は九つの閣僚ポストを引き受けた。同日、それへの報復として、タリバンはカブールへの大規模なロケット攻撃を行い、六一人が死亡、一〇〇人以上が負傷した。

ヘクマティアルとの関係打開に続き、ラバニはジャラランバードを訪問、政権に加わるようジャララバードのシューラ（評議会）を説得しようとした。かれは、他のアフガン指導者たちが望むなら辞任するつもりだ、と述べ、新しい国家元首を選ぶために、すべての勢力が参加する会議をジャララバードで開こうと提案した。八月までにドスタムも停戦に同意し、一年以上も前から閉鎖していた北部とカブールを結ぶサラン街道を再開した。ラバニとこれら軍閥たちの合意で、かれが提案した「全アフガン人対話」が始まった。

「この同盟は、より多くの野党指導者とともに平和の中心軸を作ることができるし、それ以外の勢力にも参加を呼びかけることができます。そうすれば、暫定政府樹立への土台が固まります」とラバニはカブールでわたしに語った。それは重要な成功で、ラバニが同盟を固める前に行動を起こさねばならないと気づいたタリバンを、狂暴にするものだった。

タリバンの完全勝利

首都の外側に布陣したタリバンは、その年を通じて、首都へのロケット攻撃を無慈悲に続けた。九六年四月だけでタリバンは八六六発のロケット弾を発射し、市民一八〇人を殺し、五五〇人を負傷させ、市内を広範囲に破壊した。それは九三年から九五年にかけて行われたヘクマティアル派の攻撃の再現だった。九六年七月、タリバンのロケット弾が、新しく国連アフガニスタン調停官に任命され、カブールに来ていたドイツ外交官ノルベルト・ホールの宿舎近くに着弾、ホールは激怒した。

「和平使節を砲撃で迎えるとは無法だ。客を自宅に招いたとき、初めに唾をはきかけるな。これはわたしの任務に対する侮辱だ」とかれはタリバンに言った。

首都カブール北方約20キロ地点で砲撃を行うタリバン兵士（ロイター）

　タリバンのロケット攻撃とともに、市の南と西のマスード軍の前線に対する地上攻撃がしばしば同時に行われた。五月の終わり、わたしはマスード軍が布陣するカブール郊外の雨の丘から、眼下の谷間の道路で、小型トラックに乗った数十人のタリバンがマスード側に突入しようとしているのを、望遠鏡で見ていた。マスード軍のロシア製D－三〇砲が、タリバンの砲兵部隊を攻撃していた。砲弾の炸裂音が山々を揺るがせ、わたしは耳が遠くなって、かがみ込んだ。砲兵たちは連続する砲撃と耳栓不足で、なにも聞こえなくなっていた。マスード側前線の背後では、新手の兵士と弾薬を積んだトラックが丘の上の陣地へと、泥の道をあえぎ登っていた。

「タリバンには驚くほど大量の弾薬補給があり、何千発も撃ってきますが、砲兵はとても未熟です。しかしかれらは、一年前と比べ、戦車と小型トラックの使い方が上手になりました」とマスード軍のある将軍が言った。

「かれらの戦術はまだ未熟で、前線での突撃に頼ることが多く、効果的な指揮系統がないようです」

タリバンは一つの戦線に火力と兵力を集中して市内突入を果たすことができず、マスード側がいつもかれらの隊列をうち破った。マスード側はカブールの周囲の防衛線を維持することはできたが、推定二万五〇〇〇人のかれの部隊は、南方へタリバンを押し返す攻撃に出ることはできなかった。

他の軍閥たちとの取引を拒否するタリバンの頑固さに、パキスタンは不満を募らせていたが、タリバンが冬になる前にカブールを占領するため、新たな大攻勢への支援を要請したことに、結局、納得したようにみえた。

サウジアラビア情報局長官、トゥルキ・アルファイサル王子が九六年七月、イスラマバードを訪問、ＩＳＩと新たなカブール攻撃計画を検討し、両国はタリバンへの援助供与を増大することになった。トゥルキ訪問から二ヵ月もしないうちにタリバンは行動を開始した。ただしカブールに向けてではなく、東部の中心ジャララバードに向けてだった。

パキスタンとサウジアラビアは、ジャララバード評議会の長、ハジ・アブドル・カデルに降伏と脱出を働きかけた。一部のアフガン人によると、かれは一〇〇〇万ドルという巨額の賄賂と、資産およびパキスタンにある銀行口座を凍結しない約束を提供された。

タリバンは九六年八月二五日、ジャララバードに奇襲攻撃を開始した。タリバンの主力は南から市に向かい、パキスタンは国内のアフガン難民キャンプから数百人の武装したタリバン支持者を越境させて東からジャララバードに向かわせた。市内はパニック状態になり、評議会は分裂した。ハジ・カデルは九月一〇日、パキスタンに脱出、かれに代わった知事代理マハムードもパキスタンに逃げようとしたが、護衛六人とともに殺された。短い戦闘で七〇人ほどが死亡したその夜、ムラー・ボルジャンに率いられたタリバンの小型トラックの隊列がジャララバードに入った。

続く数日間のうちに、タリバンの機動部隊はナンガハル、ラグマン、クナールの東部三州を占領、九六年九月二三日にはカブールから七二キロ、首都への入り口にあたるサロビへと矛先を向けた。多方面からの素速い攻撃に政府軍守備隊はあわてふためき、カブールへと逃走した。首都は初めて、東方が広く無防備になってしまった。タリバンは部隊再編成のために停止することなく、サロビ守備隊をカブールへと追撃した。他のタリバン部隊は南からカブールへと、また別の部隊は、政府側の唯一の空港であるバグラム空軍基地を占領するため、サロビから北に進んだ。

タリバンの攻勢のスピードに政府は驚愕した。タリバンの隊列は九六年九月二六日夜、カブールに突入した。マスードが、総退却と首都からの脱出を将軍たちに命令した二、三時間後だった。マスード軍はタリバンの進撃を遅らせ、弾薬庫を爆破するために小部隊が残り、マスードは装甲車部隊、砲兵部隊とともに北へと逃走した。マスードは、全方向から攻撃されれば首都防衛が不可能であることを知っており、戦うことなく首都を放棄することを決断した。かれは戦って多くの血を流し、カブール市民の支持を失うことを望まなかった。

タリバンの完全な勝利だった。

ナジブラ元大統領を殺害

「政府軍だろうと反政府軍だろうと、これまでアフガンの武装勢力がこれほど広い作戦地域で、敏速で複雑な作戦を実行したことはなかった。これはきわめて効果的な機動戦だった」(アンソニー・デービス『いかにしてタリバンは軍隊になったのか』)

タリバンの最初で、最も血なまぐさい行動は、ナジブラ元大統領の殺害だった。かれは五〇歳。一九八六年から九二年まで、アフガニスタンを統治した。ナジブラは臨時政府を樹立しようとした国連の和平プランが失敗した後、カブール中心部の国連施設内に保護されていた。ムジャヒディンがカブールを占領する寸前、国連調停官ベノン・セバンによってカブールから連れ出されるはずだったが、最後の瞬間にその計画は中止された。そのとき、すべてのアフガン各派が国連施設の安全を尊重した。ナジブラの妻ファタナと三人の娘は九二年以降、亡命したニューデリーに住んでいる。

かれの死には国連の対応の悪さにも、責任の一部があった。サロビ陥落の日、ナジブラはイスラマバードの国連代表部に緊急メッセージを送り、彼自身と行動をともにしていた三人――弟のシャプール・アハマザイ、個人秘書とボディガードの脱出を手配するよう求めた。しかしカブールにはナジブラ保護に責任をもつ国連当局者はいなかった。マスードだけが、脱出用の車の提供を申し出た。九六年九月二六日、撤退する政府軍とともにナジブラを脱出させるべく、ベテランの将軍をかれのもとに行かせ、北への安全通行を約束したが、ナジブラは断った。誇り高く、頑固なパシュトゥン人ナジブラは、もしタジク人とともに逃げれば、パシュトゥンの人々から永遠に酷評されると恐れたのだろう。

国連に雇われ、施設内にいたアフガン人護衛はわずか三人だけで、恐怖に震え、タリバンの銃声が市の外側から聞こえてくるや、逃げてしまった。ナジブラは、同夜の早いうちに最後の無線連絡をイスラマバードの国連代表部に送り、あらためて助けを求めたが遅すぎた。カブール占領作戦司令官のムラー・アブドル・ラザク・ヘラート州知事が率いた五人の特別チームがナジブラの居場所にきたのは、午前一時頃、まだタリバンの主力が市の中心部に入る前だった。ラザクは後に、自分がナジブラ殺害を命令したことを認めている。

タリバンたちはナジブラの部屋に入り、かれと弟を無意味に殴りつけたうえ、小型トラックに投げ込んで、数ブロック離れた真っ暗な大統領官邸に行った。そこでかれらはナジブラを去勢し、縛った身体をジープから引きずって官邸の周りを数回走ったあと射殺した。かれの弟も拷問されたうえ射殺された。タリバンは、二人の遺体を官邸のすぐ前にあるコンクリートの交通管制台から吊した。夜明けになると、首にまわしたスチール・ワイヤで吊り下げられたために、膨張し始めた、傷だらけの遺体を見に市民たちがやってきた。火のついていないタバコが遺体の指に差し込まれ、ポケットにはアフガン文字を書いた紙片が入っていた。それはナジブラが酒食に溺れ、腐敗していたと糾弾する宣告だった。ナジブラの弟とともにいた他の二人は国連施設から逃げ出し、市から脱出しようとして捕えられ、やはり拷問のうえ絞殺された。

ナジブラの処刑は、カブールでのタリバンの蛮行を象徴する、最初の出来事だった。それは市民たちを恐怖に陥れるための前もって計画された殺人だった。カブールのシューラ（評議会）の長に新しく任命されたムラー・ラバニは、ナジブラが共産主義の殺人者であり、タリバンは以前から死刑を宣告していた、と言明した。それは事実だが、ナジブラの身体を傷つけ、辱(はずかし)めたことは、いかなるイスラムの命令からも逸脱しており、公正な裁判もなく、死体を見せ物にしたことにカブール市民の多くが強い反感を抱いた。

人々は、タリバンがナジブラのイスラム葬儀を禁止したことでさらに反発した。ナジブラがパシュトゥン民族主義者たちに記憶されているクエッタやペシャワルで翌日に催された葬儀でも、タリバンの葬儀禁止令が伝えられた。結局、かれの遺体は引き下ろされ、赤十字国際委員会（ICRC）に渡された。ICRCはナジブラの生地、パクティア州ガルデスまで遺体を運び、かれが属するアハマザイ族の手で葬られた。

この殺人に対して国際的な、とくにイスラム世界から、広範な非難が巻き起こった。タリバンは国連と国際社会を侮辱し、味方のパキスタン、サウジアラビアを困惑させた。国連はついに声明を発表した。

「いかなる正統な法的手続きも経ずに行われたこの殺人は、国連に与えられている保護特権の重大な侵犯であるとともに、アフガン紛争の平和的解決実現へのすべての努力を、さらに危うくするものである」

しかしタリバンは声明に妨げられることなく、ドスタム、ラバニ、マスードに死刑を宣告した。

カブール占領後二四時間も経たないうちに、タリバンは世界のどこよりも厳しいイスラム・システムを実施に移した。すべての女性が家庭外で働くことを禁止された。カブールの市政職員の四分の

一、小学校教職員のすべて、医療関係者のほとんどが女性によって占められていたのにである。七万人の女子学生が就学していた女子校、カレッジが閉鎖され、すべての女性に、頭からつま先まですっぽりベールで覆うよう強制する、厳格な服装規定が施行された。
職場での仕事と国連の支給品に頼って生きてきた戦争未亡人たちが養っている二万五〇〇〇家族が、たちまち飢えに直面することになった。

毎日、新たな布告が発表された。

ラジオ・カブールは九六年九月二八日「盗人は手と足を切断、不義密通は投石による死刑、飲酒はむち打ち刑に処せられる」との声明を伝えた。

主な通りには、タリバンの兵士が立ち、ひげのない男たちを捕らえた。ヘラートや他都市占領のときと違って、カブールには国際的な新聞、テレビの取材陣がいて、初めてタリバンの強制措置を大々的に報道した。タリバンはカブールを統治するために六人のシューラ（評議会）を設置した。ほとんどがドゥラニ・パシュトゥン人で、カブール市民は一人もいない評議会のメンバーは、ムラー・ラバニを長とし、外相のムラー・ガウス、情報相のムラー・ハン・ムタキ、ムラー・アガ、ムラー・モハメド、ムラー・ラザク。誰一人、カブールに住んだことがなく、訪ねたこともほとんどなかった。しかし、いまやかれらがこの活気ある半近代的な、パシュトゥンは少数派にすぎない多民族の一二〇万都市を運営しはじめたのだ。

新しく結成されたタリバンの宗教警察がイスラム法を強制する任務を開始、カブールは占領都市として扱われた。大都市を統治することは村の統治とは同じではない、という理解はほとんどなかった。タリバンの完全勝利の前途に横たわっているのは、アハマド・シャー・マスードだけかのようだった。

マスードの戦い

マスードは最も輝いた軍司令官の一人で、対ソ聖戦の中から、そのカリスマ的人格が出現した。生地がカブール北方のパンジシール渓谷であることから「パンジシールの獅子」と称えられた。八〇年代、パンジシールに対するソ連軍の七回にわたる大攻勢に耐え、戦局が行き詰まりになるまで戦った。ソ連の将軍たちは、かれを負かすことのできないゲリラ戦の名人と呼んだ。

パンジシールの獅子と称えられたマスード司令官
(ロイター・サン)

約二万人のマスード軍の将兵たちは、かれを崇拝し、その権威は共産政権が崩壊した九二年、カブールを占領したときにピークに達した。ヘクマティアルもそのとき、カブール占領を試みたが失敗した。しかし、カブールで政権にあった四年間に、マスードの軍隊は商店からは盗み、民家に押し入るなど、市民たちを困らせる傲慢な支配者たちに変わった。だから市民たちは、タリバンがカブールに入ってきたとき、歓迎したのだった。

マスードは一九五三年に軍人の家に生まれ、カブールのフランス系リセ・イスティクル校で学び、ダウド政権時代には若いイスラム反体制派になった。パンジシールで反乱を率いて失敗した七五年、パキスタンに逃げた。ペシャワルに亡命中、マスードは仲間のグルブディン・ヘクマティアルと不仲になった。それから二〇年にわたるかれらの対立が、ソ連と戦ったムジャヒディン各派の連立政権ができない決定的な理由だった。

最初はヘクマティアルを、後にはタリバンを支持したパキスタンに対する憤懣(ふんまん)は、かれの怨念になった。聖戦の間、マスードは、戦争の戦略的方向はISIではなく、アフガン人が決定すべきだと主張した。しかしパキスタンは、米国の兵器をすべてヘクマティアルに、後にはタリバンに与えた。それが今日まで、かれの敵意を続かせた。イスラマバードは、九二年のカブール陥落が、南からのパシュトゥン人によるものではなく、北からのタジク人、ウズベク人の部隊によって行われたことに驚かされた。

和平工作はいつもマスードを避けて通った。かれは政治家としての能力に乏しく、タジクとパシュトゥンの同盟だけが平和をもたらす道だと、ヘクマティアルを憎んでいる他の軍閥たちを説得することができなかった。かれは優れた軍事戦略家だったが、異なった民族グループや政党の間で政治同盟を築くのに失敗した。かれ自身の大きな問題はタジク人であることだった。一九二九年の短期間に終わった決起のとき以外、タジク人がカブールを支配したことはなく、パシュトゥン人は信用していなかった。

マスードは、カブールでラバニ政権から距離をおいて政府のポストを断り、軍を指揮しているにもかかわらず、国防相の地位を嫌がった。

「パシュトゥンの古いことわざがあります。誰もが椅子に座りたがっているときは、床に座った方がよい、というのです」と九六年五月、タリバンのカブール攻勢の二、三週間前、マスードはわたしに語った。

「パキスタンはアフガニスタンを従属させようとしており、傀儡(かいらい)政権を置いて植民地に変えようとしています。しかし、それはうまくいかないでしょう。アフガン人民は常に自立していて、自由だからです」

交替制でかれに仕える軍事秘書二人とともに、一日一八時間働き、夜四時間眠るが、暗殺を避けて同じ場所で二夜を過ごすことはなかった。部下たちと眠り、食べ、そして戦い、重要な戦場ではいつも変わることなく前線に姿を現した。わたしが会ってから二、三ヵ月後、かれはタリバンによって首都を追われ、全土を征服されかねないという、最も厳しい挑戦に直面する。しかしマスードは生き残り、九九年には四六歳になった。ほとんど休みなしの戦いの二五年間だった。

マスードの部隊はサラン街道を敗走し、パンジシールの本拠地に向かった。タリバンが追撃してきたため、山を爆破し、山崩れを起こして渓谷の入り口を封鎖した。タリバンは準備不十分のままパンジシールを攻撃したが、失敗した。タリバンはサラン街道を攻め上がり、街道沿いの町や村を占領したが、マザリシャリフから南下してきたドスタム将軍の部隊によって、サラン峠を封鎖され、前進を止められた。ドスタムはタリバンとの戦いを避け、どちらの側に立つのか不分明だった。

九六年一〇月八日、ムラー・ラバニはドスタムと会談し、タリバンがマスード軍を追撃している間、ウズベク人を中立化させようとしたが、失敗した。ドスタムによる北部支配と自治を認めることを、タリバンが拒否したからである。パキスタンもドスタムとマスードを分裂させようとして外交使節を派遣した。マスードとは相違があったが、ドスタムは、すべての非パシュトゥン民族にとって、真の脅威はタリバンだけだと認識していた。

一〇月一〇日、カブールを追われたラバニ大統領、マスード、ドスタムそしてハザラ人の指導者カリム・ハリリがサラン街道沿いのヒン・ジャンで会談し、タリバンに対抗するため「祖国防衛最高評議会」を結成した。

北への急進撃で、タリバンの軍勢は拡がりすぎ、薄くなっていた。それをみたマスードは一〇月一二日、サラン街道沿いに大反撃を開始した。町を数ヵ所取り戻し、タリバン兵数百人を死亡あるいは捕虜にしたため、タリバン側はパニックになってカブールに逃げ帰った。一〇月一八日、マスードはバグラム空軍基地を取り戻し、カブール空港への砲撃を始めた。同時にドスタムの空軍がカブールを爆撃した。サラン街道沿いの激しい戦闘で、住民数千人が死傷し、五万人が難民になった。難民たちはカブールに逃げ込み、カブールからは、大半がタジク人とハザラ人の市民数万人が、タリバンの報復と市内で始まった大量逮捕を逃れて、パキスタンに向け東方に流出した。

死傷者が増大したタリバンは、兵力不足を補うため、モスクに押し入り、礼拝にきた若者を徴兵しだした。パキスタンではウレマ（イスラム法学者）たちがマドラサを閉鎖したため、学生たちはタリバンに集団で入るしか選択がなくなった。数千人のパキスタン人学生と難民キャンプのアフガン人が、毎日数千人、カンダハルとカブールに、パキスタンのイスラム政党がチャーターしたバスで到着し始めた。パキスタンは、かれらが必要とするパスポートとビザを免除した。新たな支援に励まされたタリバンは、アフガニスタン西部で攻勢に出て、ヘラートからバグディス州に動いた。一〇月終わりまでに、イランに亡命していたイスマイル・ハンとかれの部隊が同州の前線をタリバンから防衛するため、ドスタム軍の航空機でマイマナに空輸された。

学生運動が首都占領

イランは新しい反タリバン同盟を励ます刺激的な試みとして、イスマエル・ハンの部隊を再武装し、装備を与えた。一一月と一二月、激しい戦闘がバグディス州で続いた。双方が空軍を相当な規模で使用、さらに五万人の住民がヘラートから難民となって流出した。冬を迎え、積雪と戦闘で人道的援助物資の配布を妨げられてきた国連援助機関にとって、新たな難民は、破滅的な危機をもたらすものだった。

激しい積雪にもかかわらず、タリバンはカブール郊外からマスードの部隊を押し返した。九七年一月末までに、サラン街道沿いの失地を回復し、バグラム空軍基地とチャリカールを取り戻した。マスードはパンジシール渓谷に撤退し、タリバンはドスタム軍と対決することになった。

カブールの陥落とそれに続く激しい戦闘は、この地域全体に大きな不安を引き起こした。イラン、ロシア、中央アジアの四ヵ国は、タリバンに北進しないよう警告、反タリバン同盟の軍備再強化を支援すると公に宣言した。一方、パキスタンとサウジアラビアはカブールに特使を送り、どのような支援がタリバンの役に立つのかを検討させた。

国連と他の国際機関の停戦要請と調停工作に、戦う当事者たちは耳を傾けようとはしなかった。地域はタリバン側のパキスタン、サウジアラビアと反対勢力を支持する他の地域諸国に深く二極分化した。タリバンは、強く望んでいる国際的承認を得ていなかった。

「われわれには、世界に友人がいません。国土の四分の三を征服し、首都を取ったのに、祝福のメッセージを一つも受け取っていないのです」とムラー・モハメド・ハッサンは不満をあらわにした。しかし、ムラー・オマルの不動の信仰、軍事的勝利への決意にもとづいた反対勢力や国連との妥協拒否は、結局、成功したように見えた。一七七二年以来、アフガン・パシュトゥンの王たちの都だったカブールは、過去四年間、タジク人の支配者のもとにあったが、いまや再びパシュトゥンの手に戻った。

多くの人たちが不可能だと予想していた、学生運動による首都占領が、まさに実現した。人的損失が巨大だったにもかかわらず、タリバンの威信はかつてなく高まった。しかしその勝利の代価は民族的、宗派的対立を深め、アフガニスタンを明白に分裂させ、地域を分極化したことだった。

「戦争は危険なゲームだ」と、カンダハルにとどまってカブールに行こうとしなかったオマルは言った。

「タリバンは最初の一州を取るのに五ヵ月が必要だったが、それから六州をとるのに一〇日しかかからなかった。いまやわれわれはカブールを含む二二州を支配している。インシャーラ（神の思し召しを）。全アフガニスタンはわれわれの手に落ちるだろう。数多くの交渉による和平への試みが失敗した後、軍事的解決の見通しがより良くなった、とわれわれは感じている」とかれはつけ加えた。

アフガニスタン北部が、タリバンに攻め取られる日が近いようにみえた。

第4章　マザリシャリフ一九九七年　北部での大虐殺

裏切りの流血ドラマ

だれもがマザル（マザリシャリフの簡略な呼び方）に対するタリバンの春期攻勢を予想していた。そこはアフガニスタン北部、反タリバン同盟の最後の本拠地で、ラシッド・ドスタム将軍とそのウズベク人武装勢力が支配していた。長い冬の間、タリバンの封鎖で食糧と燃料が底をつき、米ドルに対する通貨アフガニの交換レートは半分、さらに三分の一に暴落、裕福な市民たちは中央アジアに逃げ出した。

アフガニスタンの人口の大部分は、いまやタリバン支配下の南部に住んでいるとはいえ、農業の六〇パーセント、鉱業と天然ガス資源は北部にある。カブールにとって北部支配は、国家建設と経済開発のかぎとなってきた。全土の征服と国の統一を決意したタリバンは、北部の軍閥たちが維持している自治をなんとしても粉砕しなければならなかった。

五月、タリバンがついに攻撃を再開したときでさえ、アフガン人が仰天し、全中央アジアが目を回した裏切り、再裏切り、民族間の殺し合いという、流血のドラマをだれも予想しなかった。

マザル郊外のキラエジャンギ（戦いの砦）で冬をゆっくりとすごしたドスタムは、近隣諸国と多くのアフガン人から、自分がタリバンに対する救いの神と期待されていることに突然気づいた。ヒンズークシ山脈の北麓から始まる中央アジアの草原に位置するマザルは、カラチにつながるカンダハルとは、文化的にも民族的にも遠くはなれている。堀をめぐらす一九世紀の砦は、中世ヨーロッパの領主の城に似た超現実的な姿で、アラビアンナイトの夢物語の世界のようだ。威圧的な高い土塀に囲まれた、青いドームの館を、ドスタムは事務所として使っていた。戦車と火砲、そしてまだ共産党政権時代の軍服を着ている整然とした部隊に守られた、印象的な城塞。それは、ドスタムとの面会に次々とやってくる外国の外交官ら訪問者たちを圧倒するために、かれが用いる唯一の手段ではなかった。

かれは力を無慈悲に行使した。わたしがかれに会うため初めてその城に着いたとき、中庭には血と肉が飛び散っていた。わたしは、山羊を殺したのかと、不用意にも警護兵たちに尋ねた。かれらは一時間前にドスタムが、盗みをした兵士を処罰したのだと教えてくれた。その男はロシア製戦車のキャタピラーにくくりつけられ、戦車が中庭を一周してかれの肉体をこま切れにしたのだった。ドスタムは兵士たちとともにその光景を見ていたという。

すべての中央アジアの民族の中で、最も荒々しく、頑強なウズベク人は、血筋を引くチンギス・ハンからの遺物、襲撃と略奪が好きなことで知られており、ドスタムもその傾向がある指導者だ。一八〇センチを超える長身で、筋骨たくましいドスタムは人間の熊。その荒々しい笑いに驚いて死んだ人がいたと、一部のウズベク人は証言している。

一九五五年にシベルガン近くの村の、貧しい農家に生まれ、七八年に政府軍に入隊するまでは、作男と配管工をやっていた。軍で昇進し、アムダリア川のハイラタン港からアフガニスタン国内へのソ連軍補給ルートを護衛する、装甲部隊の司令官になった。八九年のソ連軍撤退後、ドスタムはその出身地からジョウジャンと呼ばれる獰猛（どうもう）なウズベク民兵部隊を率いた。ナジブラ大統領はこの部隊を、ムジャヒディンに対する突撃隊として使った。部隊はアフガン全土で戦い、しばしば潰滅寸前の政府軍守備隊を助けるために、最後の手段として緊急空輸された。

九二年、ドスタムは自分を教育してくれたナジブラに対する、最初の反乱者となったため、裏切り者、日和見（ひよりみ）主義者という世評を背負うことになった。大酒飲みのドスタムは、それ以来「良いムスリム」になった。マスード、ヘクマティアル、タリバン、そしてまたマスードと、時に応じてだれとでも同盟し、表情も変えずに裏切った。

かれはまた、ロシア、ウズベキスタン、イラン、パキスタンそしてのちにはトルコからと、どの国からも資金を受け取った。九五年、イランとパキスタンの双方から、同時に金をもらうためうまく立ち回り、その後、タリバンと厳しく敵対した。北部六州だけを支配しているにもかかわらず、ドスタムは近隣諸国にとって不可欠の存在になった。イラン、ウズベキスタン、そしてロシアはパシュトゥンの原理主義勢力に対する世俗主義の緩衝地帯としてドスタムを支持してきたが、北部をタリバンから救える唯一の指導者とみなすようになった。もしかれに一貫したものがあるとすれば、パシュトゥン各派の過激な原理主義への強い反対だった。

古代シルクロードの騒がしい宿場だったマザルは、いまではパキスタンと中央アジア、イランを結ぶ大規模な密輸貿易の中継点として、かつての重要な地位を取り戻した。ドスタムは、自分が営む「バルフ航空」発足を祝ったが、同航空はペルシャ湾岸のドバイから密輸品を運んだ。その密輸品などをマザルから一一〇キロほどの中央アジア国境へ運ぶトラック運送は、通行税と関税という安定収入をかれにもたらした。

マザルのバザールは、酒飲みで女道楽のウズベク人部隊のために、ロシア・ウオッカとフランスの香水を大量に売っていた。しかし、ドスタムは他の軍閥たちと異なり、活発に医療、教育システムが機能する、効率的な行政を運営した。約一八〇〇人の女子学生たちがスカートとハイヒールをはいて、国内で唯一開いていたバルフ大学に通っていた。ドスタムは、九二年以来、最後の平和の砦とみなされ、首都から数波にわたって逃げてきた、数万人の難民たちに安全を保障した。もはやカブールでは公演できなくなったアフガン人の有名歌手やダンサーがマザルにやってきた。

マザルは、巡礼の地だった。毎日、数千人のムスリムが、青いタイルで飾られたアリの聖墓にやってきた。アリは預言者ムハンマドのいとこで女婿の、四代目カリフ（後継者）であり、かれを始祖とするシーア派では特別に崇拝されている。アリーはここに葬られていると信じられ、聖墓にはアフガニスタンで最も壮麗なモスクがあり、最も聖なる場所となった。

マザルの近くに、七世紀に侵攻してきたアラブ人たちから「すべての都市の母」と呼ばれたバルフの遺跡がある。三〇〇〇年前、ここでゾロアスター（拝火教の教祖）が説教し、アレキサンダー大王が宿営し、ペルシャの詩人ルミが生まれた。バルフは一二二〇年にチンギス・ハンによって破壊されるまで、さまざまな文化やゾロアスター教、仏教、イスラムの中心地として繁栄、その後、文化、貿易の拠点はマザルに移った。

このかれの都に、過去一八年間、戦火が一回も及ばなかったという事実によって、ドスタムは崇拝されていた。マザルの市民たちは、他の都市を破壊した、すさまじい砲撃や市街戦を経験したことがなかった。そのすべてが変わろうとしていた。

ウズベク人の氏族の歴史は、殺人、復讐、権力闘争、略奪、女をめぐる争いの長い連鎖だった。ウズベク人が好むスポーツはブズクシ。馬に乗り、ムチを振り回しながら頭を落とした山羊の死体を奪い合う、一種のポロだが、ウズベク人の政治のアナロジーにいつも使われる。このスポーツにはチームもルールもなく、ドスタムと兄弟の間柄の将軍たちの関係もその一例にされる。

ドスタムとナンバーツーのマリク・パラワン将軍の間には、苦々しい不和があった。ドスタムは九六年六月、マリクの兄弟のラスル・パラワン将軍を待ち伏せし、護衛一五人とともに殺したといわれていた。この件への恨みと、ドスタムがすでに自分の殺害を命令しているのではないか、という恐れを抱いていたマリクに、タリバンが贈賄し、かれの権力の維持を約束した。九七年五月一九日、マリクはドスタムを裏切り、この指導者失脚への支援をタリバンに求めた。マリクには他の三人のウズベク人将軍――グル・パラワン、ガファル・パラワンの兄弟、マジド・ロウジが加わった。しかもドスタムは、兵士たちに五ヵ月間、給与を払っておらず兵士たちの間に不穏な空気があった。

ヘラートとカブールから北部へ、タリバンは敏速に行動した。マリクの地盤ファリャブ州から一つずつ、北部各州がこのパシュトゥンとウズベクの奇妙な同盟の手に落ちた。ドスタムは一三五人の将校らとともに、まずウズベキスタンに、そしてトルコへと脱出した。アフガニスタン、ウズベキスタン国境の町テルメズへの道では、ドスタムは、隊列を通すよう、部下の兵士たちを米ドルで買収しなければならなかった。

タリバンにとっては、神が与え給うたチャンスだった。タリバンが他の都市を占領した際、権力を分かち与えることを拒否し、政治的に硬直したままで、敏感な民族感情に配慮してイスラム法を緩和したりはしなかった、ということをマリクたちは学んでいなかった。九二年以来、ドスタムが維持してきた北部の自治を、タリバンがかれに与えるとマリクが考えていたなら、とんでもない間違いだった。それは地獄での取引であり、すぐ反古にされてしまう約束だった。

ムラー・ラザク（ナジブラ殺害を命令した指揮官）指揮下の重武装タリバン二五〇〇人が、小型トラックでマザルに入った際、かれらはマリクと権力を分かち合おうとせず、カブール政府の外務次官という軽いポストを提供しただけだった。北部に来たことがないタリバンは荒くれのウズベク人とハザラ人部隊の武装解除を始め、モスクを占拠してイスラム法施行を宣言、学校、大学を閉鎖し、街路から女性を追い払った。それは民族・宗教グループが複雑に混じり合って生活し、国内で最も開放的で自由な都市を破滅させる処方箋だった。

パキスタンの外交官とＩＳＩ（軍統合情報部）の幹部たちが、すでに解体してしまった和平合意の再交渉でタリバンを援助するため、飛んできた。イスラマバードは、アフガニスタンの正統政府としてタリバンを早まって承認し、後に続くようサウジアラビアとアラブ首長国連邦を説得したために、事態を悪化させてしまっていた。ウズベキスタンは、和平合意は権力分担だと信じさせられていたが、タリバンによる権力奪取なのだと気づいた。マリクはその中間に取り残され、ドスタムへの裏切りによって、ファリャブでタリバンと戦い続けてきたイスマイル・ハンを敵に引き渡すことになり、さらにその立場を不利にした。

最悪の敗北

九七年五月二八日、ハザラ人のグループが、武装解除に抵抗したため争いが起こった。そして、すべてが一気に解き放たれた。マザルのハザラ人が、そして、それ以外の市民たちが反乱に決起した。市街戦の訓練がなく、市内の迷路のような路地を知らないタリバンは、行き止まりの道路に小型トラックを乗り入れて餌食になり、家々の中や屋根から銃火を浴びせられて、必死に逃げまどった。

激しい一五時間の戦闘の末、六〇〇人のタリバンが街路で殺され、一〇〇〇人ほどが逃げ出そうとした飛行場で捕虜になった。タリバンの政治と軍の高級幹部一〇人が殺されるか、捕虜になった。その中には外相のムラー・ガウス、ムラー・ラザク、中央銀行総裁のムラー・エヘヌスラも含まれていた。マリクの兵士たちは、すぐ市内で略奪を始めた。国連援助機関の施設も略奪され、国連はマザルを放棄せざる得なくなった。パキスタン人学生数十人も殺された。

マリクの部隊は、タリバンが五日前に取ったばかりの北部三州(タハール、ファーリヤーブ、ジョウズジャーンのサリ・プル)を、すばやく取り戻した。他の北部三州(バルフ、サマンガーン、クンドゥズ)では激しい戦闘が続いていた。

退路が閉ざされていたため、タリバン数千人とパキスタン人学生数百人が捕らえられ、射殺されて集団で埋められた。南の方ではマスードが反撃のチャンスをつかみ、サラン・トンネルの南側入り口を爆破し、カブールに敗走しようとするタリバンを袋のネズミにしてしまった。

マスードはタリバンが一週間前に占領したカブールの周辺地域と北東部の数町村を取り戻した。タリバン数百人がさらに殺されるか、捕らえられた。一方、マザルでの勝利に力づけられたハザラ人も、故郷ハザラジャートでの九ヵ月にわたるタリバンとの激戦で、反撃に転じた。バーミヤン渓谷の入り口にいたタリバン部隊は押し返され、ハリリのハザラ人部隊がカブールに向け南進したため、パシュトゥン村民数千人が首都へと逃げた。

三〇ヵ月前に全土征服へと出現して以来、タリバンにとって最悪の敗北だった。五月から六月にかけての一〇週間の戦闘で、タリバンは三〇〇〇人以上が死傷し、約三六〇〇人が捕虜になった。赤十字国際委員会（ICRC）によると、双方で七〇〇〇人以上の戦闘員と民間人が負傷した。イスラマバードを困惑させたのは、五、六月にパキスタン人二五〇人以上が殺され、五五〇人が捕虜になったことだった。最も経験豊かな最強の前線部隊のいくつかを失い、タリバンは意気消沈した。

ムラー・オマルは、パキスタンにいる学生たちに、タリバンを助けるよう緊急に呼びかけた。パキスタンのマドラサが再び閉じられ、パキスタン人とアフガン人の志願兵五〇〇〇人が、新たにタリバンに加わるためやってきた。タリバンをめぐる状況が深刻なため、ムラー・オマルはカンダハルの安全な隠れ家から出て、初めてカブールを訪れ、部下の司令官たちに会い、部隊の士気を高めねばならなかった。

タリバンはまた、アフガニスタン東部のギルザイ・パシュトゥン人からも、兵力増強のための人数を集めなければならなかった。。しかし、かれらは、タリバンが支払うつもりのない政治的代価を要求した。反ソ戦争の主力だったギルザイは、ドゥラニ・パシュトゥンが支配するタリバンのシューラ（評議会）で、ふさわしい地位が与えられなければ、タリバンの鉄砲玉に使われるつもりはなかった。権力の一部が与えられれば、かれらも参加しただろう。タリバンに加わっていたギルザイの司令官たちは、マザルでのタリバンの戦術についてきわめて批判的だった。

「マザルでは、あまりにも多くの過ちがありました。マリクとタリバンは最初の合意を、あまりにも短時間でまとめました。もっと長い時間をかけて討議し、対話を積み重ねなければならなかったのです。軍事的失敗もたくさんありました」と、タリバンとともにいた東部のあるパシュトゥン人司令官は、九七年七月、わたしに語った。

カブールの戦線でタリバンを指揮したハッカニは、パクティアー州ホスト出身の老練なパシュトゥン人司令官で、九五年にタリバンに加わった。反ソ戦争で最も有名な司令官の一人だった。カブールのタリバン政権で閣僚の一員になったが、他の非カンダハル出身者と同様、カブールではなく、カンダハルのオマルの下で行われる意思決定から除外されていることに、強い不満を持っていた。マザルでの敗北後、ギルザイの部族民三〇〇〇人を集めるため、タリバンはハッカニに巨額の資金を渡した。ハッカニはかれの部隊とともにカブール戦線に着いたが、軍の決定にも、カンダハル出身将校に率いられる兵士たちが集団脱走することにも無力だった。二ヵ月もたたないうちに、ハッカニには三〇〇人の新入り兵士しか残っていなかった。より困ったことは、カンダハル周辺の村人たちが、かれらの息子をタリバンに入れるのを拒否したことだった。タリバンは初めて人集め問題と兵力不足を経験した。

ロシア軍緊急態勢

中央アジア諸国は、つい玄関先で起こった流血に鋭い反応を起こした。戦争の妖怪が、何千何万ものアフガン難民が、穴だらけの国境を越えて入ってくると考えたためだった。前例のない軍事的緊張が地域全体に高まった。アフガニスタン—ウズベキスタン国境に配備されている約三〇〇〇人、アフガニスタン—タジキスタン国境の二万五〇〇〇人のロシア軍、トルクメニスタンにいるロシア軍国境守備隊、各国の陸軍部隊には、すべて緊急警戒態勢が発令された。テルメズでは、ウズベクの武装ヘリが、パトロール飛行を開始、対戦車障害物が設置され、アフガニスタンと中央アジア諸国をへだてるアムダリア川の橋は要塞化された。

アフガニスタンと国境を接していないキルギスには、アスカル・アカエフ大統領の要請を受けて、ロシアが一〇個大隊の派遣を申し出た。ロシアとカザフスタンの提案で、独立国家共同体（CIS）の緊急会議が開かれて危機打開について討議、プリマコフ・ロシア外相が、もしタリバンがさらに前進すれば「ロシアは強力で効果的な行動をとる」と約束した。アフガニスタン西部と国境を接し、中立を宣言しているトルクメニスタンは、タリバンとの実務関係を発展させていたが、マザルの戦闘には狼狽した。はじめて、九〇〇〇人のアフガン・トルクメン人が国境を越えてトルクメニスタンに避難してきた。

イランは反タリバン同盟を支持し続けると表明、ロシア、インド、中央アジア諸国に同盟を支援するよう訴えた。国連の介入をベラヤチ・イラン外相は求めた。こうした近隣諸国の動きにタリバンが激怒した。

「イランとロシアはアフガニスタンに干渉し、敵を支援している。航空機を供与し、爆撃をさせている。イランは武器輸送のため、毎日二二機の輸送機をマザルに飛ばしている」とタリバンの保健相ムラー・モハメド・アバスは語っている。

イランと中央アジアの外交官たちは、パキスタンがタリバンを支援しているだけでなく、ナワズ・シャリフ首相が一週間前に厳粛に行った約束を裏切った、と非難した。トルクメニスタンの首都アシガバードで開かれた地域諸国の首脳会議で、シャリフはタリバンの抑制と、北部へ戦争が拡大するのを阻止すると約束した。

「パキスタンに対する中央アジアの信頼はいまやゼロです」とウズベクの高級外交官はわたしに言った。

しかし、北部までタリバンが到達したことは、四年にわたるタジキスタン内戦を終結に向かわせる効果があった。タリバンの脅威を避けるために、抗争してきた双方は交渉を急ぎだした。ロシアと国連が調停工作をしてきた和平交渉は、九七年六月二七日、モスクワで最終合意に達した。この合意は、ロシアがタジキスタンの基地からマスードへの援助を再開するうえで、大いに役立った。マスード側は、タジキスタン南部クリャブ飛行場の使用を許され、そこでロシアとイランからの援助品を受け取り、パンジシール渓谷の本拠地に空輸することになった。

反タリバン同盟は、ドスタムがいなくなったことを考慮に入れて、新たな政治的連携を再編して、統一を固めようとした。九七年六月一三日、かれらは「アフガニスタン救国イスラム民族戦線」を結成し、マザルを首都と宣言、ラバニを大統領、マスードを国防相としてあらためて指名し、部族指導者、イスラム指導者、さらにテクノクラートを含む新政府を組織すると約束した。しかし、ウズベク人、タジク人、ハザラ人の共同行動の障害となってきた、各民族の指導者――マリク、マスード、ハリリの間の不和によって、この同盟もまた失敗を運命づけられていた。

同盟の分裂の原因には、裏切りを繰り返したマリクに対する他の指導者の疑念があった。マリクは、北部に取り残されていた約二五〇〇人のタリバンが、飛行場のあるクンドゥズを占領するのを妨げなかった。それで、タリバンはカブールから毎日、兵員と物資を空輸して、この部隊を増強することができた。マリクは北部からタリバンを追い払えなかった、あるいはしなかったが、マスードはよりカブールへと迫っていった。

六月中旬、マスード軍は、チャリカールとバグラム空軍基地を再び占領、タリバン数百人を殺し、軍事的行き詰まりを打開した。九月には、マスード軍はカブールから三二キロの地点に布陣していた。双方は砲とロケット弾を撃ち合い、新たな前線となったカブール北側のショコリ渓谷から、一八万人の住民が逃げ出さねばならなかった。タリバンはショコリから撤退する際、タジク人の住民が戻れないよう、急いで井戸に毒を投げ込み、小さなダムと水路を爆破した。内戦は人々を追い立て、殺害するだけでなく、生活の手段そのものを破壊し、カブールの農業地帯を荒廃地に変えつつあった。

反タリバン同盟は、カブールを大きく包囲する弧を形成した。西、北側はマスード軍、東、南側はハリリのハザラ人たちである。同盟側がカブールを攻撃するだろうとの予想がひろがったが、タリバンは、同盟が内部分裂していて、カブール攻撃などできまいと信じていた。

「われわれはクンドゥズに部隊を投入、敵側を二つに引き裂きました。北のグループはそれぞれ対立しています。ウズベク人はマリクを信頼できません。マリクは一度、かれらを裏切っており、いまはなんとかして自分を救おうとしています。どのグループも独力でタリバンと戦うことができず、そのために統一しようとしなければならなかったのですが、統一などできっこありません」とハッカニは言った。

同盟に対するマリクの忠誠は九月、クンドゥズに閉じこめられていたタリバン部隊がマリク軍を急襲したときに、証明されたようにみえた。タリバンはパシュトゥン部族の協力を得て、クンドゥズの包囲網を突破、マザルに新たな攻撃を仕掛けた。九七年九月七日、タリバンはタシュホルガンの町を占領、マザルはパニック状態になった。タリバンがマザルへと進んでいるとき、マリクに従うウズベク人部隊とドスタムに従う他の部隊の間で激しい戦闘が起こった。マリクの家はドスタム派に焼かれ、マリクはファーリヤーブ州の根拠地へと脱出、そこからトルクメニスタンさらにイランへと逃げた。

劇的な展開となって、ドスタムは亡命先のトルコからマザルに復帰、マリク派を打倒し、タリバンをマザル地域から追い払うために自軍を集結した。マザルは混乱状態となり、ウズベク人たちは市の一部で略奪を働き、国連機関は人道援助要員たちをマザルから、この一年間に二度目の撤退をさせた。タリバンは撤退する際、少なくとも七〇人、おそらく一〇〇人以上のシーア派ハザラ人をマザル南方の村カジル・アバドで虐殺した。

「タリバンはまるで嵐のように村を襲ってきて、七〇人ほどを殺した。一部は喉を切られ、他の者は生皮をはがれた」と集団虐殺の生き残り、ソハラブ・ロスタムは語っている。

タリバンがクンドゥズまで撤退したので、ドスタムは指導者の地位を確立しようとしたが、マザルは事実上ハザラ人グループによって支配されていたため、ウズベク人の都を放棄してシベルガンに本拠地を築かねばならなかった。ウズベク人とハザラ人の間の鋭い緊張が、反タリバン同盟を崩し始め、ドスタムはマリクの支持者も一掃しなければならなかった。そのためドスタムは、マリクによって行われたタリバン虐殺を暴露した。ドスタムの部隊が、シベルガン近くのジョウズジャーン州ダシュテライリ砂漠で、二〇ヵ所の集団埋葬地を発掘。そこにはマリクの部隊に殺されたタリバン捕虜の遺体が埋められていた。

ドスタムはマリクの集団虐殺を非難、タリバンに遺体引き取りの支援を伝えるとともに、国連に事実調査を呼びかけた。かれは善意のしるしとして、タリバンの捕虜約二〇〇〇人を釈放した。

国連の調査は、捕虜たちが拷問された上に餓死していたことを明らかにした。

「かれらの死に方には、身の毛がよだった。捕虜たちは拘留場所から引き出され、捕虜交換されると告げられ、羊飼いたちが使う井戸に車で連れて行かれた。井戸の深さは一〇～一五メートルで、生きたまま投げ込まれた。抵抗すれば、まず撃たれた。井戸の底にむけて発砲され、手投げ弾が投下され、そのあとブルドーザーが井戸を埋めた」と埋葬地を調査した国連特別調査官パイク・チョンヒュンは述べている。

のちに目撃者たちが、邪悪な民族浄化が行われたことを明らかにした。そのなかで、マリク派でドスタムによって逮捕されたサレーム・サヘル将軍は「静かな暗い夜だった。われわれは、目隠しし、後ろ手に縛った一五〇〇人のタリバン捕虜をトラックのコンテナに押し込んで、砂漠に連れていった。かれらを砂漠に掘った穴の前に一〇人ずつ立たせて撃った。処刑は六夜ほど続いた」と述べている。

コンテナそのものが、とくに残酷な殺害手段として、双方に使われることが多くなった。「コンテナから死体を引き出すと、皮膚が熱で焼けこげていた」と他のマリク派の将軍は語り、一二五〇人のタリバン兵がコンテナの中で死んだとつけ加えた。

北部での破壊と激戦が、夏を通してつづき、パシュトゥンと非パシュトゥンの民族的分裂をさらに広げた。アフガニスタンはパシュトゥンと、非パシュトゥンを南北に分ける線で実質的に引き裂かれてしまった。すべての勢力が民族浄化と宗教的迫害を実行した。タリバンはシーア派のハザラ村民を殺害し、タジク農民をショコリ渓谷から追い出した。ウズベク人とハザラ人は何百人ものタリバン捕虜を虐殺し、北部とカブール周辺ではパシュトゥン村民を殺した。シーア派ハザラ人は、スンニ派のパシュトゥン人を追い出した。

北部のマザルとその一帯、ヘラート戦線、カブール周辺での最近の戦闘で、七五万人以上が新たに難民となった。国連機関が、パキスタンで生活しているアフガン難民に帰国するよう説得しているところだった。近隣諸国がそれぞれの代理勢力への援助を強化したことで、アフガニスタンの民族的、宗派的分裂はさらに悪化した。

民間人の被害は別として、戦闘拡大で最も傷ついたのは国連だった。国連調停官ノルベト・ホールは、国連が中立の和平仲介者であり、少数民族グループの利益を保護するということをタリバンに納得させようとしたが、失敗した。ホールは地域近隣諸国に各派への援助を停止するよう圧力をかけるのにも失敗した。ホールは外部勢力の介入と当事者たちの柔軟性のなさを非難する声明を出した。

「われわれの交渉プロセスは行き詰まり、仕事を続けることができなくなった。われわれはアフガンの指導者たちを誰かの手先とはみなしてはいないが、かれらはどこからか弾薬を得る必要があるのだ」

一ヵ月後、ホールは辞任した。

国連にとって、国連憲章さえ理解していないタリバンの幹部たちが、最も大きな障害となった。ムラー・オマルはホールと会うことを拒否して国連チーム内に敵意をつくり、他のタリバン幹部たちは国連の停戦努力を公然と馬鹿にした。タリバン側の国連に対する敵意は、マザルでの総崩れ以後高まり、国連安保理がマザルでの虐殺に対して行動することを拒否したことや、アフガニスタンの国連代表権が依然、ラバニ大統領によって占められ、タリバンに渡さないことで、さらに強まった。

国連の厳しい非難

タリバンは国連に対して、非現実的な疑いをいくつか抱いており、国連側がいくら外交的努力をしてもその疑念を晴らすことが出来なかった。かれらは国連が西側諸国の連盟であり、イスラムに対して、タリバンのイスラム法施行に対して、陰謀を企てていると信じていた。かれらはまた、国連が地域諸国に、タリバンを承認しないよう工作していると非難していた。国連の内部では、戦争の継続のため、豊かな援助国が〝援助疲れ〟をおこし、資金提供を減額しだした時だった。

タリバンの女性差別によって、資金提供はさらに減りつつあった。アフガニスタンでの援助事業が生き残れるかどうかは、国連機関が、ジェンダー政策をやわらげるよう、タリバンを説得できるかいなかにかかっていたが、タリバンは拒否していた。西側のいくつかのＮＧＯ（非政府組織）は、女性援助活動の継続をタリバンが拒否したため、カブールから撤退した。北部では、戦闘のためＮＧＯが撤退せざるえなくなり、戻ってこなかった。

さらにタリバンの強硬派は、国連の人道援助機関が西側の世俗思想を人々に広めようとしているという口実で、タリバンの支配地域から援助機関を追い出すため、出来る限りのことをやっていた。九月の終わり、カンダハルの三つの国連機関の責任者が国外退去を命じられた。国連難民高等弁務官事務所（ＵＮＨＣＲ）の女性弁護士が、タリバン当局者と会談した際、彼女の顔が見えないよう、カーテンで隔てられたことに抗議したためだった。一一月、ＵＮＨＣＲは、アフガン人スタッフ四人をタリバンが逮捕したため、すべての援助事業を停止した。セーブ・ザ・チルドレンは、地雷対策教室への女性の参加をタリバンが拒否したため、数事業を中止した。冬が近づき、食糧不足が深刻化しているのに、人道援助事業が不可能になってきた。

九七年九月二八日、カブールで人道問題担当欧州委員エマ・ボニーノと一九人の西側ジャーナリスト、援助機関スタッフたちがタリバンの宗教警察に逮捕され、三時間拘留された事件で、タリバンの女性に対する扱いに対する、巨大な反対運動と国際的非難が巻き起こった。かれらはＥＵの資金援助でつくられた女性病棟を視察していたが、ボニーノに同行していたジャーナリストたちが、女性患者の写真を撮影したとして逮捕された。タリバンは写真撮影をすべて禁止していた。

「これはテロ国家のなかで、人々がどのように暮らしているかを示す一例です」とボニーノはカブールで記者団に語った。

タリバンは謝罪したが、アフガニスタンに対する援助資金支出への西側の熱意はさらに失われた。タリバンはカブールの病院を分離し、女性と男性が同じ病院で医療を受けることを許さないと宣言した。市内で女性が医療を受けられる病院は一つだけになった。

クリントン政権も、タリバンへの当初の好意を維持することが難しくなってきた。米国の強力なフェミニスト・グループが、アフガン女性に代わってワシントンでロビー活動を展開した。九七年一一月一八日、オルブライト国務長官は、米国としては最も厳しいタリバン非難をイスラマバードで声明した。

「われわれは、タリバンの人権侵害、女性・子どもに対する卑しむべき取り扱い、人間の尊厳に対する尊重の重大な欠如のため、かれらに反対する」とオルブライトは述べている。

米国が、タリバンとパキスタンを支持する立場から距離を置いたことを、明白に示すものだった。

こうした国際的圧力に、タリバンはほとんど屈することなく、むしろ反西側感情をさらに強めていた。パキスタンとカンダハルのウレマたちはオマルに、援助機関はスパイでイスラムの敵だから、すべてアフガニスタンから追放すべきだと提言した。

国連の調停を生き返らせるため、アナン事務総長はラフダル・ブラヒミ元アルジェリア外相に、この地域を訪問し、国連安保理への報告をするよう命じた。ブラヒミは八月一四日から九月二三日にかけて、アフガニスタンを含む一三ヵ国を訪ねたあと報告書を提出。ブラヒミの結論は、アフガニスタンの近隣諸国に対し交戦各派への援助停止を求める、より大きな国際圧力をつくり出した。

アナンは一〇月、国連に「6プラス2」と呼ばれる、近隣六ヵ国とロシア、米国で構成された、関係国グループを設置した。ブラヒミは、このグループが、パキスタンと話し合うようイランを力づけ、ワシントンを和平工作に再び関与させる役割を果たすことを望んでいた。他の目的は、アフガニスタンへの武器禁輸の実施とアフガン各派間の交渉を開始させることだった。

一一月中旬、アナンは国連安保理に対して、アフガニスタンに関する厳しい報告を提出、はじめて非妥協的な鋭い言葉で、地域諸国とくにイランとパキスタンを、紛争を助長していると非難した。これらの国が、各派への支援を続けるために、国連をイチジクの葉として利用していると述べた。

「外国からの物資、資金、軍事援助は、減ることなく続いており、紛争の火に油を注ぎ、戦う各派を真剣な平和への努力から遠ざけている」「これら国外からの継続的な支援が、直接関与をしていない他の諸国の無関心と合わせ、外交的努力をほとんど無意味にしている」とアナンは述べている。

アナンは軍閥たちも容赦はしなかった。

「アフガニスタンの指導者たちは、自らの派閥的利益を超えて国民和解のために働き始めることを、拒否している。軍閥、テロリスト、麻薬業者、その他アフガニスタンの多数のグループにとって、戦争から得るものがあまりにも多く、平和から得るものがあまりにも少ないようにみえる」

後にアナンは、テヘランでのイスラム諸国会議機構（ＯＩＣ）で演説、参加国の紛争解決への無関心さを厳しく批判した。何年間も放置されたあと、アフガニスタンはやっと国際的外交課題になったように見えたが、それは、北部征服を決意しているタリバン、タリバンへの抵抗を同じように決意している反対勢力のどちらをも満足させることはなかった。

第5章　バーミヤン一九九八～九九年　終わりなき戦争

巨大石仏の危機

アフガニスタン中央部のハザラ人の地、ハザラジャートの気温は〇度以下だった。バーミヤンを取り巻く、厚く積もった雪で覆われているヒンズークシ山脈の峰々の陰で、やせ細った身体のおなかだけがふくれている、ハザラ人の子どもたちが、「タリバン」と呼ぶかれら流の鬼ごっこで遊んでいた。ハザラ人たちの食料は乏しく、この遊びは、タリバンの輸送隊を待ち伏せ、餓えた家族に獲物の小麦を持ち帰るゲームなのである。

子どもたちは、草の根、イチゴ、そして谷の急斜面を耕した石ころだらけの土地で両親が作った、わずかなジャガイモで生きている。ハザラジャートの土地のわずか一〇パーセントが耕作可能地で、その年の小麦とトウモロコシは不作だった。

しかし、ハザラ人は、かれらは誰なのか、というシンプルな問題の答えにも餓えていた。タリバンはハザラ人に降伏を要求した九七年八月以来、ハザラの山地に通じる、南、西、東からのすべての道路を封鎖していた。北からの救援は治安が最悪なのでできなかった。冬の雪で山々の峠が通行出来なくなり、標高二二〇〇メートルのバーミヤンへの食糧輸送は、いずれにせよ不可能だった。バーミヤン州の三〇万のハザラ人は飢餓状態で、隣接するゴウル、ヴァルダク、ガズニ三州に住む七〇万のハザラ人を含め、全部で一〇〇万人が食糧不足に苦しんでいた。

何ヵ月も国連の世界食糧計画（WFP）は、タリバンとまわりくどい交渉を続け、食糧救援輸送隊を許可するように求めたが、タリバンは拒否した。国連は、パキスタンがタリバンに六〇万トンの小麦を提供したのに、バーミヤン封鎖をタリバンに解かせるために何もしなかったことに、不満を募らせていた。

この二〇年にわたる紛争で、一つの武装勢力が他の勢力に対して食糧を武器に使ったことは初めてで、アフガニスタンを崩壊させつつある、民族、宗派分裂の深刻化を物語っていた。

ハザラ人は、常にパシュトゥン人とは距離をおいてはいたが、決してそれは大きなものではなかった。背が低く、頑丈な体型で、モンゴル系の顔立ちが明らかなハザラ人は、一説によると、チンギス・ハンのモンゴル人兵士たちと、土着のタジク人、トルコ系の人種の混血の子孫だという。一二二二年、孫がバーミヤンの守備兵たちに殺されたチンギス・ハンは、その報復に全住民を虐殺した。その一〇〇〇年前、バーミヤンはインド仏教の一つの中心地で、ローマ帝国と中央アジア、中国、インドを結ぶシルクロードのラクダ隊商たちの重要なサライ、つまり宿場だった。中央アジア、インドの一部による征服の後も、バーミヤンは仏教の保護国、都でありつづけた。

八二七年にこの町にやってきた朝鮮の僧カイ・チャオは、バーミヤンの王は依然、仏教徒だと記しており、ガズニ王国がこの谷をイスラム化したのは一一世紀だった。

町は、二世紀に岩壁に彫られた、巨大な石仏に見下ろされている。二体の仏像は、一方が高さ五五メートル、一方は高さ三八メートルで、風化し、ひび割れており、両仏の顔は失われているが、圧倒的な印象だ。その姿はインド亜大陸のすべての仏像の古典的な特徴をもって刻まれていて、身体にはギリシャ的衣服を着け、アレキサンダー大王がもたらしたヘレニズムと、インド、中央アジアの古典美術のユニークな融合なのである。

バーミヤンの巨大石仏（写真は高さ38メートルの石仏）は世界的遺産
Photo : George Hunter／PPS

この石仏は古代世界の驚異の一つであり、中国とインドからの巡礼の地であった。かつては何千人もの仏教徒が、石仏のある断崖の洞窟に住んでいた。古いしっくいでおおわれた洞窟は、カブールから逃れてきた数千人のハザラ難民の住居となった。タリバンはバーミヤンを占領したとき、石仏を爆破すると脅し、日本とスリランカの仏教界から、強い抗議の声が上がった。それでも石仏の上部の山を八回砲撃、石仏のある砂岩の岩肌にさらに割れ目をつくった。

ハザラジャートは一八九三年、パシュトゥンの王アブドル・レーマンが征服するまで実質的に独立を維持していた。レーマンは初めて反ハザラ行動を起こし、数千のハザラ人を殺し、数千人をカブールに移住させて召使にし、モスクを破壊した。三〇〇万～四〇〇万人と推定されるハザラ人は、アフガニスタンで最大のシーア派ムスリムのグループである。

スンニ派パシュトゥン人とシーア派ハザラ人の間の敵意には長い歴史があるが、タリバンはすべてのシーア派をムナファキーン、すなわち偽善者で、真のイスラムではないとして扱い、新たな紛争の刃をつきつけた。

タリバンがより嫌悪したことは、ハザラの女性たちが重要な政治的、社会的、さらにハザラ地域防衛の軍事的役割すら果たしていることだった。ハザラのイスラム統一党の中央委員八〇人中一二人が女性で、その多くが教育を受けた専門家だった。女性たちは、国連援助計画や女性たちと同党が努力した基本的な識字教育、医療、定住計画の世話役だった。女性たちは、しばしば男たちとともに戦い、五月のマザルの戦いでは、タリバンを殺した。カブールから逃れた女性教授は、バーミヤンに大学をつくった。それはおそらく世界で最も貧しい大学で、教室は泥とわらでつくられ、電気も暖房もなく、わずかな本しかなかった。

「わたしたちはタリバンが嫌いです。かれらはすべての文明、アフガン文化、そしてとくに女性に敵対しています。かれらはイスラムとアフガン国民に悪名を与えました」とフメラ・ラヒ博士は、わたしに語った。彼女は大学でペルシャ語を教え、反ソ抵抗運動の指導的詩人とみられていた人だ。タリバンはハザラ女性の服装も感心しなかった。ラヒ博士も彼女の同僚もスカートとハイヒールを履いていた。フメラ・ラヒの詩は、何世紀にもわたるパシュトゥン人による抑圧の後に、ハザラ人が新しく築いた自信を反映しているように見える。

栄光あるハザラジャートの戦士たちよ
勝利はお前のもの、神はお前とともに
敵の胸板はお前の銃弾の目標、
お前は栄光ある勝者、神はお前とともに
私の深夜の祈り、暁の泣き声
子どもたちは言う「神よ！　神よ！」
そして抑圧された人々の涙とため息が、お前とともにある

タリバンの対空ミサイル（ロイター）

何十年にもわたり包囲され、カブールの支配者から、偏見に満ちた扱いを受けたにもかかわらず、ハザラ人たちは活動しはじめた。

かれらは五月のマザルで、そして九七年一〇月に再び、タリバンを敗北させた戦いの一翼を担った。バーミヤンへのタリバンの攻撃を何度も跳ね返した。ハザラ人はかつてウズベク人、タジク人の反タリバン同盟と結ぶ三番目の最も弱い環だったが、ウズベク人が分裂し、タジク人がカブール周辺の

戦場で手詰まりになっている中で、ハザラ人はかれらの時が来たと感じた。

「われわれの背後はヒンズークシ、前面はタリバンでその支援者はパキスタン。われわれは死んでも決して降伏はしません」とイスラム統一党の威勢のよい副党首クァルバン・イルファニはわたしに語った。輝くような深夜、石像を見上げる部屋の中で、寒さをやわらげる焚き火にあたりながらのことだった。

かれらの組織は新しい自信と誇り、そして戦う勇気に満ちていた。「われわれは北部をタリバンから救うのです」と一四歳のハザラ兵士アハメド・ジェルは言った。かれはすでに二年間も戦争を目撃し、カラシニコフ銃をプロの兵士のように扱っていた。

ハザラ人に友人がいないわけではなかった。イランは、バーミヤン郊外に新しくつくられた三〇〇〇メートル級の滑走路へ軍事援助物資を空輸していたし、統一党の指導者カリム・ハリリは、その冬、テヘラン、モスクワ、ニューデリーそしてアンカラを訪ねて軍事援助の増強を要請した。

しかし、ハザラ人は戦線を拡張しすぎた。内部には数派があって、支配地、影響力、外国からの援助を競い合っていた。統一党内の派閥がマザルを分割支配、身内同士で、さらにウズベク人とも戦い、マザル市内を戦場に、反タリバン同盟を政治的争いの修羅場に変えてしまった。

イランとロシアの情報機関幹部が、シベルガンを本拠地にしていたドスタムとハザラ人の仲介をしようと試みたが、どちらも妥協しようとしなかった。一九九八年二月、マザル市内でウズベク人とハザラ人の間で激しい戦闘が発生した。マスードは初めてテヘランを訪問し、手遅れにならないうちに反タリバン同盟を救うため、イランが何らかの行動をとるよう要請した。一方、冬の間じっとしていたタリバンは、敵側の内部分裂を注視しつつ、バーミヤン包囲を強め、マザルへの再攻撃を準備していた。

米国の忍耐を試す挑発

西部のファリャブ州では冬中、戦いが続いた。タリバンは一月にウズベク村民六〇〇人ほどを虐殺した。後に事件を調査した西側の援助要員は、「村民たちが家から引き出され、並ばされて射殺された」と言っている。

タリバンがカブールで、かつてなく厳しいイスラム法と刑罰を実施したことに、国際的非難が高まった。公開の場での手足切断、ムチ打ち、女性に対する石投げ処刑が、カブールとカンダハルでの毎週の行事になった。

国際婦人デーの九八年三月八日は、タリバン支配下のアフガン女性の苦境に捧げられた。アフガニスタンの女性問題に関する米上院公聴会は、広い関心を集め、ヒラリー・クリントン大統領夫人ら著名人がタリバンの政策を非難した。

タリバンは新しい規制を布告、男性のあごひげの長さを正確に定め、新生児につけることができるムスリム名のリストを公示した。タリバンはカブールで開かれていた女子の家庭学級を閉鎖、宗教警察が街をパトロールして女性を路上から追い払い、家主に対して、外から中の女性が見えないように、窓を黒くするよう指示した。女性は一日中、日の光もささない屋内にいるよう強制された。タリバンの強硬派は、国連援助機関をアフガニスタンから追放しようと決意、米国の忍耐を試すさまざまな事件で挑発した。

九八年二月一四日、タリバンの高級幹部たちが国連スタッフをムチで打ち、脅したため、スタッフたちはカンダハルから撤退し、援助事業がストップした。

いつもは穏やかな片足のカンダハル州知事ムラー・モハメド・ハッサンが、ある国連当局者の頭にテーブルと椅子を投げつけ、首を締めようとした。国連側がハッサンの村の道路舗装を拒絶したからだった。三月、タリバンは国連の人道援助活動の責任者アルフレド・ウィチチェストリが、協議のためカブールを訪問するのを拒絶した。国連はタリバンによるハザラジャート包囲にも強い不満を持っていた。

「北部には、われわれの援助活動に安全保障が全くなく、南部ではタリバンとともに働く地獄の恐怖がある。北部には行政当局が存在せず、南部にはきわめて難しい当局がいる」とラフダル・ブラヒミはわたしに語った。

こうした困難にもかかわらず、ブラヒミはタリバンと反タリバン同盟の会談を開かせようと努力した。反対勢力の指導者たちが会談を避けるのを心配し、かれらにより正統性を与えるために、タリバンは双方のウレマの会合を提案した。国連は米国の助けを得るのに成功した。クリントン大統領の外交政策推進役のリチャードソン国連大使が九八年四月一七日、アフガニスタンを一日外交に訪れ、ウレマ会合を開くよう双方を説得した。

両方とも米国に気に入られようとし、リチャードソンは熱烈な歓迎を受けた。絨毯、毛織物、ターバンなどの贈物の洪水となった。カブールでタリバンは、かれらの指導者たちの撮影を同行テレビ・

チームに初めて許可した。リチャードソンへの儀礼として、毎週金曜日に市のサッカー・スタジアムで行う、ムチ打ちと手足切断の公開処刑を延期した。しかし、カブールでタリバンの指導者たちは、ハザラジャート包囲の緩和、女性政策を国連と討議する約束をしたのに、わずか数時間後にムラー・オマルが同意を拒否した。

ウレマ会合は四月終わりにイスラマバードで、国連主催により開かれ、四日間の協議の後、双方は停戦とハザラジャートへのタリバンの包囲解除、捕虜交換などを取り決めるための和平委員会に、二〇人のウレマを指名することで合意した。

しかしタリバンは、その後、かれらの代表団を指名するのを拒否し、新攻勢を準備し始めたため、五月にはこの和平工作も崩れ去った。

この新攻勢には、国連との争いの新たなエスカレーションも含まれていた。六月タリバンは、すべての女性が一般病院に行くことを禁止、アフガニスタンを旅行するすべてのムスリム女性の国連スタッフに、メヘラムつまり血縁者の同行を命令した。しかし、とくに国連諸機関にはムスリム女性の援助要員が増えていることから、タリバンの要求を満たしつつ、アフガン女性に接触することは不可能になった。

さらにタリバンは、カブールで活動するすべてのNGOに対し、そのオフィスから出て、工科専門学校の破壊されたビルに移るよう要求した。NGO三〇団体のうち二二団体が、タリバンが要求を撤回しなければ、カブールから引き揚げることを決めたが、タリバンは交渉ごとではないと言明した。

EUがタリバン支配地域へのすべての人道援助を停止したため、ブラヒミは国連の不満を公にする爆弾を落とした。

「この組織は、われわれの仕事を妨げる命令を布告する」

「タリバンの立場にも限界はあるし、われわれにも大きくなりつつある圧力、とくに資金提供国からの圧力があることを知るべきだ」

タリバンは姿勢を和らげることを拒否し、九八年七月二〇日、強制的にすべてのNGO事務所を閉鎖、カブールから外国人の援助要員を追放し始めた。同じ日、誘拐されていた国連援助機関雇員のアフガン人二人——UNHCRのモハメド・ハビビとWFPのモハメド・バハサリアル——の遺体が、ジャララバードで発見された。タリバンはかれらの死について何の説明もしなかった。

一二〇万カブール市民の半数以上が、何らかの形でNGOの援助を受けていたので、援助が打ち切られたとき、女性と子どもたちがたちまち犠牲者になった。食糧配布、医療そして市のひ弱な給水システムすべてが、深刻な打撃を受けた。

タリバンのジープが通り過ぎると、人々は空っぽのやかんやバケツを振って訴えたが、タリバンの答えは、社会生活への関心のなさを典型的に示すものだった。

「われわれムスリムは、全能の神がすべての人々を食べさせてくれると信じている。外国NGOが去るなら、それはかれらが決めたことだ。われわれがかれらを追放したのではない」と計画相のカリ・ディン・モハメドは言い張った。

復讐のハザラ人虐殺

一方でタリバンは、次の北部攻勢についての支援をパキスタンとサウジアラビアに要請した。サウジ情報局長官が六月中旬、カンダハルを訪問、その後サウジは、タリバンに小型トラック四〇〇台と資金援助を行った。ＩＳＩ（パキスタン軍統合情報部）は、タリバンが求めた補給のため、約二〇億ルピー（五〇〇万ドル）の予算を用意した。ＩＳＩ幹部たちはタリバンの新攻勢を援助するため、しばしばカンダハルを訪問、数千人のアフガン人、パキスタン人の新しい志願兵が難民キャンプとマドラサからタリバンに入隊するために到着した。三月、イラン、ロシア、ウズベキスタンは、反タリバン同盟に武器、弾薬、燃料を運び始めた。一方、イランはマシャドからバーミヤンへ、直接ハザラ人に武器を空輸。また、ロシアとイランは、タジキスタン南部のクリャブ空軍基地でマスード軍への軍事援助を引き渡した。

九八年七月、タリバンはヘラートから北方へ進軍し、七月一二日にはドスタム軍を急襲して、マイマナを占領、一〇〇台の戦車と車両を捕獲、約八〇〇人のウズベク兵を捕虜にし、その大半を虐殺した。八月一日、タリバンは、ドスタム軍の司令官数人を買収して寝返らせたうえ、ドスタムの本拠地シベルガンを占領した。ドスタムはウズベキスタンに逃げ、後にトルコに行った。マザルに西から通じる道路の守備に当たっていたウズベク人司令官たちも、ドスタムの敗走で戦意を喪失、タリバンの賄賂を受け取ったため、市内を守っていた強力なハザラ人部隊一五〇〇人がタリバンに急襲されることになった。

九八年八月八日早朝、ハザラ人部隊は突然、包囲されていることに気づいた。かれらは弾薬がつきるまで戦い続けた。生き残った将兵は一〇〇人だけだった。一〇時までに、タリバンの小型トラックがマザルに入った。そんな事態を予期もしなかった市民たちは、日常の仕事を始めようとしているところだった。

それに続いたのは、新たな野蛮な虐殺、恐ろしいジェノサイドだった。タリバンは前年の敗北の復讐をした。あるタリバンの司令官は後に、ムラー・オマルが二時間だけ殺してもよいと許可を与えたと語ったが、実際には二日間殺し続けたのだった。タリバンは狂ったように殺し続け、小型トラックでマザルの狭い道を走り回り、店主たち、二輪馬車ひき、買い物に出た女性や子どもたち、そして山羊や羊まで、動くものは何でも殺した。死者を直ちに葬るよう命じているイスラムの教えに反して、遺体は路上に放置され腐るにまかされた。

「かれらは、街路にいた者を、男でも女でも子どもでも、区別も警告もなしに殺した。道はすぐ死体で覆われた。六日間は誰も死体を葬ることは許可されなかった。犬が人間を食べ、狂ったように騒ぎ出し、まもなく悪臭で耐えがたくなった」と虐殺をやっと逃れたタジク人男性は語っている。

人々は自分の家に逃げ込み、隠れたが、タリバン兵は押し入り、ハザラ人家主を次々と虐殺した。「人々はその場で三回撃たれた。一発は頭に、一発は胸に、一発は睾丸に。生き残った者は死者を庭に埋めた。女性はレイプされた」と同じ目撃者は語った。

「タリバンがわたしたちの家に押し入ってきて、わたしの夫と二人の兄弟をその場で射殺した。二人とも三発ずつ撃たれ、のどを羊のように切られました」と四〇歳のタジクの未亡人は語った。

この無差別殺害の一日後、タリバンは標的をハザラ人にしぼった。前年、案内人なしにマザルに入った失敗を繰り返さないために、今回は市内をよく知っている、元ヘクマティアル派兵士の現地パシュトゥン人を使った。

つづく数日間、これらバルフ出身のパシュトゥン人兵士たちがタリバンを案内して、ハザラ人の家々につれていった。しかしタリバンは、抑制できなくなっていて、ハザラ人以外の住民まで殺しまくった。

「わたしはタジク人の少年が殺されるのを見ました。そこに立っていたタリバン兵に父親は『なぜ、息子を殺したんだ？　わたしはタジク人だ』と泣き叫びました。『なぜそう言わなかったんだ』と言うタリバン兵に、父親は『そう答えられるよう、わたしに聞いたかね？』と言いました」

数千人のハザラ人がマザルの監獄に連れて行かれ、そこが満員になると、コンテナの中に押し込まれ、かぎをかけられたが、囚人は息だけはできた。コンテナの一部はマザル郊外のダシュテライリ砂漠に運ばれ、囚人たちは虐殺された。それは九七年にタリバンが受けた仕打ちに対する復讐だった。

「かれらはコンテナ三個をマザルからシベルガンに運んだ。コンテナを開けたとき、三人だけ生きていた。約三〇〇人が死んでいた。三人は監獄に連れて行かれた。わたしが座っていて見たことはそれだけだ」と他の目撃者は語った。何万人もの市民たちが数日間にわたって長い列をつくってマザルから脱出したが、タリバンは空から爆撃して、何十人も殺した。

タリバンは北部からシーア派を一掃しようとしていた。ナジブラの死にもかかわったムラー・ニアジが、占領後数時間以内にマザル州知事に任命された。タリバンのムラーたちは、市のモスクからシーア派のムスリムに対し宣告し、三つの選択を迫った――スンニ派に改宗するか、シーア派のイランに行くか、死ぬかを。シーア派に導かれるモスクでの礼拝は一切禁止された。

「去年、お前たちはわれわれに反乱し、われわれを殺した。お前たちはすべての家からわれわれを撃った。今われわれはここで、お前たちを同じように扱う。ハザラ人はムスリムではなく、われわれはハザラ人を殺さなければならない。お前たちはムスリムであることを受け入れるか、それともアフガニスタンを去るかだ。どこへ隠れようとわれわれは捕まえる。上に逃げるならお前たちの足をもって引きずり下ろし、下に隠れるなら髪の毛をつかんでひっぱり上げる」とニアジはマザルの中央モスクから宣言した。ローマの歴史家タキトゥスがローマの英国征服について「ローマ軍は荒廃させ、それを平和と呼んだ」と述べているように。

遺体を数える独立の観察者がいなかったので、死者数を推定することは困難だが、国連とICRC（赤十字国際委員会）は後に、五〇〇〇人ないし六〇〇〇人が殺されたと推定した。わたし自身は、七月と八月に六〇〇〇人から八〇〇〇人の民間人が殺されたと推定している。しかし、住民が再び反乱に決起しないよう、恐怖に陥れるというタリバンの目的はそれでも達せられなかった。

タリバンはマザルで、もう一つのグループも攻撃目標にしたが、それは国際的抗議の嵐を引き起こし、イランとの戦争の瀬戸際にかれらを立たせることになった。ムラー・ドスト・モハメドに率いられた、反シーア派過激派のシパへ・サハバ党のパキスタン人数人を含むタリバン小部隊が、マザルのイラン領事館に侵入、イラン人外交官を地下室に連れて行って射殺した。テヘランは事前に、領事館の安全をパキスタン政府に求めて連絡をとっていた。ISI幹部たちが、タリバンとともにマザルに乗り込んだことを、イランは知っていたからだ。領事館のイラン人たちは、ドストの部隊が自分たちを保護するために派遣されてきたと思い、まず歓迎した。ハザラ人に武器を運んでいたイラン人トラック運転手四五人もタリバンに捕えられた。

当初、タリバンは外交官たちの行方を認めることを拒否したが、国際的な抗議とイランの怒りが高まったため、外交官たちが殺されたことを認めた。しかし、それは公式な命令によってではなく、背徳のタリバンによって行われたとした。しかし、信頼できる筋によると、ドスト・モハメドは無線でムラー・オマルに外交官たちを殺すべきかどうか尋ね、オマルは許可を与えたという。その真偽は別にしてイラン人は間違いなくそれを信じた。皮肉にもドスト・モハメドは、後にハザラ人の愛人二人をカンダハルに連れて帰り、かれの妻がオマルに訴えたため投獄された。四〇〇〇人ほどのハザラ人女性が誘拐され、タリバンの愛人にされた。

バーミヤン陥落

マザルでタリバンは勝利し、アフガニスタンの大部分を支配することになり、パキスタン当局者にあおられて、国際的承認への期待がふくらんだ。それはまた、かれらの客、サウジ反体制派のウサマ・ビン・ラディンを刺激し、米国とサウジ王族に対する聖戦宣言をより大胆にさせることにもなった。

九八年八月には、ビン・ラディンの仲間は、ケニアとタンザニアの米国大使館を爆破、二二四人を死亡させ、四五〇〇人を負傷させた。この事件への報復として米国は、八月二〇日、アフガニスタン北東部のビン・ラディンの訓練キャンプをミサイル攻撃した。数十発の巡航ミサイルが六つの目標に命中し、二〇人以上が死亡、三〇人以上が負傷した。米国はビン・ラディンが現地にいたが、攻撃を免れたと言い張った。事実、数人のアラブ人が負傷したが、死者のほとんどは、インド支配下カシミールで戦うために訓練を受けていた、パキスタン人とアフガン人だった。

タリバンは侮辱され、攻撃に抗議するデモがアフガン各都市で組織された。数ヵ所の町で国連の事務所が群衆に襲撃された。ムラー・オマルが姿を現し、クリントン個人を攻撃した。

「アフガニスタンへの攻撃がクリントンの個人的決定ならば、それは世界とアメリカ国民の関心を、恥に満ちたホワイトハウスの出来事から逸らすために行ったのであり、クリントンが嘘つきで、品位と名誉を欠いた男であるという証明だ」とオマルはモニカ・ルインスキー事件にからめて言った。

オマルは、ビン・ラディンはタリバンだけにとってではなく、アフガニスタン国民の客であり、タリバンは決して米国には渡さないと強調、「アメリカ自身、世界最大のテロリストだ」と述べた。

イタリア人国連軍事将校が射殺され、フランス人外交官が負傷するなど治安状態がさらに悪化したため、国連当局者はカブールから撤退した。タリバンが逮捕、投獄した二人の殺人者、ハク・ナワズとサリムはともに、パキスタンのラワルピンジ出身でハルカト・ウル・アンサル・グループに属するパキスタン人イスラム過激派だった。

国連の批判とイランをなだめる代わりに、タリバンは三方面からバーミヤンに対する攻撃を開始、九八年九月一三日、ハザラ人の司令官たちがタリバンに降伏して同地は陥落した。初めて町にタリバンが入ってきたとき、カリム・ハリリと他のイスラム統一党指導者たちは、住民多数とともに丘の上にいた。今回は人権尊重を求める国際的なアピールが繰り返されたため、ムラー・オマルはハザラ民間人への攻勢をやめるよう部隊に命令した。にもかかわらずタリバン入城の二、三週間後には、バーミヤンでも殺人が行われた。バーミヤン近くのある村では、若者たちの逃亡の後、残された老人たち五〇人がタリバンに殺された。

世界的考古学遺産を破壊

もう一つの悲劇が、バーミヤン占領五日後に起こった。タリバンの兵士が小石仏の頭部にダイナマイトを仕掛け、顔を吹き飛ばした。かれらは石仏に向けロケット弾を発射、その優雅な衣を傷つけ、石仏が立つ岩壁のくぼみに刻まれた、精巧なフレスコ画を破壊した。

二体の石仏は、アフガニスタンの最も重要な考古学遺産であり、二五〇〇年近くもそこにいて、モンゴルの襲来も見下ろしていた。今タリバンは二像を破壊しつつあるが、それはいかなるイスラムの教えからも正当化できない罪なのだ。

バーミヤンの陥落で、イランの抑制は切れた。イランは国際法と国連憲章にもとづき、タリバンに対して必要な手段をとる自衛権がある、と声明したが、それはワシントンがミサイル攻撃をした際の主張とまったく同じだった。一週間後、イランの最高指導者アヤトラ・ハメネイは、地域全体を巻き込む大戦争の可能性を警告した。かれは、パキスタンがバーミヤン攻略に部隊と航空機を使ったと非難、イスラマバードは否定した。テヘランが動くにつれ、イランとパキスタンの関係はさらに悪化した。七〇〇〇〇人のイラン革命防衛隊が戦車と航空機の支援の下、イラン—アフガニスタン国境沿いで最大規模の軍事演習を開始した。一〇月にはイラン正規軍約二〇万人が国境沿いで一連の演習を始め、タリバンはイラン軍侵攻に備えて約五〇〇〇〇人の兵士たちを動員した。国連安保理はイラン軍の全面侵攻の恐れを表明、ラフダル・ブラヒミを再びこの地域に派遣した。九八年一〇月一四日、ブラヒミがカンダハルでムラー・オマルと会談し、やっと危機が下火になった。そのとき初めて、オマルは国連当局者や外国外交官と会ったのだった。オマルは、抑留しているイラン人トラック運転手全員の解放に同意し、国連との関係改善を約束した。

タリバンのイランとの紛争は、マスードにかれの部隊と降伏せずに残ったウズベク人、ハザラ人兵士たちを再編成する時間と空間を与えた。同時にロシアとイランから車両とヘリを含む武器供給が増強されマスードのもとに届いた。

マスードは北東部で、協調態勢のもとに一連の奇襲攻撃を行い、タリバンの支配地、とくにタジキスタン、ウズベキスタンとの国境沿いの敏感な地域を取り戻した。一〇～一一月の間、タリバン側は約二〇〇〇人の死傷者を出し、士気が低く補給が貧弱な、寒い陣地で短期間戦った後、マスード側に降伏した。九八年一二月七日、マスードはパンジャブ渓谷でタリバンに反対する野戦司令官全員の会合を開いた。ハザラ人、ウズベク人の指導部の崩壊でマスードだけが残り、彼のタジク人最高評議会と数人の著名なパシュトゥン人を含む司令官たちは、マスードを全反タリバン勢力の軍事司令官に指名した。

タリバンの攻勢、ハザラ人虐殺、イランとの紛争は、米国の巡航ミサイル攻撃と合わせ、この地域のひ弱な力のバランスを劇的に崩した。タリバンの勢力拡張は、パキスタンとサウジアラビアのタリバン支援を非難してきたロシア、トルコ、中央アジア諸国を突き動かした。鋭い言葉の戦争がこの地域の二極化を深めた。カザフスタン、キルギス、ウズベキスタン、タジキスタン、ロシアの当局者たちが九八年八月二五日、タシケントで会合、タリバンの前進を阻止するため共同の軍事・政治計画を協議した。

こうした地域的な緊張のエスカレーションの影響は甚大だった。パキスタンも巻き込まれかねないイランとタリバンの戦争の危険。西側投資家たちと石油企業は、カスピ海沿岸の産油国への投資を心配しはじめ、経済的に貧困な中央アジア諸国へのイスラム原理主義の広がりは加速した。地域全体に反米感情が強まり、パキスタンでは、イスラム政党がイスラム化を要求し、国内の分極化がいっそう深まった。

安保理の強硬決議

国際社会はタリバンが依然、幅広い政権樹立や女性問題での政策の変更、外交的行動基準の受け入れを拒否していることに不満を抱き続けていた。国連援助機関はカブールに戻ることができなかった。ワシントンはビン・ラディン逮捕に固執し、タリバンの引き渡し拒否に怒っていた。近い同盟者のサウジアラビアでさえも、タリバンがビン・ラディンに保護を与えていることに侮辱され、カブールの外交代表部を引き揚げ、タリバンへの公式な資金援助を全部停止したため、パキスタンだけがタリバンの資金提供者になった。

こうした国際的な不満の表れとして、九八年一二月八日、アフガニスタン問題に関する国連安保理(国連安全保障理事会)はかつてなく強硬な決議を採択した。決議は、タリバンが国際的テロリストに隠れ家を与え人権を侵害し、麻薬密輸を行っているとして、限定なしの制裁を警告した。

「アフガニスタンを本拠とするテロリズムは疫病になった」と米特使ナンシー・ソダーバーグは語っ

た。

同決議は偏向しているとして、同決議を支持しなかったパキスタンは、タリバンと同様、国際的に孤立した。国連、米国、その他の国からの圧力の強まりが、九九年に入ると双方を交渉のテーブルに戻すことになった。

国連主催により九九年三月一一日、タリバンと反対勢力の代表はアシガバードで会議を開いた。会議は希望のうちに終わり、双方は、捕虜交換と交渉継続で合意した。しかし、四月までにムラー・オマルは、これ以上の交渉を否定し、マスードを二枚舌だと非難した。事実、双方は休戦状態と会談を新たな春季攻勢の準備に利用した。九九年四月七日、マスードは、ロシアがタジキスタンに新軍事基地を建設すると発表したとき、セルゲーエフ・ロシア国防相とドシャンベで会談した。その基地の目的の一部は、マスードへの軍事援助の増強にあった。タリバンは武器を再補充し、パキスタンのマドラサからさらに学生を募集した。マスード軍とハザラ人部隊は、北東部とハザラジャートで一連の攻撃を開始した。劇的な反攻でハザラ人部隊が四月二一日、バーミヤンを取り戻した。北部では再び戦いが広がり、国連の和平工作は白紙に戻った。

九八年初め、アナン国連事務総長が警告した。「人口二〇〇〇万人の国で、全国民が五万人の武装兵力の人質にされている」

九八年終わりには、アナンは、「新しい『グレート・ゲームの場になった』アフガニスタンでの紛争が、さらに深く地域化する見通し」について不吉に語った。タリバンの勝利と北部の住民の虐殺は、平和をもたらすのではなく、アフガニスタンを民族的にばらばらにする瀬戸際に、かつてなく追い込んだだけだった。

国連調停官ラフダル・ブラヒミの辞意表明で、アナンの恐るべき予言が実現するかのように見えた。かれはタリバンのかたくなさ、パキスタンのマドラサ学生数千人を参加させた支援、国外からの干渉を非難した。タリバンが七月と九月、マスード軍をカブール地域から追い出すため、また北部ではマスードへのタジキスタンからの補給路を断つため、新攻勢を開始した後、一〇月にブラヒミは辞任した。

どちらの攻勢も失敗したが、タリバンは首都北部で血なまぐさい焦土作戦を実施、二〇万人の住民が流出し、国内で最も豊かな土地の一つだったショコリ渓谷が荒廃してしまった。パンジシールのマスード軍の下に逃れた何万もの難民たちは冬に閉じ込められ、厳しい食糧と住まいの不足に直面した。

ブラヒミの辞任は、タリバンに対する国際社会のきわめて厳しい強い反応をもたらした。国連安保理は一〇月一五日、アフガニスタンへの民間航空機の飛行禁止、タリバンの銀行口座の全世界的凍結を内容とする、限定的制裁実施を決議した。

ワシントンはタリバンに対して、ビン・ラディン引き渡しの圧力を強化した。タリバンはいまや全面的な国際的孤立に直面した。一方、九九年一〇月一二日、パキスタンで軍事クーデターが発生、パキスタンがタリバンから距離を置く可能性が初めて生まれた。

第二部　イスラムとタリバン

第6章　挑戦するイスラム　タリバンの新スタイル原理主義

アフガン人の寛容

イスラムは常に、アフガン人の生活の中心にあった。イスラムでは、一日五回祈り、ラマダン（断食月）には断食をし、ザカート（貧者へのイスラム的喜捨）をするが、アフガン人ほどイスラムの儀式と信仰を規則正しく、心をこめて守るムスリム（イスラム教徒）は世界でもほとんどいない。イスラムはアフガンの多様な、多民族の国民を統一する基盤であり、ジハード（聖戦）は英国やソ連に対する抵抗の際に、アフガン・ナショナリズムに人々を動員する原理となってきた。

貧者も富者も、共産主義者も、王もムジャヒディンも違いはほとんどない。一九八八年にローマでザヒル・モハメド・シャー元国王に会ったとき、かれは隣室で祈るために、インタビューを静かに一時中断した。共産主義者の大臣たちも、自分の執務室で祈った。ムジャヒディンの戦士たちは、祈りのために戦闘を休止した。ムラー・オマルは祈りのため、絨毯の上で何時間も過ごし、しばしば祈りの後に戦略的思考を重ねる。アハマド・シャー・マスードは祈りのために戦闘指揮を一時離れ、銃声と無線機の雑音が充満するなかで、深い精神の中に沈む。

しかし、アフガン人は、他のムスリムたちがかれらに従って祈るよう、強要することはしない。伝統的に、アフガニスタンのムスリムは、他のイスラム宗派、他宗教、そして近代的なライフ・スタイルに対して、非常に寛容だった。アフガニスタンのムラー（イスラム指導者）たちは、決してイスラムを人々ののどに突きつけはしなかったし、宗派主義が政治的問題になったことは最近までなかった。一九九二年までヒンズー、シーク、ユダヤの各教徒たちは、国の経済に重要な役割を果たしてきた。かれらは伝統的に都市の中心にある通貨市場を支配し、アフガンの王たちが戦争をするときには、しばしばかれらから金を借りた。

九二年以後、残酷な内戦が、長年にわたるアフガン人の寛容と一致を壊した。内戦は、一般のアフガン人からみて、イスラム宗派と民族グループを、以前には想像もつかなかった姿に分裂させてしまった。九五年カブールでのマスードによるハザラ人虐殺、九八年タリバンによるハザラ人とウズベク人の虐殺。いずれもアフガン史上に例のない出来事で、おそらく修復不可能なまでに、国内の民族的、宗教的構造を傷つけてしまった。

タリバンの計画的な反シーア派作戦は、少数グループを集団で国外に流出させ、イスラムと国の統一を汚辱した。アフガニスタン史上初めて、イスラムの統一原理は分裂、細分化、巨大な流血をもたらす過激派の手によって必殺の武器になった。

アフガン人の九〇パーセントはスンニ派で、スンニ四学派の中では最もリベラルなハナフィ学派に属している。イスラム・シーア派はハザラジャートのハザラ人の間では支配的で、ごく少数のパシュトゥン部族、少数のタジク氏族、そして一部のヘラートの住民も同派に属している。アガ・カーンを崇拝するイスマイリ族はシーア派の分派である。かれらは、現在はタジキスタン東部、パキスタン北部地域となっているパミール高原に隣接する、アフガニスタン北東部のよそ者が近づきがたいイスマイリ族コミュニティに住んできた。アフガン・イスマイリ族指導者のサイド・ナディル・シャー・フサインは、アガ・カーンによってコミュニティの指導者に任じられたが、一九七一年に没した。それ以来、かれの息子がイスマイリ族を率い、反タリバン同盟で大きな役割を果たした。一九世紀に英国人の従者としてやってきたヒンズー教徒とシーク教徒は、九八年までに国外に去ったが、数十人のブハラ・ユダヤ人たちが、まだ留まっている。

タリバンの暫定政府の下で厳格なイスラム法が施行されている。モスクで祈りを捧げる市民（ロイター）

スンニ・ハナフィ学派の信条は、本質的に非階層的、非集権的であり、二〇世紀の支配者たちが、その強く中央集権的な国家システムに、宗教指導者たちを組み入れることは困難だった。しかしこのことは、何世紀もの間、アフガニスタンの緩やかな連邦の仕組みにとっては、素晴らしく好都合だった。

アフガニスタンの伝統的イスラムは、国家の干渉ができるだけ少ない、最小の政府を望んできた。すべての決定は部族とコミュニティによって実行された。パシュトゥン人の間では、村のムラーたちは、多くが教育を受けてはいないが、モスクを村での生活の中心として守った。

タリブつまりイスラム学生たちは、部族地域ごとに分散している村のマドラサ（イスラム学校）で学んだ。中世ではヘラートがアフガニスタンのマドラサ制度の中心だったが、一七世紀以降、アフガン宗教学徒たちは、ウレマ（法学者）階級に属することを目指し、より有名なマドラサで学ぶため中央アジア、エジプト、インドに旅した。

一九二五年にアマヌラ王が民法を導入し、カジつまりイスラム裁判官になるウレマたちの訓練を国が行いはじめるまでは、イスラム法が法的手続きを支配していたために、イスラムはアフガンに深く根づいていた。一九四六年、カブール大学にシャリーア（イスラム法）学部がつくられ、新しい民法をイスラムと融合するための中心になった。伝統と近代の融合は、王制最後の首相で、一九七三年に打倒されたモハメド・ムサ・シャフィクによって体現された。シャフィクはマドラサそしてカブール大学シャリーア学部で学び、他の学位を取るために、ニューヨークのコロンビア大学に行った。一九七九年に共産主義者たちによって処刑されたとき、かれの死は多くの人々によって悼（いた）まれた。

だから、一九七九年にムラーたちが急進的なイスラム・ムジャヒディン政党に加わらず、モハメド・ナビ・モハメディが率いるイスラム革命運動や、ユヌス・ハリスが率いるイスラム党ハリス派のような、より伝統的な部族的政党に加わったことも、驚くに当たらなかった。この二人はモールヴィ（高位の宗教指導者）で、一時パキスタンのハッカニア・マドラサで学び、それからアフガニスタンで自分のマドラサをつくった。ソ連侵攻後、かれらは集権的でも、思想的でも、階層的でもない、緩い組織をつくったが、CIA（米中央情報局）―ISI（パキスタン軍統合情報部）の武器給与ルートがより急進的なイスラム諸党を支援したために、急速に弱体化した。

アフガニスタンにおけるイスラムが穏健である理由は、中央アジアとペルシャで生まれた神秘主義イスラムのスーフィズムの影響が、非常に大きかったことだ。スーフィはアラビア語で「羊毛」を意味し、初期のスーフィ信者たちが粗い羊毛の外套を着ていたことに、この名は由来している。「道」を意味するスーフィの教団タリーカは、中世における権威、教養主義、法とムラーに対する反抗で、貧乏人、弱者たちに巨大な影響力を持った。スーフィはその信仰を、祈り、黙想、踊り、音楽、身体を震わせたり周回するなどの儀式で、永遠の真理を探求することの上に築く。これらの儀式は、人々の心の中に、他者が触れることのできない精神的空間を創造する。七世紀も前に、有名なアラブ人旅行家イブン・バットゥータはスーフィズムについて書いている。

「スーフィの生き方の基本的な目的は、神から人間を閉ざしている感覚のベールに穴をあけ、それによって神との交わり、神への吸収を得ることにある」

アフガニスタンの二つの主なスーフィ教団はナクシュバンディヤとカデリーヤ。ムジャヒディン諸党や民族グループの外で、組織や同盟のネットワークを提供し、反ソ抵抗の統一に重要な役割を果たした。これら教団の指導者たちはともに卓越していた。ムジャデディ家がナクシュバンディヤの指導者となり、何世紀にも亘(わた)ってカブールのキング・メーカーを務めた。

一九七九年一月、共産主義者たちは潜在的ライバルをなくすため、カブールでムジャデディ家の家族七九人を殺す蛮行を働いた。生き残った一人、シブガトゥラ・ムジャデディはかれ自身の抵抗政党アフガニスタン民族解放戦線をペシャワルで設立、急進的イスラム諸党に対する厳しい批判者になった。かれは一九八九年、アフガニスタン暫定政府の大統領に指名され、九二年には初代ムジャヒディン議長になった。

カデリーヤ教団の指導者、ピル・サイド・アハヌド・ギラニはザヒル・シャー元国王と姻戚関係があり、ペシャワルにアフガニスタン民族イスラム戦線を設立した。両指導者はザヒル・シャーの支持者で、ムジャヒディンの指導者たちの中で最も穏健だった。九九年、かれらは政治に復帰し、新たに平和民族統一党を設立、タリバンと反対勢力の間を仲介しようとした。

タリバン以前に、イスラム過激主義がアフガニスタンで勢力を大きくしたことはなかった。スンニ・ハナフィ学派内には、サウジアラビアで信仰されてきた厳格な宗派ワッハーブ派がある。この派はアブドル・ワッハーブ（一七〇三〜九二）によって、アラブ・ベドウィンをスーフィズムの影響から浄化する運動として始まった。一九七〇年代の石油ブーム以降、ワッハーブ派の拡大はサウジの外交政策の主な目的になった。中央アジアでは一九一二年、メディナ生まれのサイド・シャーリ・モハメドがタシケントとフェルガナ盆地で細胞組織をつくったのがワッハーブ派の初めだった。ワッハーブ派はその地と英領インドからアフガニスタンに入ってきて、反ソ戦争前には小勢力を保っていた。

しかし、サウジアラビアの武器と金が、同じくサウジアラビアで教えを受けたパシュトゥン人のワッハーブ派指導者たちに流れ込み、小勢力ながら頭角を現した。戦争の初期、サウジアラビアは同国に長く住んでいたアフガン人、アブドル・ラスル・サヤフを送り出し、ワッハーブ派のイスラム統一党をペシャワルで結成させた。サラフィとも呼ばれるワッハーブ派アフガン人は、スーフィと伝統的な部族的諸党に対する反対活動を活発に行ったが、一般アフガン人はワッハーブを外国の教養とみなしてひどく嫌ったため、かれらは布教活動ができなかった。反ソ聖戦に参加したウサマ・ビン・ラディンを含む、アラブ人ムジャヒディンたちは、豊富な資金と武器を自由に動かせたために、小人数のパシュトゥン人信奉者を獲得した。

政治的イスラムの失敗

ＣＩＡ―ＩＳＩの武器供与ルートのおかげで、聖戦の推進力は急進的イスラム諸党が担った。ヘクマティアルとマスードは一九七五年、不成功に終わったダウド大統領への反乱に参加した。イスラム急進派はパキスタンに逃げたが、イスラマバードは将来、アフガニスタン政府への圧力材料として使うためにかれらを保護した。だから七九年、ソ連がアフガニスタンに侵攻したとき、パキスタンは、すでに聖戦を推進する力のあるイスラム急進派を、自らのコントロールの下に持っていた。ジア・ウル・ハク大統領はマスードが自立的になり、パキスタンのコントロールを激しく批判するようになるまで、ＣＩＡの軍事援助をそっくり、これらの諸党に引き渡すよう固執していた。

これらのイスラム諸党指導者たちは、大学教育を受けた新しい階層の出身で、ヘクマティアルはカブール大学工学部、マスードはカブールのフランス系リセで学んだ。かれらはパキスタンで最も急進的な政治的イスラム政党、イスラム協会から感化を受けた。一九二八年にエジプトで設立され、イスラム革命とイスラム国家創設を目指したムスリム同胞団にこの協会は感化されていた。イスラム同胞団を設立したハッサン・アルバンナ（一九〇六～七八）は、一九四一年にパキスタン・イスラム協会をつくったアブルアラ・マウドゥディに大きな影響を与えた。

ムスリム世界における古い同胞団の運動は、植民地主義を打倒するために、民族主義あるいは共産主義革命ではなくイスラム革命を望んだ。これらのイスラム主義者たちは、伝統的なムラーたちに反対し、現地出身の新植民地エリートとの妥協を拒否し、急進的な政治変革を求めた。それは預言者ムハンマドがメッカとメディナに築いた真のイスラムの社会を再現するとともに、近代世界に挑戦する変革だった。かれらは民族主義、民族性、部族的分断、封建的階級構想を否定し、ムスリム世界、すなわちウンマ（イスラム共同体）を再統一する新しいムスリム国際主義を提唱した。この目的を実現するため、パキスタン・イスラム協会やヘクマティアルのイスラム党は、共産党と同様な細胞編成、極端な秘密保持、政治教育、軍事訓練を実施する高度に集中した政党を結成した。

政治的イスラムの同胞団モデルが持つ最大の弱点は、民主的な組織ではなく、一人のカリスマ的指導者、アミールに頼ることである。急進的イスラムの理念は、組織が創るのではなく、指導者の性格や純粋さ、かれの徳性と資質、かれの個性が預言者ムハンマドの高さに近づくことができるか、といったことによって形成される。もし、社会が真にイスラム的であれば得られるはずの各個人のイスラム的徳性を、こうした運動は前提としている。だからヘクマティアルの場合のように、このモデルはいつも独裁を許すことになる。

にもかかわらず急進的イスラム主義者たちは、タリバンと比べれば、近代的で前向きだ。かれらは女性の教育と社会生活への参加に好意的だった。かれらはイスラム的経済、銀行システム、対外関係、より公平で正しい社会システムのための理論を発展させた、あるいは発展させようと努めた。しかし、急進主義者たちには、アフガニスタンのマルクス主義者と同様の弱点と限界があった。それは、アフガン社会特有の非常に多様な社会的、宗教的、民族的アイデンティティを統合する、幅広い思想を拒否したことであった。

アフガン共産主義者もイスラム主義者も、ともに上からの革命によって伝統的社会構造の急進的変革をしようと望んだ。かれらは命令によって人々を部族と民族から引き離すという不可能なことを望み、地上の複雑な現実を受け入れようとはしなかった。

アフガニスタンのイスラム主義者たちの政治的失敗、現実にもとづいた変革の理論を生み出す能力の低さは、ムスリム世界に広く見られる現象だ。フランスの学者オリビエ・ロワはそれを「政治的イスラムの失敗」と呼んでいる。二〇世紀のムスリム社会は、二つの矛盾した構造に分けられていた。一方は氏族、部族そして民族グループ、他方は国家と宗教である。それはまた、小さなグループ対大きなグループあるいは部族対ウンマ（イスラム共同体）の矛盾であり、忠誠と責任をどこに対して持つかという問題であった。アフガニスタンのイスラム主義者たちは、この二分する矛盾を解決するのに失敗した。

タリバンとデオバンド主義

タリバンはイスラム改革運動として姿を現した。イスラムの歴史を通じて、ムスリム遊牧部族が他のムスリム帝国を破壊し、変え、そして、かれら自身が都市住民化し、後に破壊されたことが繰り返されたように、イスラム改革運動は信仰と政治的、社会的生活を変化させた。この政治的変化はいつも、ジハード（聖戦）の思想によって可能となった。中世のキリスト教十字軍によって大きく影響されている西側の思考は、常に聖戦を非信者に対するイスラムの戦いだととらえてきた。しかし、本質的に聖戦はより良き人間になり、自らを改善し、コミュニティを助けるための、ムスリムの内部闘争なのである。聖戦はまた、神への服従と地上に対する神の命令の実践を試す場なのである。

「ジハードとは道徳的規律とイスラムへの帰依、そして政治行動に関する内部闘争である」（バーバラ・メトカーフ『一八六〇～一九〇〇年英領インドにおけるイスラム復興』）

イスラムはまた、不正義の支配者に対する反乱を容認しており、支配者がムスリムであろうとなかろうと、聖戦は変革を達成するために人々を動かすメカニズムとなっている。

預言者ムハンマド自身、腐敗していたアラブ社会に対して、深い宗教的、道徳的怒りをもって反乱した。預言者の人生は、完全なムスリムの行動と政治的変革のための聖戦モデルになった。だからタリバンは、強欲な軍閥たちを攻撃するときには預言者の精神を感じつつ行動している。

聖戦は、民族や宗派を理由にムスリムを殺すことを容認してはいないが、非パシュトゥンを恐れさせているのは、タリバン流の聖戦の解釈だ。タリバンは腐敗した、悪魔のムスリムに対する聖戦だと主張しているが、少数民族はかれらが非パシュトゥンを絶滅する口実として、イスラムを利用しているとみなしている。

タリバン運動の出現は、反ソ戦争の中で有力になったイスラム主義の潮流を反映したものではまったくない。タリバンのイスラム、聖戦そして社会変革についての解釈は、アフガニスタンでは異端であった。タリバンは同朋団から影響された急進的イスラム主義者でも、神秘的なスーフィでも、伝統主義者でもなかった。かれらは一九七九年から九四年の間にアフガニスタンで現れたどのイスラム思想、運動のスペクトルにも一致しない。三つの潮流（急進的イスラム主義、スーフィズム、伝統主義）のすべてが堕落し、正統性が崩壊し、露骨で強欲な権力闘争となったために、タリバンが満たすことになる思想的真空状態が生まれた、といえるかもしれない。

タリバンはかれら以外の誰をも代表するものではなく、かれら自身のイスラム以外は認めない。しかし、かれらはパキスタンのイスラム諸党がアフガン難民キャンプで説教していた、デオバンド主義の極端な形に思想的基盤をおいている。デオバンドはスンニ・ハナフィ学派の分派で、アフガニスタンにもその足跡はあるが、タリバン流解釈に似た教義はムスリム世界のどこにも存在しない。

デオバンドは英領インドで生まれた。非ムスリムに支配される植民地の中で、生きるために苦闘するムスリム社会を改革し、団結させようとする前向きな運動であり、反動的ではなかった。その主な理論家はモハメド・カシム・ナナウタウィ（一八三三～七七）とラシッド・アハメド・ガンゴヒ（一八二九～一九〇五）で、インド中部のデオバンドに初めてマドラサをつくった。

一八五七年のインドの反乱は、かつて反英反乱に決起して厳しく弾圧されたインド人ムスリムたちにとって一つの転機となった。反乱の余波の中で、その地位を復興しようとするインド人ムスリムの間にいくつもの哲学的、宗教的潮流が現れた。それらはデオバンドから親西側の改革派まで出そろい、英国式のアリガル・ムスリム大学のような、イスラムとリベラルな芸術と科学を教え、ムスリムの若者が英国人支配者たちに追いつき、成長しつつあるヒンズー教徒エリートと競争できるような教育を目指す大学を設立した。

これらの改革派はすべて、新しい、近代的なムスリムを創り出すかぎは、教育だと考えていた。デオバンドは、知的学習、精神的経験、イスラム法そしてタリカト（道）にもとづくイスラム的価値を再生するため、教育あるイスラム新世代を訓練することを目指した。かれらはイスラム法をいかに解釈するかを学生たちに教えることによって、古典的なイスラム法典と現実を調和させようとした。デオバンドは女性の役割については規制的な見解をとり、シーア派を拒否してはいたが、タリバンはデオバンドの創設者たちが決して認めようとしなかった極端な信条をとることになった。

デオバンドはインド各地にマドラサを設立、植民地主義に対してイスラムがどう対応できるか、もっと知りたいと求めるアフガン学生たちもやってきた。一八七九年には、デオバンドのマドラサがインド各地に一二校あり、「乱暴で短気」と評されたアフガン学生もたくさん在学していた。一九六七年、デオバンドが一〇〇年祭を祝ったときには、南アジアの各地に九〇〇〇のデオバンド・マドラサがあった。

二〇世紀初頭、アフガン政府は近代的な国営マドラサをつくり、デオバンドに協力を求めた。デオバンド・マドラサのウレマたちが一九三三年、ザヒル・シャー国王の戴冠式のためにカブールを訪れた。デオバンドの代表たちは「この変化の時にあたり、ウレマたちを提供する。かれらはイスラム世界の自由な政府のために全力で協力し、国家のためにまじめに働く者であることを証明するだろう」と言った。アフガン政府によって二、三校のデオバンド・マドラサがつくられたが、パシュトゥン地帯でさえも、あまり人気がなかった。

パキスタンでは、デオバンドのマドラサは、一九四七年に初めてつくられてから、急速に発展した。デオバンドは、かれらの信仰を広め、信者のコミュニティを動かすための純粋な宗教運動として、ＪＵＩ（ウレマ・イスラム協会）を設立した。六二年、北西辺境州の同党指導者、モーラナ・ムフティ・メヘムードが同州のＪＵＩのパシュトゥン分派を握り、大衆的な政党に改革した。ムフティ・メヘムードのＪＵＩは、七〇年の総選挙で、軍事政権の反対勢力を支持する運動の主役を務めた。かれは二二項目のイスラム的目標を宣伝したが、その中には進歩的な社会プログラム、強い反米、反帝国主義の立場を含んでいた。ＪＵＩの運動はイスラム協会との間での激しい反目を生み、今日までこの二大イスラム政党の亀裂は続いている。

パキスタンでのＪＵＩの歴史は、アフガニスタンと直接関係はないが、デオバンドの教義は、タリバンに対して主要な宗教的、思想的影響を与えることになった。八〇年代、パキスタンの対アフガニスタン政策は、イスラム協会と、それとは別にパキスタン内部でＪＵＩの主なライバルになっている、ヘクマティアルのイスラム党の助けを得て進められた。イスラム協会とＩＳＩ（軍統合情報部）の結び付きは、ムジャヒディンに援助を配布するうえで、重要な政治的仕組みとなった。メヘムードの息子、ファズル・レーマンが新党首になったＪＵＩには、政治的役割が与えられず、親デオバンドのアフガン・ムジャヒディン・グループはほとんど無視された。

しかしＪＵＩは、この期間に、北西辺境州のパシュトゥン地帯とバルチスタンに数百のマドラサを設立、パキスタン人の若者とアフガン難民に、無料の教育、食糧、避難場所、そして軍事訓練のチャンスを提供した。これらのマドラサはソ連崩壊後を担うアフガンの新世代を訓練することになった。デオバンドが政治的支持を得られなかったとはいえ、ジア・ウル・ハク大統領の軍事政権はすべての宗派マドラサに資金を与えた。一九七一年にパキスタンでは九〇〇校のマドラサしかなかったが、ジア時代最後の一九八八年の終わりには、八〇〇〇校の登録マドラサと、二万五〇〇〇の未登録校があり、五〇万人以上の学生を教育していた。パキスタンの国家教育システムが、徐々に破壊しつつあり、これらのマドラサは貧しい家庭の子どもたちにとって、みせかけだけでも教育を受ける唯一の道になってきていた。

これらのマドラサのほとんどは、田舎とアフガン難民キャンプ内にあり、初期デオバンド学校の改革派の目標からはかけ離れた、教育程度の低いムラーたちによって運営されていた。かれらのイスラム法解釈は、パシュトゥン人の部族的掟であるパシュトゥンワーリに大きく影響されていた。一方、サウジアラビアからの資金は、ワッハーブ派に同調するデオバンドのマドラサや政党に贈られ、ソ連との聖戦を戦ったムジャヒディンたちに対してひどく冷笑的な、若い過激派をつくりだした。ムジャヒディンがカブールを占領した一九九二年以後、ISIは、南部パシュトゥン人たちへのJUIの影響力拡大を無視し続けていた。JUIは政治的に孤立し、第一次ベナジル・ブット政権（一九八八〜九〇年）、第一次ナワズ・シャリフ政権（一九九〇〜九三年）で野党だった。

ハッカニアの卒業生

しかし九三年の総選挙で勝利した、ベナジル・ブット率いるパキスタン人民党（PPP）にJUIは協力し、連立与党に加わった。初めて権力につながったJUIは、軍、ISIそしてナセルラ・ババル退役将軍が大臣の内務省と密接な結びつきを持つことになった。

ババルは、アフガニスタンでのパシュトゥン人の未来を復興し、アフガニスタン経由で中央アジアに至る貿易ルートをパキスタンにもたらす、新しいパシュトゥン・グループを探していた。ＪＵＩは、かれにその機会を提供した。ＪＵＩ党首ファズル・レーマンが、国会の外交常任委員長に任じられ、初めて外交政策に影響力を行使することが可能になった。かれはその地位を利用して、ワシントンと欧州諸国を訪問してタリバンへの支持を求め、サウジとほかの湾岸アラブ諸国では資金援助を求めるロビー活動を展開した。

中央から指導される態勢もなく、著名な、あるいは学識の高いムラーがまったくいないままスタートした地方のマドラサで、デオバンドの伝統は何十人もの逸脱者をつくりだし、ＪＵＩの主流から外れた過激派が生まれ始めた。最も重要なＪＵＩの分派を率いたのはサミウル・ハクで、上、下両院議員を務めた宗教・政治指導者。かれのマドラサはタリバン指導者の主要な訓練場になった。九九年時点のカブールのタリバン政権で、少なくとも八人の閣僚が、ハクのマドラサ、ダルルウローム・ハッカニアの卒業生であり、何十人もの卒業生がタリバンの州知事、軍司令官、判事、官僚として仕えていた。ムジャヒディンの指導者だったユヌス・ハリス、ナビ・モハメディもハッカニアで学んだ。

ハッカニアは北西辺境州のアホラ・ハタクにある。イスラマバード－ペシャワル間ハイウエー沿いの雑多に散らばる建物群だ。寄宿舎付きの学校に一五〇〇人、全日制の高校に一〇〇〇人の学生が学んだ。他に傘下の小さなマドラサ一二校がある。同校は一九四七年、サミウル・ハクの父で、デオバンドで学び教師となったモーラナ・アブドル・ハクによって開かれた。ハッカニアには八年制のイスラム研究大学院があり、さらに二年研究するＰｈＤ（博士）コースもある。一般からの寄付金で運営され、学費は無料。

一九九九年二月、マドラサには一万五〇〇〇人の応募者がひしめいていた。このパキスタン北部で最も人気の高いマドラサで、新しく約四〇〇人の増枠分が募集されたのだ。陽気だが敬虔なムスリムで、ユーモアのセンスにあふれ、赤いあごひげのサミウル・ハクは、マドラサでは常にアフガン学生のため四〇〇人ほどの枠が用意されている、とわたしに語った。一九九一年以来、タジキスタン、ウズベキスタン、カザフスタンからの学生六〇人を受け入れていた。かれらはこれらの国の反体制勢力に加わろうとしており、パスポートもビザも持たずにパキスタンに入国してきた。

ハクはＩＳＩに長い間、無視されてきたことを、苦々しく思っていた。

「ＩＳＩは常にヘクマティアルとカジ・フサイン・アハメド（イスラム協会党首）を支持し、われわれは無視されてきました。パシュトゥン地域でロシアと戦った司令官たちの八〇パーセントが、ハッカニアで学んだのに」とオフィスの粗い絨毯の上に座って、九九年クラスへの入学願書を手にしたひげ面の学生たちに囲まれながら語った。

「ヘクマティアルは、五パーセントの人々の支持しかなかったのに、ＩＳＩの軍事援助の九〇パーセントを受け取っています。われわれはそのことを絶対に認めなかったし、タリバンの到着とともに、アフガニスタン人民の支持は、われわれの懐に入ってきました」と大きな笑声を立てながらつけ加えた。

「九四年以前には、わたしはムラー・オマルを知りませんでした。かれはパキスタンで学んだことがないからです。しかし、かれの周りにいるのはすべてハッカニアの学生たちで、何をなすべきかを論議するためにしばしばわたしに会いに来ます。わたしはかれらに党を作らないように忠告します。なぜなら、ＩＳＩはムジャヒディン政党を、互いに争わせようとしているからです。わたしはかれらに、学生運動を始めるように言いました。タリバン運動が始まったとき、ＩＳＩに『学生たちにアフガニスタンを取らせよう』と伝えました」とハクは語った。

サミウル・ハクはムラー・オマルを深く尊敬している。

「一九九六年にカンダハルに行ったとき、初めてオマルに会いました。わたしはかれがアミールウル・モミンイーンに選ばれたことを誇りに思いました。かれにはカネも部族も家系もありませんが、すべての人々の尊敬を受け、アラーが指導者に選んだのです。イスラムによれば、平和をもたらすことのできる人間だけが、アミールに選ばれるのです。イスラム革命がパキスタンで起こるときには、それはわたしのような古い過去の指導者ではなく、かれと同じように大衆の中から現れる、未知の人間によって指導されるでしょう」

サミウル・ハクは、常にオマルと接触しており、国際関係でかれを助け、重要なイスラム法の決定の際には助言している。かれはまた、タリバンのために戦うパキスタン人学生を募集するときに主な組織者となる。九七年にタリバンがマザルで敗北した後、かれはオマルから電話で助けを求められた。かれはマドラサを閉鎖して、全学生をタリバンとともに戦うために送り出した。九八年、マザルの戦いの後、ハクはタリバンの兵力増強のため、北西辺境州でマドラサ一二校代表の会合を組織した。すべてのマドラサが一ヵ月間、マドラサを閉鎖することに同意、八〇〇〇人の学生をアフガニスタンに送った。パキスタンのデオバンド・マドラサからタリバンが受けた支援は、頼りにできる重要なもので、政府や情報機関からの援助とはまったく異なっていた。

イスラム原理主義の新しい顔

他のＪＵＩの分派は、カラチ郊外ビノリの町でウローミ・イスラム協会マドラサを開いている。故モーラビ・モハメド・ビノリが設立、数百人のアフガン人を含む八〇〇〇人の学生がいる。タリバン政権の閣僚数人もそこで学んだ。同校は四五ヵ国のムスリムたちからの寄付を受けている。「われわれが受けている寄付はアラーからの祝福です」と教師の一人、ムフティ・ジャミルは述べた。「われわれはタリバンを教えたことを誇りにしており、かれらが厳格なイスラム法を実施していることから、かれらの成功を常に祈っています」とつけ加えた。

ビノリは九七年、タリバンに加わる学生六〇〇〇人を送り出した。九七年一一月、ビノリの学生たちは、かれらの教師三人が暗殺されたため、カラチに行って暴動を起こした。かれらは警察官と戦い、車やビデオ店を壊し、カメラマンをなぐった。パキスタン最大の最も国際的な都市が初めて経験したタリバン型の騒乱だった。

もう一つの過激なＪＵＩ分派は、シパへ・サハバ党（ＳＳＰ）。パキスタンでは最も敵意が強い反シーア派グループで、タリバンに支持されていた。九八年、数百人のシーア派がＳＳＰによって虐殺された後、政府がＳＳＰを弾圧、支持者たちは聖域を提供したカブールに逃亡した。数百人のＳＳＰ過激派はタリバンとビン・ラディンによって運営されるホスト訓練キャンプで訓練を受け、数千人のＳＳＰメンバーがタリバンとともに戦ってきた。九八年、米国は同キャンプを巡航ミサイルで攻撃した。

ＪＵＩは、子分筋のタリバンから大きな利益を受けることになった。イスラム急進主義の有力後援者として、ＪＵＩは初めて国際的な名声と影響力を得た。

パキスタン政府とＩＳＩ、ＪＵＩ、サウジアラビアはじめ他の湾岸諸国もタリバンを無視できなくなった。軍事訓練と非アフガン人ムジャヒディンの隠れ家として使われてきたアフガニスタン内の各キャンプは、当初、ヘクマティアルによって運営され、後にタリバンが獲得、さらにＳＳＰなどのＪＵＩグループに引き渡された。九六年、タリバンはパキスタン、アフガニスタン国境ホスト近くのキャンプ・バドルを、ファズル・ハリル率いるハラカット・ウル・アンサルに渡した。これもＪＵＩの分派で、過激な戦闘派として知られ、アフガニスタン、カシミール、チェチェン、ボスニアで戦うためにメンバーを派遣した。このキャンプも二年前、米国の巡航ミサイルで攻撃された。

タリバンと一部のパキスタン・デオバンド過激グループの結びつきは、共通の基盤に立っていたために固かった。国境の両側のデオバンド指導者数人は、カンダハル周辺とパキスタンのチャマンを中心にしたドゥラニ・パシュトゥン出身だった。ドゥラニの伝統は、部族的、封建的構造に反対しており、部族構造や氏族長に対するタリバンの不信はそこに源がある。タリバンは部族や氏族の長の指導的役割を排除していた。デオバンドもタリバンもシーア派とイランに対する激しい敵意でも手を結んでいた。いまやパキスタンのデオバンドはタリバン型のイスラム革命をパキスタンで望んでいる。

タリバンは明らかに、デオバンドの学習と改革の伝統を硬直さで卑しめた。そうしてタリバンは、新しい急進的な、この地域の諸政府にとってはきわめて危険な、イスラム革命のモデルとなった。ヘクマティアルとマスードは近代主義に反対しなかった。それとは対照的に、タリバンは近代主義に激しく反対し、進歩と経済開発についての近代思想を理解したり採用したりしようとしなかった。

タリバンはイスラムとアフガニスタンの歴史、イスラム法とコーランの知識、二〇世紀のイスラム世界での政治的、理論的発展について貧弱な教えしか受けていなかった。二〇世紀のイスラム急進主義には、学究的な文献と論議の長い歴史があるが、タリバンにはこうした歴史的考察も伝統もない。タリバンには、イスラムやアフガン史に関するイスラム的に明白で学究的な分析もない。世界中の急進的イスラムの論議に対する見解表明はわずかだし、かれら自身の歴史についてのそれはより少ない。こうしたことが、ムスリムの間での論議さえ認めない反啓蒙主義を生み出した。

タリバンの純粋主義的イスラム革命の新モデルは、パキスタンで、さらに限られてはいたが中央アジアの各共和国で大きな反応を引き起こした。アイデンティティの危機、経済的破綻、民族的、宗派的分裂、良い政治ができない強欲な支配エリートたちに包み込まれている、弱体な国家パキスタンは、いま新たなイスラムの波に直面している。それは古い、より円熟した、融通のきくイスラム諸党によってではなく、新タリバン型のグループによってである。

九八年までに、パキスタンのタリバン・グループは、パシュトゥン地域の町でテレビとビデオを禁止し、法制度を無視して石投げ刑や手足切断刑などイスラム法による刑罰を実施、パキスタン人シーア派を殺し、タリバンの服装規則と生活方式を強制した。パキスタンの指導者たちは、その挑戦を忘れがちで、タリバンを支持し続けているようにみえるが、その支持はこのように自分の国に跳ね返ってくるのだ。中央アジア、とくにタジキスタン、ウズベキスタンではタリバンとつながるイスラム過激派が、両国にまたがるフェルガナ盆地で警察に狩り立てられている。

タリバンとその支持者たちは、ムスリムの近代化と西側からの恩恵をすべて拒否する新スタイルのイスラム過激主義をムスリム世界と西側に示した。国連人道援助機関や援助供与国との妥協、あるいは国際的承認との引き換えに、かれらの原則をやわらげることを拒否、ムスリムの支配エリートを腐敗しているとして拒絶することで、タリバンはムスリム世界の中で論議を燃え上がらせ、イスラム過激派の若い世代を刺激した。タリバンは、いかなる妥協もかれら以外の政治システムをも拒絶することによって、イスラム原理主義に次のミレニアムに向けての新しい顔とアイデンティティを与えたのである。

第7章　秘密社会　タリバンの政治、軍事組織

独裁的な仕組み

もし、タリバン出現後、一般アフガン人たちに一つだけ平和への予感と希望を抱かせたとすれば、それはタリバンが一個人による独裁ではなく、協議と一致にもとづく集団的な政治指導体制で統治したという事実だった。カンダハルのタリバン・シューラ（評議会）は、「信じる者たち」の協議の後の一致、民衆に対する思いと触れあいが重視された、初期イスラム社会のモデルに従うと言っていた。

この評議会モデルはまた、パシュトゥンの部族ジルガ（評議会）にしっかりともとづいており、そこではすべての氏族長が、部族が直面する重要問題の決定に参加した。わたしがカンダハルを訪れたはじめの頃、ムラー・オマルが決定を下す前に、司令官たち、ムラーたち、あるいは戦士たちが呼び入れられ、意見を述べ、ときには一晩中続く論議が印象的だった。

多くのアフガン人たちは当初、タリバンが権力を求めなかった事実に心を打たれた。その代わりにタリバンは、法と秩序を回復して、「良いムスリム」によってつくられる政府に権力を渡すだけだ、

と主張した。しかし九四年からかれらがカブールを占領した九六年までの間に、タリバンの決定システムは変わり、高度に中央集権的、秘密、独裁的、そして近づき難いものになった。

ムラー・オマルは、より権力的、内向的になり、国内を見回って実情を理解しようとすることや、支配下の人々と会うことを避けるようになり、タリバン運動の機構は、旧権力者ムジャヒディンと共産主義者たちのすべての欠陥を拡大してしまった。さらに九六年以降、タリバンは他のグループの参加なしに、アフガニスタンの単独支配者になることを人々に知らしめた。かれらは、この国の民族的多様性はタリバン自身の内部に十分反映されており、それを証明するために、残った非支配地域の征服も進めると断言した。

タリバンによって生み出された当初の希望は、旧ムジャヒディン指導部の世代交代の直接的な結果だった。反ソ聖戦の間、ペシャワルを本拠としたムジャヒディンの指導部は、ひどく派閥化し、個人化していた。各党は組織ではなく、カリスマ的なリーダーや軍閥たちによって維持されていた。戦争が進むにつれ、これらの幹部たちは、配下の司令官やゲリラ戦士たちの忠誠を保つため、次第に西側からの援助資金と兵器に依存するようになった。かれらはアフガニスタン内部での支持を文字通り買うために、ペシャワルで互いに争いながら、多くの時間を費やした。

パキスタンはこの不統一を助長しただけだった。ジア・ウル・ハク将軍は一九七〇年、ヨルダン内戦で故フセイン国王を支援したパキスタン軍を指揮し、国王がパレスチナ人を弾圧するのに助力した。かれは聖域を与えられた統一ゲリラ運動が、その国に与える脅威を直接、目撃した。そこでハクは、ムジャヒディン諸党を単一の指導部がない、不統一のままにしておくことによって、その指導者たちをパキスタンと西側の大スポンサーに従順でいさせることに成功した。

しかし、ソ連軍が撤退した一九八九年、そしてまたナジブラ政権が崩壊した九二年に、イスラマバードは共産主義政権に代わる政権を樹立するため、ムジャヒディン指導部の統一を強く求めた。しかし、かれらの不統一ぶりは、高額な買収をしてもとうてい修復できない有様だった。この不統一のために、その後、アフガニスタンでは挙国一致政府が樹立できなかった。

反ソ抵抗運動指導部内の第二のグループは野戦司令官たちで、かれらはペシャワルの幹部たちの不統一と腐敗、外国の言いなりになって安住していることに、不満を募らせていた。厳しい戦争の中での自然な成り行きとして、かれらはペシャワルにいる幹部たちの不統一にもかかわらず、互いに協力し合った。

野戦司令官たちは、大きな統一の仕組みを熱烈に望んでいた。イスマイル・ハンは八七年七月、ゴウル州で野戦司令官たちの会合を初めて開いた。アフガニスタン全土から約一二〇〇人の司令官たちが参加した。そこで採択された二〇項目の決議の中で、最も重要なことは、ペシャワルの指導者たちに代わって、かれらがこの政治運動を指導する要求だった。

「アフガニスタンの未来を決定する権利は、流血の前線で戦い続け、いつでも犠牲者になれる者、犠牲者の後継者たち、残壕(ざんごう)の中のムスリムたちとともにある。かれら以外の誰も、国家の運命にかかわる決定を下すことは許されない」

約三〇〇人の司令官が九〇年七月、パクティアー州で、一〇月にバダフシャーン州で会合した。しかし民族的、個人的な対抗関係と、九二年にカブールをムジャヒディンが占領した際の各勢力間の競争で、この司令官たちの一致協力が破綻(はたん)してしまった。カブール占領をめぐる争いで、北部と南部、パシュトゥンと非パシュトゥンとの間の分裂が表面化した。アハマド・シャー・マスードは、九二年カブールを占領したときさえも、パシュトゥンの司令官たちと妥協する包容力がなく、ヘクマティアルに敵対し、自らの政治的声価を大きく低下させてしまった。九八年にタリバンが北部を征服するまで、マスードはパシュトゥン人の信頼を回復できなかった。

抵抗運動指導部の三番目のグループは、学者、知識人、実業家、そしてテクノクラートたちで、かれらはカブールからペシャワルに逃げ出してきた。その多くが党派に属さず、抵抗勢力の統一のために尽力していた。しかし、この教育水準の高いアフガン人たちのグループは、ペシャワルの諸党からもパキスタンからも、重要な政治的役割を決して与えられなかった。その結果、多くがペシャワルを離れて外国に行ってしまい、アフガン人専門家の離散者に加わった。アフガン人の間でのかれらの政治的影響力はわずかになり、九二年のムジャヒディンによるカブール占領後、国家再建にかれらが必要になったときに、かれらはいなかった。

パシュトゥン人のウレマたちやマドラサの教師たちは、一部がペシャワルの党幹部に、あるいは野戦司令官になるなど、抵抗運動全体に分散していて統一組織を作らず、ムジャヒディン内で強力な存在になったことはなく、九二年までにはかれらの個人的な影響力も、大きく失われていた。ウレマたちは結局タリバン型の運動に取り込まれてしまう。

一九九四年、タリバンが出現したとき、古い、けんかばかりしている抵抗運動の指導部だけが残っていて、ラバニ大統領はかれらをまとめることに失敗した。パシュトゥン地域は、指導部がまったく存在しない真空状態で、南部では軍閥がはびこっていた。タリバンは、旧ムジャヒディンの指導者たちを腐敗した余計者だと単純に考えていた。タリバンは、かつてかれらの教師だったウレマ出身の一部指導者を崇拝してはいたが、運動の政治的役割を与えようとはしなかった。タリバンはまた、独立心の強い野戦司令官にはいかなる好意も示さず、九二年以後のパシュトゥン勢力の総崩れについて、かれらを非難していた。タリバンに降伏した重要な野戦司令官たちは、タリバンの軍事組織内で昇格することは決してなかった。タリバンは、アフガン知識人とテクノクラートを、嫌悪する西側あるいはソ連型教育システムの産物だとして、完全に拒絶した。

タリバンの出現は、共産主義支配体制が崩壊した後の分裂状態、ムジャヒディン指導部への不信、伝統的部族指導部の消滅などが、同時に並行していたという、歴史的幸運にめぐり合っていた。古いパシュトゥン指導部のわずかな残存物を一掃することは、タリバンにとってやさしいことだった。このため、パシュトゥン内部では、タリバンと支配を争う政治的挑戦はなかった。

だからかれらは、より部族的な民主主義、草の根組織を築く好機だった。イスラムの正統性を浸透させつつ、人々の求めにこたえることができたはずだが、タリバンは、その能力も意思もないことを証明した。かれらはまた、非パシュトゥン民族グループの代表を含める統治の仕組みを作ることを拒絶した。

パシュトゥン地域でのかれらの卓越した地位は、新たな集団指導体制の下で、アフガン民族の複雑なモザイクを統一する柔軟性を持たない限り、北部での似た存在を許すはずがなかった。その代わり、タリバンが最終的に創り出したものは、「カンダハリ」が主として動かす秘密社会で、カンボジアのクメール・ルージュやイラクのサダム・フセインがやったような、神秘、秘密、そして独裁的な仕組みだった。

「カンダハリ」と評議会

タリバンの最高決定機関は最高評議会（シューラ）で、ムラー・オマルが一回しか離れたことがない（九六年にカブール訪問）、そして、かれがアフガニスタンの新しい権力中枢に変えたカンダハルに置かれたままだった。評議会は、主にドゥラニ・パシュトゥン人でオマルの初めからの友人と仲間たちによって占められていた。かれらはカンダハル、ヘルマンド、オールズカーン三州の出身者にもかかわらず、「カンダハリ」と呼ばれるようになった。最初の評議会メンバーは一〇人だったが、評議会の会合には軍事司令官、部族長老、ウレマたちも参加、しばしば五〇人もの会合になって、緩やかで、無定形なものだった。

評議会の当初メンバー一〇人のうち、六人はドゥラニで、モールヴィ・サイエド・ギアスディンがバダフシャーン出身の唯一のタジク人だった（かれは長い間、パシュトゥン地域に住んでいた）。この構成は、タリバンがパシュトゥン地域にいるときにはよかったが、ヘラートとカブールを占領した後、評議会は住民をまったく代表しないものになった。カンダハル評議会は、ギルザイ・パシュトゥン人や非パシュトゥン人を十分含む構成に広げられることは、決してなかった。それは狭い基盤のまま集中し、全民族の利益を代表することはできなかった。

カンダハル評議会のほか、二つの評議会がある。第一はカブール評議会で、閣僚代理による閣議。

第二は軍事評議会である。九八年のカブール評議会メンバーは一七人で、少なくとも八人がドゥラニ、三人がギルザイ、二人だけが非パシュトゥン人であった。カブール評議会は政府とカブール市さらにカブール戦区を担当しているが、重要事項は、実際に決定が行われるカンダハル評議会に伝えられる。

カブール評議会やその長のムラー・モハメド・ラバニによる、ジャーナリストへの取材旅行や国連の新規援助計画の許可といった、それほど重要でない決定でさえも、しばしばカンダハル評議会によって、くつがえされた。カブール評議会がアフガニスタン政府の役目を果たすために、いかなる決定を下すことも、カンダハルとの長い協議、無期限の遅延なしには、まもなくできなくなった。

パシュトゥン人が多数派ではないカブール、ヘラート、そして後にはマザル（マザリシャリフ）の州知事、市長、警察の長、その他の高官たちは、ダリ語も現地の混成語もしゃべれない、あるいは少ししかしゃべれないカンダハリ・パシュトゥンのタリバンによって、相変らず占められた。タリバンの柔軟性は、州知事の任命でだけ示された。九八年時点で、一一州の知事のうち、カンダハリであることが知られていたのは四人だけだった。過去においては、知事と地方高官は、地方の民族構成を反映して、地方エリートたちから登用された。タリバンは、この伝統を破り、よそ者を任命した。

しかし、タリバンの州知事の政治権力は目立って低下していった。かれらが使える資金は乏しく、重要な経済開発やパキスタンとイランから帰ってくる難民の再移住を実施する能力の低さによって、政治的、経済的、社会的役割は、いっそう小さくなった。ムラー・オマルは知事たちをコントロールし、かれらが地方権力の基盤を築くのを許さなかった。かれは定期的に知事たちを異動し、司令官と

タリバン首脳部・創設メンバー、最高評議会メンバー（1994～97）

○ムラー・ムハマド・オマル	最高指導者（アミール・ウル・モミンイーン＝信仰者の司令官）
○ムラー・モハメド・ラバニ	序列第２位の指導者（最高評議会議長）
○ムラー・モハメド・ガウス	外相代理（97年まで）
○ムラー・モハメド・ハッサン	軍参謀長
○ムラー・モハメド・ファジル	軍長官
○ムラー・アブドル・ラザク	税関局長
○ムラー・ジアスディン・アガ	情報相代理
○ムラー・ハイルラ・ハイルフワ	内相代理
○モールヴィ・アブドル・サナニ	司法相代理
○ムラー・エヘヌスラ・エヘサン	中央銀行総裁
○ムラー・アブドル・ジャリル	外相代理（97年以降）

して前線に戻した。

九七年のマザルでの敗北後、ギルザイ・パシュトゥンの司令官たちの間で、ギルザイが大きな兵力を供給しているにもかかわらず、軍事、政治の問題で相談を受けていないと、非難の声が高まった。マザルでは、最良の部隊約三〇〇〇人を失い、三六〇〇人が捕虜となり、指導者一〇人が死亡または捕まった。このためタリバンはアフガニスタン東部のギルザイ諸部族を、新たに徴募しなければならなかったが、タリバンはかれらに政治的権力を与えることもカンダハル評議会に加えるつもりもなかった。次第にギルザイは、タリバンの鉄砲玉になることを受け入れられなくなり、徴募に抵抗した。

タリバンの軍事機構はもっと秘密に包まれている。ムラー・オマルの地位も役割も定められていないが、かれは軍の最高指導者である。オマルの下に参謀総長と、陸軍および空軍の参謀長がいる。少なくとも陸軍四個師団とカブールの一装甲師団がある。しかし、将校と司令官たちの階級組織からなる明確な軍事機構はなく、部隊司令官たちは常に異動させられている。たとえば、九七年のマザルでの敗北後、北部に残った唯一のタリバン軍事グループとなったクンドゥズ遠征軍団では、三ヵ月に三回、司令官が代わり、半分以上の部隊が撤収してヘラート戦線に空輸され、経験の浅いパキスタン人、アフガン人兵士たちと交代した。

軍事評議会は緩やかな機関で、戦略を立案し、戦術的決定を実行できるが、戦略的決定を下す力はないようにみえる。軍事戦略、重要事項、攻撃のための資金割り当てはオマルが決定する。

タリバンが実施した一般徴兵制とは別に、特別なパシュトゥン地域出身の司令官たちは、それぞれ兵力を徴募し、給料を支払い、戦場での必需品を与える。そのために必要な資金、燃料、食料、輸送手段、武器、弾薬は、軍事評議会が支給する。

前線では兵士たちを訪ねる家族たちが行き来し、兵士たちは長い服務の間に一時帰宅が許される。タリバンの通常の兵力は三万人を超えたことはないが、新攻勢の前には急速に増強される。一方、九九年にはタリバンの兵力の三〇パーセントを占めていたパキスタン人のマドラサ学生は、短い期間、服務した後に帰国し、新しい学生たちが送られてくる。一万二〇〇〇人ないし一万五〇〇〇人いるマスードの正規軍とはまったく対照的な、この徴募スタイルでは、正規軍あるいは規律正しい軍隊はつくれない。

このようなタリバンの戦士たちは、パシュトゥン諸部族に長い歴史がある、伝統的部族民兵のラシュカルに似ている。ラシュカルは国王の命令によるときでも、部族の土地を守り、地域抗争を戦うときでも、常にすばやく動員されてきた。ラシュカルに加わる者は、給料をもらわず、厳格に志願兵だったが、敵からの略奪品をすべて分配した。しかし、タリバン部隊は略奪を禁じられ、当初は、新しい町を占領したとき、際立って規律正しかった。それは九七年のマザルでの敗北後、破綻してしまうが。

タリバンの兵士の大部分には給料が支払われず、かれらが一時帰宅するときに渡される金額は、司令官次第。定期的に給料が支払われるのは、共産主義下の旧政府軍から引き抜かれた専門家と、訓練された兵士たちである。パシュトゥン人の戦車兵、砲撃手、パイロットそしてメカニックたちは、より傭兵的に戦いに加わり、誰であろうとカブールを支配する軍隊に奉仕してきた。

軍事評議会のメンバーのうち数人は閣僚級で、カブール政府の混乱をいっそう大きくしている。保健相であるムラー・モハメド・アバスは、九七年のマザルでの敗北後、北部に閉じ込められたクンドゥズ遠征軍団の次席司令官だった。かれはその後、新攻勢の準備のためヘラートに送り出され、六ヵ月後に閣僚に復帰、残留していた国連援助機関を驚かせた。

中央銀行総裁のムラー・エヘヌスラ・エヘサンは、一〇〇〇人のカンダハリ・エリート部隊を指揮し、かれの財政能力の重要性が気づかれることもなしに、九七年、マザルで殺された。ヘラート州知事ムラー・アブドル・ラザクは九七年、マザルを占領、後に脱出したが、かれは九四年以来、国内いたるところで軍事作戦を指揮してきた。カンダハル、カブール評議会のほとんど全員が、身体障害者を除き、軍事司令官を務めていた。見方によっては、かれらが行政官と将軍の両方を務め、戦士たちといつも接触していることにより、タリバンの階級社会は際立った柔軟性を持てたといえる。しかし、タリバンの行政は、とくにカブールで、大きな支障をもたらした。閣僚が前線に行っている間、省内で何の決定も下せない。このシステムでは、担当職務に通じた閣僚も、行政の恩恵によって地方に権力基盤をつくりだす閣僚も生まれないことは確かだった。ムラー・オマルは、政治的に強くなりすぎた閣僚は誰でも、直前の通告だけで前線に送り返しただろう。しかし、こうした混乱の結果は、政府のない国家、明確に定められた指導部と役割分担のない組織だった。

タリバンの過剰な神秘性は、都市や、外国メディア、援助機関そして国際社会の信頼を獲得する上で、大きな障害となった。カブールを占領した後でさえ、どのようにして国民を代表する政府をつくるのか、いかに経済開発を進めるのかについて、タリバンは構想を明らかにしようとはしなかった。タリバンと政府の境界が不明確なまま国際的承認を強く求めても、統治能力への国際社会の疑念を強めるだけだった。

最高権力者ムラー・オマル

カブール評議会のスポークスマン、シュー・モハメド・スタナクザイは、比較的愛想のよい、英語を話すギルザイ・パシュトゥンで、ルウガル州出身。インドで警官としての訓練を受け、国連援助機関と外国メディアに対するタリバンの案内人になった。しかし、スタナクザイには実際の力は何もなく、メッセージを伝え、回答を得るために、ムラー・オマルに直接会うことさえできないことが、間もなく明らかになった。結局、かれに話したメッセージがオマルに届くのかどうかさえ援助機関は知ることができず、タリバンは九二年以後もカブールに残っていた、低い地位の役人たちを追放したため、混乱が拡大した。タリバンはその資格にかかわりなく、すべてのタジク人、ウズベク人、ハザラ人高官をパシュトゥン人に代えた。専門的な人材が失われた結果、各省は多かれ少なかれ機能を停止してしまった。

各省内でのタリバンの労働倫理は説明のしようがないほど低い。軍事的、政治的危機がどんなに深刻でも、カブールとカンダハルの政府オフィスが開いているのは、午前八時から正午までの四時間だけ。それからタリバンは祈りの時間をとり、長い午後の昼寝をする。夜になって、かれらは、社会的集いや会合に長い時間を使う。閣僚の机の上には書類がなく、政府オフィスに民衆の姿はない。

タリバンの幹部と役人たち数百人が、男性住民のあごひげを長く伸ばさせる運動に従事しているときには、省内ではだれも問い合わせに答えることができない。人々は各省に何かを期待することをやめた。都市の行政当局には住民代表がいないため、タリバンは占領軍とみなされている。住民の心をつかむため、タリバンが行政に努力しているようにもみえない。

しかしタリバンは、より常設的な政府をどのように、いつ設立するか、憲法を制定するのかしないのか、どのように政治権力を分配するのかに関して、何も示さないではいられなくなった。これらの問題については、タリバン幹部たちが、それぞれ異なった見解を持っていた。

「タリバンは反対勢力との交渉を望んではいるが、討議には政党を参加させないことが条件だ。タリバンのほとんどはかつて政党に属していたが、政党が起こした争いをわれわれは知っている。イスラムはすべての政党に反対している」とある閣僚は言った。

「平和になったとき、人民は自分たちの政府を選べる。しかしまず、反対勢力の武装解除をしなければならない」と他の閣僚は言った。他の閣僚たちは、タリバンだけで構成する政府を望んでいた。

九六年以後、権力はムラー・オマルの手にすべて集中するようになり、カンダハル評議会が相談を受けることはますます少なくなった。オマルの信頼が厚いワクリは、次のように説明した。

「諸決定はアミールウル・モミネーンの助言にもとづいて行われる。われわれにとっては、相談を受ける必要はない。このことはイスラム法にも合致している。たとえアミールだけがその見解だったとしても、われわれはかれの見解を守る。これからも国家元首はいないだろう。その代わりにいるのは、アミール・ウル・モミンイーンだ。ムラー・オマルは最高の権力者で、政府はかれが同意しないいかなる決定も実行できないだろう。総選挙はイスラム法と相容れないので、われわれは拒否する」

ムラー・オマルは自らの決定を実行するため、次第にカンダハルのウレマたちとカブールの宗教警察に依存するようになり、カブール政府は軽視されがちになった。カンダハルのイスラム最高裁判所長官、モールヴィ・サイド・パサナイがオマルの最高顧問になった。かれは反ソ聖戦中、オマルにイスラム法の基礎を教えたイスラム法学者である。かれは国内の無法状態を、イスラム的刑罰によって終わらせる責任を強調した。

「われわれには、一三州で一三の高等裁判所を司る判事たちがおり、そこではどこも人民の生活は平和で、安全です」とわたしに語った。パサナイは八〇歳代。地方の村で半世紀近くイスラム的刑罰を広め、聖戦の間にはイスラム法を適用するようムジャヒディンを指導した、と言った。

穏健派と強硬派の対立

カンダハルのイスラム最高裁は、オマルに近いことから、国内で最も重要な裁判所になった。同裁判所は、各州のカジすなわちイスラム法判事とカジ補を任命し、一年に一、二回かれらをカンダハルに集め、さまざまな事件とイスラム法の適用について討議する。これに並行する制度がカブールにもあり、「司法省とアフガニスタン最高裁である。カブール最高裁は毎週約四〇件の事件を取り扱い、商法、企業法、刑法、公法など八部で構成されているが、カンダハル最高裁と同様な職権を持っていないことは明らかだ。司法長官モールヴィ・モールヴィザダは「すべての法律はイスラム化されつつある。イスラムと一致しない法律は廃棄される。古い法律すべてを見直し、変更あるいは廃棄するのに数年かかるだろう」と述べている。

経済状況の悪化、タリバン支配地域での政治的疎外感、そして大きな軍事的損失によって内部で離反が生じた。九七年一月、中心のカンダハルで強制的な徴兵をめぐって反乱が起こった。タリバンの徴兵係少なくとも四人が、軍に加わることを拒否した村人たちによって殺された。双方に死傷者が出る射ち合いの後、カンダハル周辺の数ヵ所の村から、タリバンは追い返された。村の長老は、若者たちがもし軍に加われば、死に直面すると語った。

「タリバンは平和を約束したのに、戦争以外何もわれわれにくれない」と長老は言った。

六月、タリバンはカンダハルの監獄で脱走兵一八人を処刑した。徴兵に反対する同じような動きが、ワクダク州、パクチア州でも起こった。強制的な徴兵はタリバンの不人気を増大させたため、かれらはますますパキスタンのマドラサと難民キャンプから徴募しなければならなくなった。

一方、カンダハル評議会とカブール評議会の相違が、九八年四月、米特使ビル・リチャードソンのカブール訪問後、劇的に高まった。カブール評議会の長、ムラー・ラバニはリチャードソンの提案に同意したが、翌日この同意をカンダハルのムラー・オマルが拒否した。ラバニは周期的に取っている長い休暇で職務を離れたが、かれは逮捕されたのだといううわさが流れた。

九八年一〇月、タリバンはアフガニスタン東部最大の都市ジャララバードで六〇人以上を逮捕した。九〇年にナジブラの政府軍を脱走し、ムジャヒディンに加わったパシュトゥン人のシャハナワズ・タナイ将軍に忠実な旧軍将校たちがクーデターを企てた、というのが理由だった。パシュトゥン将校たちは九四年以来タリバンを支持し、多くがタリバン軍に加わっていた。一二月、タリバンはジャララバードのナンガハル大学医学部での騒乱で、学生一人を射殺、数人を負傷させた。市内では反タリバンの抗議行動、ストライキが発生した。

ジャララバードでの不満の高まりは、同市に政治基盤を築いた、穏健派のムラー・ラバニの支持者たちによって刺激されたようだった。同市の強力な商人たちはパキスタンからの密輸を動かしており、タリバンにもっと自由な姿勢を望んでいた。ジャララバードの事件の後、ムラー・ラバニは再びカブールからカンダハルに呼び戻され、数ヵ月間姿を消した。

九八年までにカブール評議会は、国連機関がアフガニスタンに戻り、より多くの国際的援助が同市に流れてくるよう、タリバンが政策を穏健化するよう強く望んでいた。カブールのタリバン幹部たちとジャララバード評議会は、物価の値上がり、食料品の欠乏、人道援助の削減に、住民の不満が高まりつつあることを感じていた。しかしムラー・オマルとカンダハルの指導部は、国連援助活動の拡大を許さず、追い出す結果となった。

一九九八〜九九年の冬、タリバン兵士による略奪と強盗が数件発生した。それは生活の苦しさによる規律の低下を反映していた。最悪の事件が九九年一月、カブールで発生、略奪を働いた六人のタリバン兵士が右腕と左足の切断刑に処せられた。当局は切断した左足を市中心の木に吊るし、それが腐るまで市民たちに見せつけた。タリバンの内部対立で、その重大な弱点についての憶測が広がってきたにもかかわらず、ムラー・オマルは、高い地位と強い権力によって、タリバンの全支配を維持することができた。

こうしてタリバンは、他の民族グループや異なった意見を受け入れる機構的な仕組みのない旧ムジャヒディンのような、ワンマン支配を復活させることになった。タリバン幹部たちのだれもオマルと対立したり、反対したりすることを望まず、穏健派と強硬派の闘いは地下で進行した。こうした状況は、タリバンの中の内戦へと導きかねない。それは、パシュトゥン人を再び分裂させ、一般の人々により大きな苦しみをもたらすだけなのだ。

第8章　消えた性　女性、子どもたち、そしてタリバンの文化

宗教警察の恐怖

カブール中心部にあるモールヴィ・カラムディンの貧弱なオフィスを、誰も見たいと思わない。いずれにせよ、人口の半分は決して見ることができない。モールヴィは、その建物に女性が入ることさえ、許さないからだ。

大きな足と手、長く太い鼻、黒い目、しゃべるときには机に触れる、黒く濃いあごひげの巨大なパシュトゥン部族民。カラムディンの肉体と名前は、全市に恐怖を起こしている。タリバンの宗教警察の長として、かれがそのオフィスから発する一連の布告が、かつては気楽に暮らしていた、カブール市民のライフ・スタイルを劇的に変え、アフガン女性の姿を街角から消してしまった。

モールヴィ・カラムディンは、アマル・ビル・マルーフ・ワ・ナヒ・アン・アルムンカルすなわち道徳的高揚・悪徳防止局を指揮している。かれ自身は宗教順守局という訳語を好む。街では、ムチと長い杖、そしてカラシニコフ銃を持って歩き回る、同局の数千人の若い乱暴者たちのことを、人々は単に宗教警察あるいはもっと悪い名前で呼ぶ。

九七年夏、ごくまれなインタビューのため、わたしがかれを訪ねたとき、女性たちに対してハイヒールを履くこと、歩くとき靴音を立てること、化粧することなどを禁じた、新布告を発したところだった。

ブルカを着たアフガニスタンの女性（ロイター）

「病院では、流行を追うドレスや飾りが禁止される。女性は尊厳を持って振舞い、静かに歩き、靴で地面をたたいて音を立てないことが義務づけられる」とかれは布告を読み上げた。女性たちを誘惑的だと考える狂信者たちは、いまや頭から足のつま先までブルカ（アフガン式ベール）で隠されている女性たちの化粧を、どうやって見ることができるのだろうか。

新布告は、女性が働くことを禁止したこれまでの規制を正式にしたものだが、女性たちは医療分野を除き、西側の人道援助の団体で働くことも、いまや禁止された。「医療分野で働く女性は、外国人と同じ車で運ばれる権利はない」と布告は続いている。

少年たちに対する教育も、カブールでは中断したまま。ほとんどの教師が女性で、働けなくなったからだ。すべての年齢の子どもたちが、アフガニスタンでは教育を受けずに成長している。何千もの教育ある家族が、その子どもたちが教育を受けられないというだけの理由で、カブールからパキスタンに脱出した。

わたしはカラムディンに、女性が働くこと、学校に行くことを禁止した理由を、タリバンはどのように正当化するのか、怖々(こわごわ)尋ねた。

「女性を教育しなければ、われわれは人民から非難されるので、いずれ女性たちに教育の場を提供するでしょう。しかし、今のところ、難しい問題があるのです」と答えた。

多くのムラーたちと同様、そしてかれのからだのサイズにもかかわらず、話し方は驚くほど穏やかで、わたしはかれの言葉を聞き逃すまいと緊張した。

「安全の問題があります。女性を教育するための男女別の輸送手段、別々の学校の建物の施設が今はないのです。女性は男性から完全に分離されなければなりません。われわれにイスラム法がなかったために、反ソ戦争で二〇〇万人もの命を失いました。われわれはイスラム法のために戦ってきたし、今ではここが、その戦いを実行する機関なのです。どんなことが起ころうと、わたしはそれを実行します」とカラムディンは、語気を強めた。

タリバンが初めてカブールに入ったとき、宗教警察は、あごひげを十分生やしていない男性や、ブルカを正しく着ていない女性を、人前でムチ打った。

「われわれは部下たちに、路上で人々にムチを振るわないよう教えています。われわれはただ、人々に、いかにイスラム法に従って振舞うべきかを、助言しているのです。もしある人が、逆方向に車を走らせようとしていたなら、わたしたちは逆に行かないように警告するのです」とカラムディンは、顔中に薄笑いを広げながら言った。かれは明らかに、このモダンな比喩を楽しんでいた。

宗教警察は、サウジアラビアの同種の政府機関をモデルにしており、大部分がパキスタンのマドラサで最低限の教育しか受けていない青年数千人を雇った。これはタリバンの最も効率的な情報機関で、八〇年代の共産主義政権の巨大な情報機関ＫＨＡＤの異様な裏返しだった。後にＷＡＤと名前を変えたＫＨＡＤは、一万五〇〇〇人から三万人のスパイ職員と一〇万人の有給情報員を雇っていた。カラムディンは軍、政府各省、病院、西側援助機関に数千人の情報員がいると認めた。

「わがスタッフたちは、すべて宗教問題に経験があります。われわれは独立した機関で、われわれが何をすべきかについて、司法省や最高裁から、助言を受けることはありません。われわれは、アミール・ムラー・オマルの命令に従います」

カラムディンの布告は、いつもラジオ・シャリアト（旧ラジオ・カブール）から流され、その内容はすべての社会的行動にわたっている。

タリバンが当初、禁止したスポーツ・イベントの一般観衆に関する布告は次のように述べている。「すべての観衆は、スポーツマンを激励するに際して、『アラー・アクバル』（神は偉大なり）と唱えなければならず、手をたたいてはならない。試合中、祈りの時間になったときには、試合は中断しなければならない。選手と観衆は一緒に祈りをささげなければならない」

コーランには正当な根拠のない、これらの布告に疑問を持つ者は、タリバンからみればイスラムそのものを疑う者と同じなのだ。預言者の最初の任務は女性の解放だったのだが。「至高の、失敗を許されないイスラムの試練は、女性の解放であった。それはまず宣言で始まり、それからよりゆっくりと、その実現に向かって進んでいった」とフェルディナント・ブラウデルは『文明の歴史』の中で述べている。

しかしタリバンは、ムスリムの記者でさえも、これらの布告について質問することや、コーランの解釈について論議することを許さなかった。外国の援助要員に対しては、「あなたたちはムスリムではない。だからイスラムについて論議する権利がない」とだけ言った。タリバンは正しく、かれらのイスラム解釈は正しく、それ以外のものはすべて誤りであり、人間の弱さと信仰の欠如の表れなのだ。

「憲法はシャリーア（イスラム法）です。だからわれわれには憲法は必要ありません。人民はイスラムを愛し、だからかれらすべてがタリバンを支持し、われわれが行っていることに感謝しています」と司法長官モールヴィ・モールヴィザダはインタビューで述べた。

世界最貧国の一つ

しかし、アフガン女性とアフガン社会の窮状は、タリバンがやってくるはるか前に始まった。二〇年間続いた戦争は、アフガンの市民社会、氏族社会、家族構成を崩壊させた。それらは厳しい経済状況の中でも人々を救済する、重要なクッションの役割を果たしてきたのだった。

アフガニスタンは世界最貧国の一つだった。幼児死亡率は、出生一〇〇〇人に対して一六三人（一六・三パーセント）で世界最高、他の途上国の平均は出生一〇〇〇人に対して七〇人である。子どもたちは、五歳になる前に四分の一が死亡するが、途上国平均のそれは一〇分の一である。

一〇万人の産婦のうち一七〇〇人が出産中に死亡する。男性、女性の平均寿命は四三～四四歳、他の途上国平均は六一歳である。人口の二九パーセントだけが医療施設の恩恵を受け、一二パーセントの人だけが安全な水を飲むことができる。途上国の平均ではそれぞれ八〇パーセントと七〇パーセントである。子どもたちは、医療施設と安全な水がないために、はしかや下痢といった単純で、予防できる病気で死亡していく。

文盲はタリバンの登場前からの重要な問題で、少女の九〇パーセント、少年の六〇パーセントは字が読めなかった。戦争で学校が破壊され、一校も残っていない町や村が、アフガニスタン中にあった。カブール占領後三ヵ月以内に、タリバンは女子生徒一〇万三〇〇〇人、男子生徒一四万八〇〇〇人、教師一万一二〇〇人（うち七八〇〇人が女性）がいた六三の学校を閉鎖した。

タリバンはカブール大学を閉鎖、四〇〇〇人の女子学生を含む約一万人の学生を自宅に帰した。一九九八年一二月、ユニセフは、この国の教育システムは壊滅状態で、少女一〇人のうち九人、少年三人のうち二人が学校に行っていないと報告している。

アフガン国民の絶望的な状態は、国外からはほぼ無視されていた。八〇年代にはアフガニスタンの戦争は国際的関心と援助を引き寄せたが、八九年にソ連軍が撤退した後は、世界の関心のレーダー・スクリーンから消えた。豊かな国々からの援助は縮小し、人道援助に最低限の必要な予算にも不足する、不名誉な状態になった。

九六年、国連はアフガニスタン人道援助計画に、年間一億二四〇〇万ドルを要求したが、同年末までに得た拠出資金は六五〇〇万ドルだけだった。九七年には一億三三〇〇万ドルの要求に対して四二パーセントの五六〇〇万ドル、九八年には一億五七〇〇万ドルに対して三四パーセントの五三〇〇万ドルの拠出を受けただけだった。九九年には、国連は要求額を一億一三〇〇万ドルまで大幅に引き下げた。

「アフガニスタンの状態が醜いとしても、アフガニスタン国民が醜いからではない。アフガニスタンはアフガン人を映す鏡であるだけでなく、世界を映す鏡なのだ。ペルシャの古いことわざでは『もし鏡の像が嫌だったら、鏡を壊すのではなく、自分の顔を壊せ』というではないか」と学者のバーネット・ルービンは言っている。

カブールの女性たちが鏡の中の自分を見たとき、タリバン占領の前でさえも、そこに見えるのは絶望だけだった。九六年、わたしは小さなパン屋でビビ・ゾーラと会った。彼女は、未亡人や聾唖者、身体障害者たちのために、アフガン人の常食、酵母を使わない平パンのナンをつくる、若い女性グループのリーダーだった。カブールでは四〇万人ほどの人々が、WFP（世界食糧計画）の資金によるこうしたパン屋に依存していたが、これらの人々には戦争未亡人が家長の二万五〇〇〇家族や、身体障害者が家長の七〇〇〇家族が含まれていた。ゾーラの土小屋は、手投げ弾や銃弾で穴だらけだった。九三年にヘクマティアルのロケット弾でまず壊され、九五年にはタリバンに砲撃されたのだった。

ゾーラは六人の子どもと両親を抱えながら、かつて彼女の家があった小さな土地を、パン屋を作るためにWFPに寄付した。

「わたしの顔を見てください。わたしたちの命と国の悲劇が、顔中に見えませんか」と彼女は言った。「一日一日と状態は悪くなっています。わたしたちは生きるために、国連に頼る乞食となってしまいました。これはアフガン人の生き方ではありません。女性たちは疲れ果て、意気消沈し、荒廃しています。わたしたちは、ただ平和を待っています。一日中、平和を願っているのです」

ゾーラの子どもたちと他の子どもたちの状態はもっと悪かった。攻撃されて半壊状態になったミクロヤン住宅団地に、国際NGOセーブ・ザ・チルドレンが作った運動場の中で、アフガン人の子どもたちが新しいブランコを乱暴に揺らしていた。運動場には、戦争の遺物——棄てられた砲弾ケース、砲塔だったところがぽっかり穴になっている戦車の残骸、ロケット弾で引き裂かれた樹木など——が散乱していた。

セーブ・ザ・チルドレン理事長ソフィー・エリューセンは「女性と子どもたちに戦争の矛先が向けられています」とわたしに言った。「女性たちは、食料の欠乏、子どもたちの栄養不良に対応しなければなりません。彼女らは、ヒステリー、トラウマ、鬱病(うつびょう)の症状に苦しんでいます。ロケット攻撃がいつ襲ってくるか、分からないからです。子どもたちは、大人同士が殺し合うのを見てきたし、そのうえ母親が自分たちに最低限の衣食を与えることができないときに、どのように母のしつけや要請を受け入れることができるのでしょうか。あまりにも緊張が強すぎ、子どもたち同士でさえ互いに信用せず、両親は自分の子どもに意思を伝えなくなり、何が起こっているのかを説明しようともしないのです」とエリューセンは語った。

一二歳の少年兵

レイク・グプタ博士の下でユニセフが行った調査で、ほとんどの子どもたちが極度の暴力行為を目撃し、生き残れると思っていないことが分かった。インタビューした子どもたちの三分の二が、ロケット弾で人が殺されるのや、散乱した死体あるいは人体の一部を見ていた。子どもたちの七〇パーセント以上が家族のメンバーを失い、もはや大人を信じていなかった。

「子どもたちはみんな、さまざまな光景のフラッシュバック、悪夢と孤独に苦しんでいます。かれらの多くが、これ以上生きる価値がないと言いました」とグプタ博士は言った。家庭生活のすべての規範を戦争が破壊した。子どもたちが両親を信頼しなくなり、あるいは両親が安全を与えられなくなったとき、子どもたちには、現実の世界につなぎとめてくれる錨(いかり)がなくなる。

世界のどの内戦よりも、アフガニスタンでの戦争は、子どもたちを大規模に巻き込んだ。すべての軍閥は少年兵を使ったが、その一部は一二歳ぐらい。その多くは、家族を持つあるいは教育を受ける希望がない、兵士になる以外には職もない孤児たちだった。

パキスタンのマドラサと結びつくタリバンは、数千人の子どもたちに、軍に加わり戦うよう励ました。すべての部隊で、砲兵隊の装弾兵、弾薬運び、施設の番兵そして戦闘員に少年たちが使われていた。

少年兵の最低年齢制限を現行の一五歳から一八歳に引き上げようとする、九八年の重要な国際的努力は、米国、パキスタン、イランそしてアフガニスタンの抵抗にぶつかった。九九年、アムネスティ・インターナショナルは、全世界で一八歳以下の少年三〇万人以上が、兵士になっていると報告している。

タリバンがカブールを占領した後、女性と子どもたちの状況は、さらに悪くなりそうだった。九五年から九六年にかけて、わたしが会ったカブールの女性たちや、そのころには彼女たちと路上や店やオフィスで容易に会い、話すことができた記者たちは、もしタリバンがカブールを占領したら、彼女たちの不安定な生活は悪くなるだけだ、ということを知っていた。

こうした女性の一人、ナシバ・グルは魅力的な独身女性で、現代世界に参加することを熱望していた。九〇年にカブール大学を卒業し、あるNGO（非政府組織）でよい仕事を得た。ロング・スカートにハイヒールを履いた彼女は、顔をおおうことはめったになく、市内に出るときには小さなスカーフをかぶった。

「タリバンは、女性を地面に踏みつけたいと思っているだけです。どの女性も、最も貧しく、最も保守的な女性でさえ、タリバンがアフガニスタンを支配するのを望んでいません」とナシバは言った。「イスラムは、女性と男性と同等で、女性には尊敬が与えられなければならない、といっています。しかしタリバンの行動は、イスラムに対してさえ人々をそむけさせつつあります」と彼女はつけ加えた。

ナシバの恐れはタリバンがカブールを占領したときに事実となり、女性たちは人前から姿を消した。ナシバは働くのをやめさせられ、パキスタンに脱出した。

女性に対する抑圧

タリバンの幹部たちは全員、アフガニスタンでは最も貧しい、最も保守的な、最も教育程度の低い、南部のパシュトゥン諸州の出身だった。ムラー・オマルの村では、女性たちは常に全身を隠して外に出かけ、学校がないので、少女たちは学校に行ったことがなかった。オマルとかれの仲間たちは、女性についてのかれら自身の環境、経験あるいは経験のなさを、全国に当てはめ、コーランによってかれらの政策を正当化した。当初、一部の援助機関は、これはアフガンの文化的伝統で、尊重しなければならないと主張した。しかし、民族と発展の段階が大きく多様化している国では、社会における女性の役割についての伝統あるいは文化の一般的な基準はない。タリバン以前のアフガン支配者は誰一人、男性のあごひげや女性のブルカの強制といった規律に固執はしなかった。

それ以外のアフガニスタンは、そう隔たってはいなくても南部とは異なっていた。東部のアフガン・パシュトゥンたちは、パキスタンのパシュトゥンに深く影響され、少女たちを学校に入れることを誇りとし、タリバンの支配下になっても村の学校を運営したり、パキスタンに送り出したりして、多くの人がそれを続けた。この地域では、スウェーデン委員会のような援助団体が、六〇〇の小学校を支援、そこには少女三万人を含む一五万人の生徒が学んでいた。パシュトゥンの長老たちが、タリバンに少女たちの教育を要求したとき、タリバンの州知事たちは、反対できなかった。パキスタンのアフガン難民キャンプでは、数万人のパシュトゥン少女たちが学んでいた。パシュトゥン地域の外では、各民族グループが熱心に女性の教育を奨励していた。アフガニスタンの活力は、その民族的多様性にあり、女性は、部族や民族と同じように多くの役割を担ってきた。

アフガニスタンの都市は、もっと多様だった。カンダハルは常に保守的な市だったが、ヘラートのエリート女性は、かつて第二の言語としてフランス語を話し、テヘランのイラン国王宮殿のファッションをまねていた。カブールの女性の四〇パーセントは、共産主義政権下でも、九二年以後のムジャヒディン政権下でも、働いていた。なまかじりでも教育を受け、仕事を持つ女性たちは、伝統的衣服をスカート、ハイヒールに替え、お化粧をした。彼女らは映画に行き、スポーツをやり、結婚式では歌い踊った。

人々の心をつかむためには、タリバンは常識的な指示だけに限らなければならず、支配地域に行き渡っている現実に従って、ジェンダー政策を緩和しなければならなかったはずだ。その代わりにかれらは、カブールを悪徳の巣、ソドムとゴモラにみなし、タリバンの行動基準に従順になるために、女性たちがムチ打たれなければならない場所だとした。そして北部の住民たちについては、不純なムスリムで、強制的に再イスラム化しなければならない、とみなした。

タリバンのかたくなな姿勢はまた、かれら自身の政治力学と徴募兵の基盤から形成された。かれらが徴募した、戦争と難民キャンプから生まれた孤児、根無し草、ルンペン・プロレタリアートたちは、まったくの男社会の中で育ってきた。マドラサの環境では、女性の支配と事実上の排除が、男らしさの力強い象徴であり、学生たちの聖戦参加の決意への再確認でもあった。女性の役割を否定することによって、タリバンは徴募兵たちの間でにせものの正当性を得ることができた。

「女性に対する戦いは、政治的な信条と思想に根ざしており、イスラムや文化的規範にもとづいているのではない。タリバンは戦争文化が作り出したムスリム男性の新世代で、成人してからの人生のほとんどを、かれら自身のコミュニティから隔離されて過ごしてきた。アフガン社会で女性たちは、伝統的に、社会行動を調整する仕組みとしての役割を果たしてきており、アフガン文化の力強い象徴なのだ」とアフガンNGOの代表シミ・ワリは述べている。

タリバンの幹部たちは女性たちにもっと自由と学校に行く機会を与えれば、指導部が圧力に負けて妥協したとして、一般兵士たちの支持を失うだろう、とわたしに繰り返し言った。かれらはまた、性的機会の可能性によって徴募兵たちが弱くなり、堕落し、これまでと同じ熱意では戦わなくなるだろう、と主張した。こうして女性に対する抑圧は、タリバンのイスラム急進主義、かれらの社会〝浄化〟の目的、部隊の戦意の維持を示すものとなった。ジェンダー問題は、国連に対するタリバンの抵抗の主な場になり、西側政府はかれらに妥協させ、政策を緩和させようとした。しかし、タリバンにとっては、西側との妥協は、かれらが終始正しくなかったというシグナルになり、西側への挑戦は勝利のシグナルになる。

タリバンの強硬派は、外部世界の主張に立ち向かった。かれらは、タリバンが普遍的人権を承認することよりも、西側がその立場を和らげ、タリバンを受け入れることが必要なのだと主張した。「どんな種類の教育を国連が望んでいるのか、言わせてもらおう。それは不倫に導く、わいせつな自由を女性に与え、イスラムの崩壊を予告する、重大な不信仰政策なのだ。どんなイスラム国家でも、不倫が一般的になったら、男性は女性のようになり、女性たちは自分自身を守れなくなるので、国家は崩壊し、不信者の支配する地になってしまう。われわれと話し合うものは誰も、イスラムの枠内で話し合わなければならない。聖コーランは、他の人々の要求に応じて自ら修正することはできず、かれらが聖コーランに合わせて要求を修正しなければならない」と司法長官モールヴィ・モールヴィザダは述べている。イスラムのように深く根づいた宗教が、どのようにして不信者たちによって掘り崩されるのかを、タリバンは説明できなかった。

パシュトゥンワーリに従う

すべてのパシュトゥン諸部族は、パシュトゥンワーリに従ってきた。それは、伝統的な法と処罰にかかわる事件、とくに土地の所有権と女性に関する争いや殺人の場合に、部族のジルガすなわち族長会議に判断を下す権限を与えた社会規範である。パシュトゥン人たちにとって、パシュトゥンワーリとイスラム法を画する一線は常に不明確だった。タリバンの刑罰は、イスラム法よりもパシュトゥンワーリから広く取られていた。しかし、パシュトゥンワーリは、パシュトゥン地域で、その程度の差はあっても実施されてきたが、他の民族グループの行動の規範とされたことは、確実になかった。タリバンがパシュトゥンワーリとイスラム法の混合を他の民族グループに力で強制したことは、国民の民族的分裂を深めただけだった。非パシュトゥン人は、それをカンダハルのパシュトゥン法を全国に実行する試みだとみなした。

タリバンが妥協できる政治的条件はなかった。かれらは軍事的に敗北するたびに、女性への対処を厳しくすれば、兵隊たちの戦意が保てるだろうと期待して、ジェンダー政策を凶暴に押しつけた。戦闘で勝利するたびに、新しく征服された住民たちにタリバンの力を見せつけるために、締めつけが行われた。タリバンに政策を緩和させようとする、国際社会の〝関与〟政策は、成果をあげなかった。そして戦争が終われば女性の教育を許す、というタリバンの言い分は、ますます無意味になってきた。九五年のヘラート占領は、タリバンがジェンダー問題で妥協しないということを、初めてアフガン人と外側世界に示すものになった。

この地域全体の中世イスラムの中心だったヘラートは、モスクとマドラサの都市で、古い、リベラルなイスラムの伝統を持っていた。そこはイスラム美術、工芸、細密画、音楽、ダンス、絨毯織り、そして敬愛された美しい女性たちの幾多の物語の古里だった。

ヘラート市民たちは、征服者チムールの義娘ゴワール・シャド女王の物語を思い出す。彼女はチムール死後の一四〇五年、チムール帝国の首都をサマルカンドからヘラートに移した。ある日、王妃は〝ルビー色の唇〟の侍女二〇〇人を従えて、彼女がヘラートの外縁に建設中のモスクとマドラサ群を視察した。マドラサの学生たち（タリバン）は、女王と従者たちの訪問中、建物から立ち去るように命じられたが、一人の学生が自室で眠り込んでしまった。かれは絶妙に魅力的な侍女に起こされた。彼女が女王の下に戻ったとき、熱烈な愛の行為のおかげで息づかいも荒く、髪が乱れており、その行為が露見してしまった。その侍女と学生を罰する代わりに、王妃は侍女全部に学生たちと集団結婚式で結婚するように命じた。かれらを祝福し、将来、かれらが魅惑されないようにするためだった。王妃は学生たちに、衣服と給料を与え、学生たちがしっかり勉強している限り、夫と妻には週一回会うように命じた。それはイスラムとヘラートとマドラサのリベラルで人間的な伝統を縮図にした物語だった。

タリバンは、ヘラートの歴史や伝統について何の知識もなかった。かれらはやってくるなりヘラートの女性たちを屋内に追い込んだ。人々は、ヘラートに多いスーフィの聖所を訪れることを禁じられた。タリバンは女子学校をすべて閉鎖して、ムジャヒディンの司令官イスマエル・ハンが何年間も努力した住民の教育を抹殺した。ほとんどの男子学校も、教師たちが女性だったため、閉鎖された。数少ない病院も男女隔離され、浴場は閉鎖、女性はバザールに行くのを禁止された。

その結果、ヘラートの女性たちは、タリバンのやり過ぎに対する、最初の反乱を起こした。九六年一〇月一七日、市の浴場閉鎖に反対して、一〇〇人を超える女性たちが知事官邸の外で抗議行動をした。女性たちはタリバンの宗教警察にムチ打たれ、逮捕された。宗教警察は家から家へと、男性たちに女性を外に出さないよう警告して回った。

国際的メディアと国連は主に、ヘラートでの出来事を無視することを選んだが、いくつかの西側のNGOは、今後のかれらの活動のもつ深刻な意味に気づいていた。長時間の内部の討議とヘラートのタリバンとの実りのない交渉の後、ユニセフとセーブ・ザ・チルドレンは、ヘラートでの教育援助事業を停止した。少女たちが教育から除外されたためである。これら援助事業の停止も、タリバンを抑制しなかった。かれらはすぐ、他の国連機関が、ジェンダー問題で反対する準備がないことに気づいた。タリバンは、援助供与コミュニティを分断するのに成功した。各国連機関は共通の立場で交渉することができず、国連の政策は動揺していた。各国連機関がそれぞれタリバンと交渉し、国連は原則で譲歩し、タリバンの女性に対する規制だけがエスカレートした。

「国連は滑りやすい坂に立っています。国連は小さな譲歩をすることで、国際社会とタリバンの両方を満足させることができると考えています。実際にはどちらも満足していないのです」とヨーロッパのNGOの代表はわたしに語った。

世界がタリバンのジェンダー政策に目が覚めたのは、九六年にかれらがカブールを占領した後だった。タリバンによるナジブラ元大統領殺害とカブールの女性たちの取り扱いについて、国際メディアが大々的に報道したため、国連もこの問題を無視することができなくなった。ブトロス・ガリ国連事務総長はじめ、ユニセフ、ユネスコ、UNHCR、欧州人権委員会の長ら、国際社会の指導者たちの抗議声明にタリバンは何の反応も示さなかった。

カブールの美容院も、女性たちがお湯を使える唯一の場所、女性浴場も閉鎖された。服の仕立て屋は女性のサイズを測ってはならないと命令され、常連客のサイズを頭で覚えこまねばならなくなった。ファッション雑誌は破棄された。

「爪を塗ること、友達の写真を撮ること、フルートを吹くこと、ビートをたたくこと、外国人をお茶に招くことをすれば、タリバンの布告に違反する」と米国人記者は書いている。

カブールの占領まで、国連の不幸な無政策は無視されてきたが、やがてスキャンダルになり、フェミニスト・グループから痛烈な非難を受けることになった。結局、国連諸機関は、共通の一線を引かねばならなくなった。ある声明は「すべての人民の本来的な平等と尊厳を維持することおよび発展させること」「性、人種、民族あるいは宗教の間の差別をしないこと」について述べている。しかし同じ国連文書は「国際諸機関は、現地の習慣と文化を高度に尊重する」とも述べている。それは古典的な国連の妥協で、平和になったら女性に教育を許すという約束でごまかし続けるのを、タリバンに許してしまった。にもかかわらず、国連は九六年一〇月までに、カブールでの女性のための収入発生援助事業、八件を停止した。もはや女性たちが、それらの援助事業で、働くことが許されなくなったからであった。

その後の一八ヵ月間、国連、NGO、西側政府とタリバンの間で、実りのない交渉が何回も繰り返されたが、やがて、カンダハルのタリバンのウレマ強硬派たちが国連全機関を追い払う決意であることが明らかになった。タリバンはさらに締めつけを強化した。かれらは継続が許されていた女子のための家庭学級も閉鎖、女性が一般病院に行くことも禁止した。

九七年五月、宗教警察が米国のNGO、ケア・インターナショナルの女性スタッフ五人をムチ打った。そして、すべての援助計画は担当省だけでなく、内務省、保健省、そして宗教警察の許可を受けるよう要求した。アフガニスタンに来るすべてのムスリム女性の人道援助要員に対する、男性親族の同行要求がそれに続いた。最後にタリバンは九七年七月、国連とNGOの三五団体は、オフィスを市外に移し、破壊された工科専門学校の一つの建物に入るよう、要求した。

同性愛を厳罰

アフガニスタンの女性のひどい状態は、都市の男性たちとくに非パシュトゥン男性たちがタリバンの下で、女性に比べてもよく扱われていない、という事実をしばしば隠してしまう。すべてのカブールの男性に対し、(ハザラ人のようにあごひげの成長が非常に限られている民族グループがいるにもかかわらず) あごひげを十分な長さに生やすため六週間だけ時間が与えられた。あごひげは男のこぶしよりも短く刈ってはならない。このことがジョークを生んだ——アフガニスタン最大の貿易ビジネスは男の顔の毛だ。男性はアフガニスタンへ旅行するのにビザは要らない、必要なのはあごひげだけだ。

宗教警察は長い髪を切り落とすはさみを手に街角に立ち、しばしば違反者をムチ打っている。男性たちはひざまで覆う袋状のズボン、シャルワルをはかねばならず、だれもが一日に五回祈ると言わなければならない。

タリバンはまた、男性の同性愛を取り締まった。カンダハルのパシュトゥンは、少年相手の行為で悪名が高く、軍閥たちによる少年のレイプは、ムラー・オマルがタリバンを出動させるかぎとなった、動機の一つだった。しかし、同性愛はなくならず、その処罰は非人間的でないとすれば奇妙なものだった。九八年四月、カブールで同性愛にふけっていて捕まった二人の兵士は、無慈悲にムチ打たれた後、顔をエンジン・オイルで真っ黒にされたうえ、縛られて軽トラックの後部に乗せられて、市内を走り回らされた。獣姦の罪で告発された男性たちには、かれらの上に壁が倒されるという、それまで聞いたこともない〝イスラム的刑罰〟が待っていた。

九八年二月、カンダハルで獣姦の罪で死刑を宣告された三人の男性は、土とレンガの巨大な壁の下に連れて行かれ、その壁を戦車が押し倒した。かれらは半時間残骸の下に生き埋めになったが、一人は何とか生きのびた。

「高貴なるアミール・ウル・モミンイーン（ムラー・オマル）は、カンダハルで三人の獣姦者にイスラム法の刑罰を与える儀式に参加された」と、タリバンの新聞アニスは報じた。

九八年三月、二人の男性がカブールで、同じ方法で殺された。
「われわれの宗教学者たちは、同性愛者に対するこの種の刑罰には賛成していない」とムラー・モハメド・ハッサンは、タリバンが熱心にやっている一種の討論を要約した。

カブールの映画会社前で、フィルムを焼き捨てるタリバンの兵士（ロイター）

「ある者は、罪人を高い屋根の上に連れて行き、そこから投げ落とせと言う。ある者は、壁の側に穴を掘り、かれらを埋め、その上に壁を押倒せという」

タリバンはあらゆる形の娯楽をすべて禁止した。どっちみち、アフガニスタンのように貧しく、恵まれない国では、娯楽は常に不足していたのだが、映画、テレビ、ビデオ、音楽、ダンスはすべて禁止された。

「もちろんわれわれは、人民が多少の娯楽を必要としていることを知っています。しかし、かれらは公園に行って、花を見ることができ、それで、イスラムを学ぶでしょう」とムラー・モハメド・ハッサンはわたしに言った。

教育相ムラー・アブドル・ハニフィによると、タリバンは「心に緊張を生じさせ、イスラムの学習を妨げるので、音楽に反対する」のだと言う。何世紀にもわたって、重要な社会的集まりだった結婚式での歌や踊りも禁止された。

何百人もの音楽家やダンサーが、それで生活してきた。かれらのほとんどがパキスタンに逃げ出した。

絵画、肖像、写真を自宅に飾ることも禁止された。ヘラートの五〇〇年の歴史を壁画にしたアフガニスタン最高峰の画家モハメド・マシャル（八二歳）は、タリバンが壁画の上に白い塗料を塗るのを見せられた。一言で言えば、タリバンは文化の概念そのものを認めなかったのである。アフガン人の伝統的新年祝賀行事ナウロズはパシュトゥンの太陽暦の第一日で、人々は親戚を訪問するのだが、強制的にやめさせられた。

五月一日のメーデーは共産主義者の祝日だとして禁止された。シーア派のイスラム服喪月であるムハッラムも一時禁止され、一年の中で最も大切な祝祭であるイードさえも祭りのショーが規制された。

多くのアフガン人たちは、イスラム世界がタリバンの過激主義を非難する務めを避けていることに、困惑を感じた。サウジアラビアはじめアラブ湾岸諸国は、女性の教育の必要性やアフガニスタンでの人権問題について、ただ一回の声明も出さなかった。イスラム法についてのタリバンの解釈をただすこともしなかった。

アジアのムスリム諸国も沈黙していた。驚くべきことに、イランがイスラムの下で女性の権利を擁護する、最も強硬な声明を出した。

「その化石のような政策において、タリバンはイスラムの名の下に少女たちが学校に行くのをやめさせ、女性たちが自宅の外で働くことをやめさせた。暴力の行使、狭い心、女性の権利の制限そしてイスラムの名誉を傷つけるほど、悪いことがあるだろうか」とアヤトラ・アハマト・ジャナティは、早くも九六年に述べている。タリバンの政策に対するイランの非難は、九八年のマザルでのイラン外交官たちの死後、劇的にエスカレートした。

マザルには美しく、悲劇的な中世詩人ラビア・バルヒの墓碑が立っている。彼女は、ペルシャ語で愛の詩を書いた、その時代では初めての女性だった。彼女は奴隷の愛人と寝た罰として、兄に手首を切られ、悲劇的な死を遂げた。彼女は横たわって死につつ、自分の血で最後の詩を書いた。

何世紀にもわたって、若いウズベクの女性たちも青年も、彼女の墓碑を聖者の墓のように敬い、自分たちの愛の成就を祈ってきた。タリバンはマザルを占領した後、彼女の墓を墓地の境界外に動かした。中世の聖者に対してさえ、愛は境界外に出されてしまった。

第9章　麻薬とタリバンの経済

見渡す限りのケシ畑

カンダハルの中心部から三キロ半も行くと、そこはもう見渡す限りケシ畑が広がっている。一九九七年の春、農民たちは数週間前に植えた、レタスのような、若く緑色の葉っぱをつけた作物を注意深く世話していた。かれらは入念に土を掘って雑草をとり、肥料をまき、八〇年代にソ連軍に破壊された灌漑施設を修復して、畑に水を入れた。数週間すると、葉っぱから真紅の花が咲き立つ。花はしばらくの間咲いて、花弁が落ちるころには固い実を残す。

ケシの実が採れるのは種をまいてから四ヵ月後である。ケシの実の皮膜に手製の薄いカミソリの刃を突き刺すと、液状のゴールド（金）がにじみ出る。農民はひと粒ひと粒ケシの実を指でおさえて傷をつけ、白いミルク状のねばねばした中身をしみ出させる。この中身がアヘンである。アヘンは一日たつと褐色のガムのようにかたまり、これをこてでこそぎ取る。農民はケシの実からミルクが出なくなるまで、ガムを採集する作業を二、三日ごとに繰り返す。ガムを集めて餅のように固めた生アヘンをビニールの袋に入れ、湿度の高い所に保管して、買い取り商人の来るのを待つ。最も質の高いアヘンは水利の良い畑で採れ、色は暗褐色、餅のように粘り気があるものだ。アフガニスタンではアヘンを「トル」と呼ぶが、トルはすべての軍閥、とりわけタリバンの財政をうるおしている。

「タリバンのおかげさまさまですわい」歯の欠けた老農夫ワリ・ジャンが畑の雑草抜きをしながら言った。「タリバンはわしらに安全をもたらしてくれましたからな。それでわしらは平和にケシをつくれるというわけですわい。一四人の家族を養うわしには、ケシがいりますからな」とワリ・ジャンは続けた。

アフガニスタンの農村部に平和と安全をもたらすというタリバンの目標は、ケシの栽培に何よりの恵みとなった。ワリ・ジャンはかれの広くもない畑で毎年、四五キロの生アヘンをつくり、ざっと一三〇〇ドルを稼いでいる。アフガン農民にしては一財産である。ワリ・ジャンは、精製されたヘロインがニューヨークやロンドンで五〇倍もの高値をつけていることを知っている。しかしかれは、今の自分の稼ぎで充分すぎるくらいだと思っている。現金流入の結果は至るところで明々白々だ。カンダハル周辺の村々ほど再建工事が多いところは、アフガニスタンで他にない。

コーランはムスリムに麻酔物の生産と飲用を禁じているが、タリバンはワリ・ジャンなどの農民がアヘンをどんどん増産することを、イスラム令によって認可した。タリバンの麻薬取り締まり部隊のカンダハル地区責任者であるアブドル・ラシッドが、かれのユニークな職責について説明してくれた。かれはハシーシの栽培をきびしく禁止する権限を与えられている。

「なぜならば、ハシーシはアフガン人やムスリムに消費されるからです」ラシッドはいささかの皮肉も込めずに続けた。「アヘンが許されるのは、アヘンが西側のカフィール（イスラム不信者）に消費されていて、アフガン人やムスリムに消費されるのではないからです」

ケシ栽培を自由にしているのは、ほかの政治的理由もある。

「われわれがケシ栽培を許しているのは、農民がそれでいいおカネを得られるからです。農民にケシ栽培を強制的にやめさせたら、農民がタリバンに反乱を起こすかもしれないのに、農民に小麦の栽培を強制することはできません。だからわれわれはケシを栽培し、小麦はパキスタンから手に入れるのです」と、アブドル・ラシッドは説明する。

モハメド・ハッサン知事は別の言い方で、このユニークな政策を正当化する。

「麻薬は悪魔です。われわれはケシを何か別の換金作物と取り替えたいと思っています。しかし当面は不可能です。タリバンは国際的に承認されていませんから」

今後、二年の間、タリバン最高指導者のムラー・オマルはタリバンの国際的承認と引き替えに、ケシ栽培を停止することを、米国と国連に定期的に呼びかける用意があるという。国土の九〇パーセントを支配している勢力が国際社会に対し、初めてこういうオプションを提案したのだ。

タリバンは財政をまかなうのに、麻薬経済を正当化する必要があることをすぐに理解した。最初にカンダハルを占領した直後、タリバンはすべての麻薬禁止を宣言した。アメリカ外交陣も急いでタリバンと接触しようとしたほど、この宣言に気をよくした。しかし、タリバンはその数ヵ月後、ケシからの収入が必要であることと、ケシを禁止すると農民の怒りを招くことを理解した。タリバンはすべてのアヘン商人から、ザカート（喜捨）と呼ぶイスラム税を徴収し始めた。コーランによれば、ムスリムは自分が使える収入の二・五パーセントをザカートとして貧者に差し出すことになっている。しかしタリバンは、トラック一台分のアヘンに対して価格の二〇パーセント分を平気でザカートとして徴収した。それだけでなく、個々の司令官や州知事たちが自分たちの財政をまかない、部下たちを食わせるために、追加のアヘン税を徴収した。かれらの一部は自ら実質的なアヘン商人になったし、親族をアヘン仲買人にしたりしている。

一方、ハシーシはアフガニスタンで、かつてトラック運転手の常用品だったが、タリバンによるハシーシ取り締まりは見事な効果を挙げ、麻薬の取り締まりがこれほど厳格に実行できることを示す一例になっている。カンダハルにある二つの大型倉庫には何百というハシーシの袋が積まれている。ハシーシの栽培者や取引業者から根こそぎ接収したものだ。タリバンがハシーシ禁止を打ち出した後、一般人はハシーシをのむのは非常に怖いことと考えている。こっそりハシーシを続けた人間に対して、タリバンは新たなハシーシ中毒治療法を施している。アブドル・ラシッドは言う。

「ハシーシの密売人や中毒患者を見つけたら、容赦なく殴って厳しく尋問し、真実を追及します。それから、かれらを何時間も冷水につけます。そう一日に二、三回。とてもよい治療法ですよ」

それからラシッドは刑務所内を歩きまわって、わたしに会わせるためにハシーシ中毒の囚人を二、三人連れてきた。囚人たちは少しもためらうことなしに、タリバンのショック療法が効果的であることに同意した。その一人、商店主のバクト・モハメドは、ハシーシを密売して三ヵ月の刑をつとめていたが「殴られたり、冷たい水の中に入れられたりして、ハシーシのことはみんな忘れました」と語った。

九二年から九五年にかけて、アフガニスタンは毎年二二〇〇トンから二四〇〇トンの生アヘンを生産し、世界一のアヘン生産国の座をビルマと争っていた。九六年には二二五〇トンを生産した。国連麻薬取り締まり計画（UNDCP）の当局者によると、九六年にはカンダハル州だけで三一六〇ヘクタールのケシ畑で一二〇トンを生産した。九五年が二四六〇ヘクタールの畑から七九トンの生産量だったのに比べ、驚くべき増え方だ。次いで九七年には、タリバンの支配がカンダハル州から北方に広がる中で、アフガニスタン全体のアヘン生産量は何と二五パーセントも上昇、二八〇〇トンになった。パキスタンからタリバン支配地域に戻ってきた数万人のパシュトゥン人難民たちは、最もカネになる手っ取り早い作物を栽培した。

UNDCPによると、アヘン取引の稼ぎ全体のうちケシ栽培農民の手に渡るのは一パーセント以下。二・五パーセントがアフガン人やパキスタン人の仲買人の取り分で、五パーセントは西側に運ばれるまでの経由国に入る。残りのすべてはヨーロッパやアメリカの取引業者や密売人の手に入るのだ。利益率がこれほど低いのに、アフガニスタンのケシ栽培農民約一〇〇万人の現金収入は、控えめな推定でも年間一億ドル以上とみられている。この結果、タリバンは少なくとも二〇〇〇万ドルをケシ農民から税金として取りたてている。

八〇年以降、アフガニスタンでムジャヒディン（イスラム武装勢力）を名乗る軍閥はすべて、麻薬マネーを軍事活動費に当てるだけでなく自分のポケットに入れてきた。軍閥たちはパキスタンのペシャワルに家とビジネス利権を買い、新しいジープを買い、海外の銀行に預金をした。軍閥の誰もが、表向きは麻薬密輸にかかわっていることを否定し、ライバルの軍閥が麻薬密輸をしていると非難した。しかしタリバンほど、麻薬取り締まりの意図がないことを、あつかましくまた正直に認める軍閥は他にない。UNDCPと米国は九七年までに、アフガニスタン産ヘロインの九六パーセントはタリバン支配地区で生産されると推定するようになった。

アフガン産ヘロインのルート

タリバンはアヘン栽培地を拡大しただけではない。タリバンの支配は、アフガニスタンのアヘン取引、輸送ルートを大幅に拡張したのである。一ヵ月に数回の割合で、アフガン・アヘンの五〇パーセントが生産されるヘルマンド州から、重武装した小型トラックのコンボイが長距離の、ほこりだらけの旅に出発する。コンボイの一部は南に下り、バルチスタンの砂漠を越えて、パキスタンのマクラン海岸に抜ける。

別のコンボイは西に向かってイランに入り、テヘランを迂回してトルコ東部に抜ける。さらに別のコンボイは北西部ヘラートからトルクメニスタンに向かう。

また密輸業者は九七年ごろまでに空輸ルートを開設、カンダハルやジャララバードから輸送機で直接、湾岸のアブダビやシャルジャなどの港にアヘンを運ぶようになった。

中央アジアは、アフガン産ヘロインの爆発的拡大に最も強い影響を受けた。ソ連のアフガニスタン占領時代にネットワークを広げたロシア・マフィアは、このネットワークを使ってアフガン・ヘロインを中央アジア、ロシア、バルト諸国経由でヨーロッパに密輸している。タジキスタンとキルギスは、この密輸ルートの重要な部分を占めるようになっただけでなく、自らも主要なアヘン生産国になった。

従来アフガン・アヘンはパキスタンでヘロインに精製されていたが、パキスタンでの取り締まり強化や密輸ルート多様化の必要から、アフガニスタン内部に独自の精製施設をつくる動きが強まった。アヘンをヘロインに精製するのに必要な無水酢酸は、中央アジア経由でアフガニスタンに密輸されるようになった。

皮肉なことに、ヘロインの爆発的生産拡大はアフガニスタンでなくパキスタンで始まった。パキスタンは八〇年代を通じて一大ヘロイン生産国となり、八九年までには年産八〇〇トン、つまり世界供給量の七〇パーセントのヘロインを生産するようになった。

八〇年代を通じてソ連軍と戦うアフガン・ムジャヒディン支援のために、CIA（米中央情報局）、ISI（パキスタン軍統合情報部）合同の秘密補給作戦本部がしつらえた合法化の傘の下で、パキスタンに大規模な麻薬取引が広がった。

「一九八〇年代の腐敗、秘密作戦と麻薬が結びついた結果、パキスタンの麻薬取引を地域的安全保障、ゲリラ戦争といったより複雑な問題と分離することが困難になった」と、米国の麻薬政策の失敗について述べた九二年の報告書が指摘している。

CIAはベトナムでも、財政支援をした反共ゲリラの麻薬取引を黙認する方針を採ったが、アフガニスタンでもムジャヒディンとパキスタンの麻薬業者と一部軍人の間に広がる共謀関係を、見て見ぬふりをすることにした。

八〇年代を通じて共謀の事実が明るみに出たのは、ほんの氷山の一角だった。八三年にISI部長のアフタル・アブドル・レーマン将軍が、クエッタのISI要員全員を異動しなければならなかったのは、かれらが麻薬取引を行い、ムジャヒディン向けにＣＩＡが供給した兵器を横流ししたからであった。

八六年にはパキスタン陸軍のザフルディン・アフリディ少佐が、ペシャワルからカラチに向かってドライブ中に逮捕された。二二〇キロの高純度ヘロインを運んでいたためだが、これはパキスタンの麻薬取り締まり史上最大の分量だった。それから二ヵ月後、空軍のハリルール・レーマン中尉が同じルートで、やはり二二〇キロのヘロインとともに逮捕された。中尉は冷静に、これが五回目のヘロイン輸送の途中だったことを告白した。二回の輸送量、つまり四四〇キロのヘロインは米国の末端価格では六億ドルに相当する。六億ドルとはちょうどこの年、つまり八六年の米国のパキスタン援助の総額と同じである。二人の将校はカラチで拘留されていたが、やがてミステリーのように脱走した。ローレンス・リフシュルツは「アフリディやレーマンの事件は、パキスタン軍とＩＳＩ内部にアフガン絡みのヘロイン・シンジケートが存在することを示している」と書いている。

米麻薬規制局（ＤＥＡ）は八〇年代、パキスタンにフルタイムの担当官一七人を配置していた。かれらは四〇組のヘロイン・シンジケートを摘発したが、中には最高級の政府当局者がボスになっているシンジケートも含まれていた。八〇年代を通じて、たった一つのシンジケートもつぶされなかった。ＤＥＡと、「英雄的」ムジャヒディンやパキスタン当局者と麻薬業者の間に特別のコネがあることを暴露してほしくないＣＩＡの間には、明白な利害の対立があった。ＣＩＡがＤＥＡの職務執行を妨害したために、数人のＤＥＡ担当官が転勤願いを出し、うち少なくとも一人は退職した。

ソ連に対するジハード（聖戦）の間、ムジャヒディンもカブールの共産政権の軍人も共にチャンスをつかんだ。作戦の兵站業務はきわめて単純だった。アフガニスタンに武器を運び込むロバやラクダやトラックの隊列は、帰りは空荷のままだった。それが生アヘンを積むようになった。CIA、ISIはパシュトゥンの部族長たちに、武器輸送コンボイの通過料として賄賂を支払っていたが、同ルートの帰り道をパキスタンにヘロインを運び出すのを見逃してもらうための賄賂を、部族長たちに支払うことになった。パキスタン陸軍直営の運送会社ナショナル・ロジスティックス・セル社は、CIA兵器をカラチ港からペシャワルやクエッタに輸送したが、同社の輸送便は特別のコネのある麻薬業者のヘロインを、カラチ港に運び出すのにしばしば利用された。八〇年代のヘロイン輸送は、パキスタン陸軍、政府、現地CIAの首脳レベルとの（共謀ではないまでも）コネがなければ不可能だった。ソ連をやっつけるというもっと大事な仕事のために、だれもが麻薬密輸を見て見ぬふりをした。麻薬取り締まりを真面目に取り上げる者はいなかった。

アシフ・ナワズ将軍がパキスタン陸軍参謀長に就任した九二年まで、パキスタン国軍内部にはびこった麻薬マフィアを追放するための協調行動は行われなかった。しかしその後、ヘロイン・マネーはパキスタンの経済、政治、社会の中に浸透した。イスラマバードに駐在する西側の麻薬取り締まり当局は、第一次ベナジール・ブット内閣（八八〜九〇年）と第一次ナワズ・シャリフ内閣（九〇〜九三年）の時代に国会議員になった麻薬組織のボスたちの行動を追跡している。麻薬ボスたちは、ブット女史のパキスタン人民党およびシャリフ氏のパキスタン・イスラム教徒連盟の政治家を、高い地位に就けるために多額のカネを提供している。パキスタンの産業は、ますます洗浄済み（マネーロンダリングを済ませた）の麻薬マネーでまかなわれるようになり、パキスタン経済の三〇パーセントから五

○パーセントを占めるヤミ経済は、麻薬マネーに深く依存している。

麻薬マネー

パキスタンにアヘンの生産をやめるよう米国と西側の圧力が掛かり始めたのは、ソ連のアフガニスタン撤退以後のことである。その後の一〇年間、つまり八九年から九九年にかけて、麻薬と戦うための資金として約一億ドルが西側からパキスタンに提供された。パキスタンでのケシの栽培は劇的に減り、最高時八〇〇トンだった生アヘンの生産量は九七年に二四トン、九九年には二トンまで低下した。ケシに代わる作物の栽培促進計画は見事に成功した。しかし、ヘロインの取引と輸送に従事するマフィアは消滅せず、間もなくタリバンの登場とそれに続くアフガン・ヘロインの増産によって、マフィアの麻薬ビジネスはブームを迎えた。パキスタンはヘロインの生産国ではなくなったが、タリバンにヘロイン輸出の重要ルートを提供した。タリバンに武器、燃料、食糧をとどける業者、トラック運転手、マドラサ（イスラム学校）、政府関係者などが、麻薬を動かした。それは八〇年代にムジャヒディンへの武器供給ルートが果たしたのとまったく同じことである。

パキスタンは悪い習慣に立ち返ろうとしている。クリントン政権は九八年二月、ヘロインの生産と輸出を抑制していないとパキスタン政府を非難した。米国はパキスタンに麻薬生産を抑制しているとの証明書を与えなかったが、米国の国家的安全保障の見地からパキスタンに猶予を与えた。今や麻薬問題は、パキスタンとアフガニスタンだけに限定されない。麻薬輸出は全方位に広がっているので、この地域全体の麻薬消費量が劇的に増えている。九八年までに地域内アヘン消費量は生産量の五八パーセントに達した。輸出量は生産量の四二パーセントである。

パキスタンには七九年にヘロイン中毒者はいなかったが、八六年には六五万人、九二年には三〇〇万人を数え、九九年には五〇〇万人と推定されている。ヘロイン中毒と麻薬マネーは、パキスタンの治安問題や失業問題を悪化させているだけでなく、民族、宗派間の党派抗争の武装化を促進している。

イラン政府は九八年、国内に一二〇万人の麻薬中毒者がいることを認めた。しかしイラン政府のある高官は、実際の数字は三〇〇万人に近いと筆者に語った。イランは、ほんの数オンスのヘロイン所持が直ちに死刑に直結するという、世界でも最も厳しい麻薬取り締まり政策を実行しているのに、これほどの中毒者が存在するわけだ。しかもイランは、麻薬の脅威を除く努力をパキスタン以上に厳しく実行している。イランは八〇年代以降、アフガニスタンから麻薬を運んでくるコンボイを阻止する作戦で、二五〇〇人の治安部隊員を失っている。九八年九月、イラン政府がタリバンとの軍事的緊張によりアフガニスタン国境を閉鎖した時、イラン治安部隊はわずか数週間で五トンのヘロインを国境で押収した。タリバンはこの時の国境閉鎖により、ヘロイン輸出と税収が低下し、深刻な財政危機に直面した。

ヘロイン中毒はウズベキスタン、タジキスタン、トルクメニスタン、キルギスでも増えている。これらの国がヘロイン密輸出網の一環をになっているからである。九八年にタジキスタンとアフガニスタン国境の警備隊が押収したアヘンは一トン、ヘロインは二〇〇キロに上った。

九九年一月の国際会議でタジキスタンのエモマリ・ラフモノフ大統領は、アフガニスタンからタジキスタンに一日に一トンの割合で麻薬が密輸されており、中毒患者が増えていると報告した。ウズベキスタンは、九八年にアフガニスタンから同国に密輸された麻薬が一一パーセント増えたと報告した。

わたしはトルクメニスタンの首都アシガバードで、五つ星ホテルのそばでヘロインがおおっぴらに売られているのを目撃したことがある。そのホテルの中では、けばけばしい身なりのトルクメン人とロシア人のマフィアが、さらにけばけばしい身なりのガールフレンドを交えて、アフガン国境へ「ビジネスをしに」行ってきたことを話していた。

トルクメニスタンでは九七年に、ヘロイン二トン、ハシーシ三八トンを押収した。タリバンに対して協調的な姿勢をとったトルクメニスタンは、九九年までにアフガン・ヘロインの主要な輸出ルートに成長し、トルクメニスタンの腐敗役人は麻薬取引から利益を得るようになった。

キルギスのアスカル・アカエフ大統領は九九年一月、同国が「麻薬密輸の主要ルートになり、それが犯罪の増加の原因になっています」とわたしに告げ、さらにアフガニスタンが平和にならない限り麻薬戦争に勝利できないこと、アフガン内戦が地域の安定にとって最悪の要因であることを説明してくれた。

アフガニスタンから流されるヘロインの爆発的増加は、今や地域全体の政治、経済に影響している。ヘロインは社会をゆがめ、もともとひ弱な経済を痛めつけ、一般大衆の貧困化とうらはらな新興麻薬貴族を生み出した。イスラマバード駐在のある西側外交官が言うには「麻薬はかつてないほど、この地域の政治を決定づける要因になっています。わたしたちは麻薬を、イスラム原理主義、テロリズム、一部の国の経済崩壊と同じくらいの脅威とみなしています」

こうした状況悪化に迫られて、国際社会はタリバンとの交渉を持つことになった。UNDCPは六ヵ月の秘密交渉の末、九七年一〇月にタリバンとの合意に達した。タリバンは、国際社会がアフガン農民に代替作物栽培支援基金を提供してくれるなら、ケシ栽培をやめさせると約束した。

UNDCPのピノ・アルラッチ事務局長は、タリバン支配地域でのケシ栽培根絶一〇ヵ年計画のため二五〇〇万ドルの基金を国際社会に要請した。アルラッチは熱情を込めて「アフガン・ヘロインはヨーロッパのヘロイン供給量の八〇パーセント、世界の供給量の五〇パーセントを占めています。わたしたちは世界のヘロインの半分をなくそうとしているのです」と説明した。この基金でUNDCPはケシに代わる換金作物をアフガニスタンに紹介し、水利を改善し、新しい工場をつくり、法の執行を助ける計画だった。

しかしタリバンはこの同意を実行に移さなかった。そして国連機関が九八年、アフガニスタンを撤退し、同意は破棄された。その六ヵ月後わたしに会ってくれたアルラッチは、少し悲観的になって「アフガニスタンは世界中で最も難しく、最も大変なところです。麻薬生産を規制するには、先に広範な政治解決が実現しないと」と語っていた。

UNDCPの活動を支援する先進国側も、あまり積極的とは言えない。九三年から九七年にかけてUNDCPは、アフガニスタンの麻薬規制に関連して一六四〇万ドルの拠出を国際社会に要請したが、受け取った額はその半分でしかなかった。

アヘン輸出税は、タリバンの財政収入と戦争経済の根幹部分になった。UNDCPの九五年の推定によると、アフガニスタンはパキスタン経由の麻薬輸出で年間五〇〇億ルピー（一三億五〇〇〇万ドル）を稼いだ。九八年までにヘロイン輸出は倍増し、三〇億ドルに達した。麻薬マネーは、武器、弾薬、軍事用燃料の支払いに当てられた。タリバンは麻薬マネーで、兵士の衣服費、食費、給料、交通費の他、兵士に認められている臨時手当などを支払っている。タリバンに好意的に言えることは、タリバン以前と違って麻薬マネーが指導者たちのポケットに入っていないらしいことだけだ。タリバンの指導者たちは、相変わらずとても質素な生活を送っている。しかし、麻薬はアフガン人、パキスタン人の密輸業者を大金持にしている。

密輸マーケット

麻薬取引と並んでアフガニスタンには、伝統的にパキスタンから湾岸諸国にまで広がる密輸網があるが、タリバンの下で中継密輸は拡大し、隣の国々に経済的損失を与えている。アフガン中継貿易（ATT）については第一五章で触れるが、これこそタリバンにとって最大の公式収入源であり、年間で推定三〇億ドルをアフガン経済にもたらしている。カンダハル、カブール、ヘラートなどの税関当局者は一日当たり関税収入の額を明らかにしないが、ヘラート経由でイランまたは中央アジアに向かうルートでカンダハルを通過するトラックが一日当たり約三〇〇台、ジャララバードやカブールを通過して北方に向かうトラックが一日当たり二〇〇台という数字から見て、関税額は相当なものだ。

アフガニスタン経由で運ばれる消費物資、食料品、燃料などの密輸は、すべての隣接国にとって産業構造をゆがめ、国庫収入を減らし、定期的な食料不足を招く原因になっている。ソ連軍に対するジハードの時代には、アフガニスタンが隣接国に迷惑をかけることはなかった。

密輸から上がるタリバンの関税収入は、アフガニスタン国家銀行を通じて流通する。国家銀行はすべての州都に支店を設けようとしている。しかしどんなカネが入金し、どこへ流れるかを示す帳簿は存在しない。「公式の」収入は戦争予算には計上されない。戦費はカンダハルのムラー・オマルの元に集められ、かれの直接の指示で使われる。戦争予算の収入源は麻薬収入、パキスタン、サウジアラビア、その他からの援助などである。モルビ・アリフラー・アリフ財政副大臣は「われわれの収入源は関税、鉱業、ザカート（喜捨）などですが、戦費としては国家銀行以外からくる収入もあります」と認めている。

ムラー・オマルは、自分のベッドの下に置いた錫のトランクに詰め込んだカネを戦費に当て、その使途は直接指示している。こうした状態では、現実に財政の専門家はいないのだが、仮にいたとしても国家予算を編成するのは事実上不可能である。財政省には資格のあるエコノミストもバンカーもいない。財政大臣もその補佐官たちもイスラム学校で教育を受けたムラーであり、財務に明るい官僚は追放されてしまった。公式予算の貧弱さは、財政省が編成した九七年度（九七年二月から九八年一月までのアフガニスタン会計年度）の行政と開発計画の予算が一〇万ドル相当額だったことで見当をつけられる。

タリバン内部でも、一部のムラー商人が産業や投資を活発にしようとして努力しているが、指導部からまともな支援は得られていないようだ。「われわれはアフガニスタンを近代国家として発展させたいのです。鉱物資源、石油、天然ガスは豊富で、外国投資家も関心を持つはずです」と語るのは、モルビ・アハメド・ジャン鉱工業相である。かれはサウジアラビアで営んでいた絨毯の商売をやめてタリバンに加わったアフガニスタンの産業担当大臣である。かれは「われわれが南部を支配する以前、わが国には操業中の工場は一つもなかったのです。今ではパキスタンの支援やアフガン商人のおかげで、鉱山や絨毯工場を再開しました」と述べたが、カンダハル・シューラ（評議会）のお偉方が戦争にのめり込んでいて、経済問題には関心を持っていないことを認めた。

外国人の投資、とりわけパキスタン商人の投資を誘致するために、鉱工業相はアフガニスタンに新たな工場を建設する者には土地を無償で提供するという優遇策を約束した。しかし、アフガニスタン国内のインフラはめちゃめちゃになっており、投資家は道路も電気も住宅も自分で手当てしなければならない。ペシャワルやクエッタを足場に、密輸や利益の大きいアフガン木材の非合法輸出を手がけている、ほんの僅かなパキスタン人かアフガン人の商人が、鉱業などの投資プロジェクトに関心を示しているだけだ。

アフガニスタンには、教育を受けた人や専門家はまったく残っていない。九二年以来、数波にわたる都市からの難民脱出で、教育を受けた人や訓練を受けた職業人、例えば電話交換手や電気工、機械工もいなくなった。タリバン政権の財政省、経済省、社会問題省などに勤めている大半は、ムラー商人、商売人、トラック運送業者、密輸業者などである。かれらにとって国造りとは、密輸マーケットを広げることであり、トラック輸送の交通圏を拡大することである。

地雷上の生活

かれらの典型の一人が恐ろし気な顔をしたタリバンの幹部で、ヘルマンド地方の司令官であるアブドル・ラシッドである。かれは九七年四月、パキスタンのバルチスタン州で密輸業者を追跡中、アフガニスタン領内に入ったパキスタンのパトロール隊員を逮捕したことで、一躍有名になった。ラシッドはつかまえたパキスタン兵をカンダハルに送り、パキスタンとのトラブルを引き起こした。かれはヘルマンドにあるタリバン所有の大理石鉱山を経営している。この鉱山は五〇〇人を雇っているが、道具はつるはしだけで、掘削機械も電気もなければ鉱山技師もいない。ラシッドの技術といえば、ダイナマイトで大理石の山を吹き飛ばすことだけである。

外国資本を待望するタリバンの期待を最初にかなえたのは、アルゼンチンのブリダス社と米国のユノカル社の二つの石油会社だった。両社は、トルクメニスタンからアフガニスタン南部を通ってパキスタンに抜けるガス・パイプラインを建設するため、タリバンの歓心を買おうと競争した。このパイプライン計画は、リスクを恐れないわずかな冒険商人しか関心を寄せない代物だった。この計画にはアフガン人、パキスタン人商人も加わり、カンダハルやヘラートへの道路沿いに、パイプライン用の石油ポンプを建設した。かれらは道路建設も約束した。ある米国企業グループは九九年に、カブール―カンダハル間に携帯電話網を設置してタリバンに提供した。こうした活動はアフガニスタンの通常経済を再建するのにほとんど役に立たず、タリバンの密輸ビジネスをやりやすくし、密輸業者や運送業者を楽にするだけだった。

アフガニスタンの再建をスタートさせる、まともな外国投資や援助が実現するのは、内戦が終わり、最小限の安定を保障する政府、国民が信用できる政府ができてからのことだ。それまでの間、アフガニスタンは経済的ブラックホールのようなもので、すでにさまざまな経済危機に直面しているこの地域を、不安定と混乱に追い込むだろう。アフガニスタンのインフラは完全に壊滅している。どんな発展途上国でも整っている生活の利便は存在しない。水道はない。電気、電話、自動車の走れる道路、石油・ガスが辛うじて存在する。水、食料、住宅、その他の生活必需品の不足は深刻である。間に合うものがあっても、大衆には値段が高すぎる。

戦争の間に何百万個もの地雷が埋められたことが、都市、農村を問わず人々の再定住を妨げている。最も肥沃な農村部で農業や灌漑ができない状態である。七九年以来、地雷の爆発で四〇万人のアフガン人が死亡し、さらに四〇万人が負傷した。アフガニスタンの全世帯の一三パーセントが、地雷事故によって死亡するか、あるいは障害者になった家族を抱えているし、今でも毎月三〇〇人以上が死亡するか障害者になっている。アフガニスタンでは、国連やNGOから派遣された約四〇〇〇人の専門家が、できるだけ速く地雷を撤去しようと努力しているが、主要都市の地雷撤去だけでもあと一〇年はかかりそうだという。六年間にわたる地雷撤去の作業を終えた九八年の段階で、カブール市五〇〇平方マイルのうち二〇〇平方マイルにまだ地雷が残っている。

地雷以外にもカブール市民の日常はきびしい。市民の闘いは毎日の食料を買うのに充分なだけの、きたならしいアフガンの札を手に入れることだ。店にはイランやパキスタンから密輸された食料品が一杯だが、市民はそれを買うカネがない。カブールから逃げなかったアフガン人の外科医たちの月給は、五ドル相当額である。かれらが生き延びていられるのは、ひとえにＩＣＲＣ（赤十字国際委員会）の補助のおかげである。

カブール市民の平均的月給は一ドルから三ドル程度。ひどい貧困と失業のため、都市住民の多くは最低限の生存を、国連の人道的機関とその食料援助に全面的に依存している。カブール住民一二〇万人の五〇パーセントは、西側の人道援助機関の食料援助を受けている。

この問題は国連のジレンマになっている。国連が人道的援助をしているために、アフガニスタンの軍閥は民間人に対する責任をまぬがれ、結果として国連が戦争を長引かせているのではないかという問題である。タリバンは、民間人を食わせる責任はないと言い続けている。アラーが施してくれるだろうというのである。しかしもし国連やＮＧＯが支援活動を全面的に停止すれば、一般アフガン人の苦しみは増すばかりだ。とりわけ、夫を失った妻や孤児などの苦しみは大変なことになろう。

九八年に経済情勢は目に見えて悪化した。この年、北部アフガニスタンは三度の大地震に見舞われ、タリバンのハザラジャート包囲は中部アフガニスタンを広範囲の飢餓に追い込み、カンダハルの洪水は村々や収穫物を水没させ、九八年八月の米国のミサイル攻撃後に援助機関が引き揚げたことで、都市住民はひどい打撃を受けた。九八年から九九年にかけての厳しい冬の間、カブールの街路で栄養失調が目についた。この冬は特に寒く、一日に一回食べられる者、家を暖められる者はほとんどいなかった。しかし希望のしるしも見られた。ＷＦＰ（世界食糧計画）の推定では、九八年アフガニスタンの穀物生産量は三八五万トンで九七年より五パーセント増え、七八年以来最高の出来高だった。

これは、タリバン支配下の農村部における治安の改善、戦闘の減少、難民だった農民が帰国したことの反映である。アフガン難民はまだパキスタンに一二〇万人、イランに一四〇万人もいるが、九二年から九九年の間に四〇〇万人の難民が帰国した。しかしタリバンと国連の諸機関はなお、九八年に都市の食糧不足に対応するため七五万トンの小麦を輸入しなければならなかった。タリバンがアフガニスタンに経済的災厄をもたらしたのではない。むしろ九二年以降すべての軍閥が参加した内戦から、タリバンが災厄を引き継いだのである。しかしタリバンを含め、どの軍閥も民間人の苦しみには注意を払わなかった。

したがって西側諸国が「ドナーの疲労」にかかったのは、少しも驚くことではない。内戦が衰えることなく続き、軍閥がみんな無責任であるのを見れば、人道的援助のためにさらにカネを出すのに気が進まなくなるのだ。九八年まで国連のアフガニスタン・コーディネイター（調整役）を務めたアルフレド・ウィッチ＝チェスターリは語る。「年々、おカネが集まるのに時間がかかるようになりました。集まるおカネは、お願いしたい金額の半分以下になりました」

軍閥たちは国の再建や今後の計画に、いささかの関心も示さないままである。アフガニスタンの経済的ブラックホールはますます拡大し、ますます多くのアフガン人民、地域の人民を吸い込んでいる。

第10章　世界的ジハード　アラブ・アフガンとウサマ・ビン・ラディン

イスラム国際旅団

カイバル峠の頂上にあるトルハム国境ポストでは、シンプルな鎖の柵がアフガニスタンとパキスタンの境界を分けている。パキスタン側には国境警備隊員がスマートな身のこなしで立っている。グレーのシャルワル（パキスタンのゆるいズボン）とターバンが制服の準軍事組織である。

それは一九八九年四月のことだった。ソ連軍のアフガニスタン撤退が完了したばかりだった。わたしはカブールから陸路パキスタンに戻るところだった。しかし、国境の柵は閉ざされていた。旅の疲れから、わたしはアフガニスタン側の草地に寝転がって国境の開くのを待った。

その時突然、背後の道路にムジャヒディン（イスラム武装勢力）を満載したトラックが、轟音を立てて止まった。しかし、車上の兵士たちはアフガン人ではなかった。明るい肌のアラブ人や青い目の中央アジア人、それに日に焼けた中国人風の兵士たちが、ゆるく巻いたターバンとシャルワルをぎごちなく身に着けて、あたりをのぞいていた。兵士たちは弾薬帯を巻き、カラシニコフ自動小銃を持っていた。通訳兼ガイドのアフガン人を除いて、三〇人ほどの外国人兵士は誰もパシュトゥ語もダリ語も、ウルドゥー語さえも話せなかった。わたしは、かれらと国境の開くのを待ちながらおしゃべりした。

この一隊の構成はフィリピンのモロ人、ソ連・中央アジアのウズベク人、アルジェリア、エジプト、サウジアラビア、クウェートのアラブ人、中国・新疆（しんきょう）のウイグル人などだった。護衛はグルブディン・ヘクマティアルの率いるイスラム組織ヒズビ・イスラミ（イスラム党）のメンバーが務めていた。兵士たちは国境近くの訓練キャンプから、週末休暇をペシャワルで過ごすために外出してきたところで、ペシャワルで家族からの便りを受け取ったり、服装を換えてうまい料理を食べに行ったりするのだという。かれらはムジャヒディンと共に戦うためと、いずれ国に帰ってジハードを戦うために、兵器の扱いや爆弾製造法、軍事戦術の訓練を受けようと、アフガニスタンまでやってきたのである。

その晩、ベナジール・ブット首相がイスラマバードで記者団を招いて夕食会を開いた。ゲストの中に、パキスタン軍統合情報部長のハミード・グル中将がいた。かれはジア元大統領亡き後、国軍内で最も熱心なイスラム主義の思想家である。この晩のグル将軍は、ソ連軍の撤退で有頂天だった。わたしは将軍に、かれが表向きパキスタンの友邦であるイスラム諸国からムスリム急進派を招いて、火遊びをしているのではないかと尋ねた。これらの急進派がいずれ自国に対立を持ち込み、パキスタン外交を危険に陥れることはないか？　将軍は答えた。

「われわれはジハードを戦っているのです。これは、近代最初のイスラム国際旅団なのです。共産主義者は国際旅団を持っています。西側にはNATOがあります。なぜムスリムが団結して、共同戦線を持ってはいかんのですか」。これが、すでに「アラブ・アフガン」と呼ばれていた勢力について、わたしが聴いた初めての、そして唯一の説明だった。ただしアラブ・アフガンとは言っても、この中にアフガン人はいなかったし、多くは非アラブ人だったが。

ＣＩＡの関与

これより三年前の一九八六年、ウィリアム・ケーシーＣＩＡ長官はアフガニスタンにおける対ソ戦争を拡大した。かれは、当時は極秘だったが、三つの重大措置を実行に移した。米議会を説得して、ソ連の航空機を撃墜するためにアメリカ製のスティンガー対空ミサイルをムジャヒディンに提供すること、ムジャヒディン・ゲリラを訓練するため米軍事顧問を派遣することを可能にしたのである。それまでは、米国製の兵器もアメリカ人もアフガン戦争に直接関与していなかった。

ＣＩＡと英国のＭＩ６（対外情報部）、パキスタンのＩＳＩ（軍統合情報部）は、ソビエト連邦を構成するタジキスタン共和国、ウズベキスタン共和国にゲリラ攻撃をかけるという挑発的な計画に合意していた。イスラム圏に属するこの二つの共和国はソ連の柔らかな脇腹であり、アフガニスタンのソ連軍はここから軍事物資の補給を受けていた。ゲリラ攻撃をかける任務は、ＩＳＩお気に入りのムジャヒディン指導者グルブディン・ヘクマティアルに与えられた。

八七年三月、北部アフガニスタンの基地を出た小部隊がアムダリア川を渡り、タジキスタンの村に最初のロケット攻撃をした。ケーシーはこのニュースに大喜びし、その次にパキスタンを秘密訪問した際、ジア大統領と共にアフガニスタンに入り、ムジャヒディン部隊を閲兵した。

ケーシーが実行した三番目の措置とは、前からISIが進めていた、世界中からムスリム急進派をパキスタンに呼び集め、アフガン・ムジャヒディンと共に戦わせるというプロジェクトを、CIAが支援したことである。ISIは八二年からこの計画に着手していたが、ISI以外の人々もこぞって支持するようになった。ジア大統領はイスラムの団結をかため、パキスタンをイスラム世界のリーダーに仕立て、ソ連領中央アジアにイスラムの反政府派を育てようと考えた。米国の望みは、全イスラム世界がアフガン人やアメリカ人と共にソ連と戦っているように宣伝することだった。そして、サウジアラビアは、この機会をイスラム教ワッハーブ派を広めると同時に、国内の急進不満分子を一掃するために利用しようと考えた。誰もが、ムジャヒディン志願者は独自の目標を持ち、いずれは自分たちの反ソ感情を自国の体制や米国に対する敵意に転換するなど、考えもしなかった。

パキスタンは、この時までに在外の全大使館に向けて、ムジャヒディンと一緒に戦うために入国したいという者には誰でも、質問なしにビザを発給するよう指示していた。中東ではムスリム同胞団、サウジアラビアに本部のある世界ムスリム連盟、パレスチナのイスラム急進派などが志願者を募り、パキスタン側と接触した。パキスタンではISIとイスラム急進派の組織ジャマート・イ・イスラミが歓迎委員会をつくり、到着する志願者に宿泊や訓練の世話をしたり、ヒズビ・イスラミなどのムジャヒディン組織への参加を促した。これらの活動の経費はサウジアラビア情報部から届けられた。フランスの学者オリビエ・ロワの表現によれば「ISIがまとめたサウジアラビア、ムスリム同胞団、ジャマート・イ・イスラミの合弁企業」である。

八二年から九二年にかけて、中東、北アフリカ、東アフリカ、中央アジア、東アジアなど四三ヵ国から集まったムスリム急進派ざっと三万五〇〇〇人が、アフガン・ムジャヒディンと共に砲火をくぐることになる。それ以外に数万人が、ジア軍事政権の財政援助を受けてパキスタン国内やアフガニスタン国境に新設された、数百のマドラサに学びにきた。最終的には一〇万人以上の外部からのムスリム急進派が、アフガニスタンやパキスタンに直接接触し、ジハードの影響を受けた。

これら急進派はペシャワル近郊やアフガニスタン内部のキャンプで初めて出会い、一緒に学び、訓練を受け、戦った。大半の者にとって他国のイスラム運動について学ぶ初めての機会であり、かれらは戦術面と思想面で団結を深めたが、この結びつきはかれらの将来にとても役立つこととなった。これらのキャンプは、実質的に未来のイスラム急進主義の大学となった。このプロジェクトにかかわった情報機関のどれも、世界中から多数のイスラム急進派を集めることの結果について、考えてみようとはしなかった。

米国の安全保障問題の大統領補佐官だったズビグニュー・ブレジンスキが問題提起をしている。「世界の歴史から見てどちらがより重要だったのか？　タリバンか、それともソビエト帝国の崩壊か？　一部の急進的ムスリムの登場か？　それとも中部ヨーロッパの解放と冷戦の終焉か？」

アメリカ市民は、アフガニスタンで訓練を受けたイスラム過激派が九三年にニューヨークの世界貿易センターを爆破、六人が死に一〇〇〇人が負傷するという結果を見るまで、気がつかなかったのである。

自前の訓練キャンプ

サミュエル・ハンチントンは書いた。「アフガン戦争が残したものは、イスラムを広めようとするイスラム主義団体とすべての非ムスリム勢力の、居心地の悪い連合である。これ以外に残されたのは、戦争の専門家や熟練兵の伝説であり、軍事訓練キャンプ、軍事補給施設であり、個人および団体間をつなぐイスラム・ネットワークの完備であり、三〇〇ないし五〇〇基のスティンガー・ミサイルを含む大量の使い残り兵器であった。しかしこの戦争が残したもっと重要なものは、強い達成感と自信であり、新たな勝利に向かって前進しようとする願いである」

これらムスリム急進派の多くが考えたのは、アフガニスタンのジハードが一方の超大国、ソ連を破ったのであれば、もう一方の超大国アメリカや自国の政府を打ち破れないだろうか、という問題だった。しかし、この論は、アフガン・ジハードだけでソ連のひざを屈させたという単純な前提に支えられている。ソ連のシステム崩壊を促したのは多数の国内的な要因であり、アフガン・ジハードは原因の一つでしかないという観点は、都合よく無視されている。米国ではソ連の崩壊を共産主義制度の失敗と見たが、多くのムスリムはソ連崩壊をもっぱらイスラムの勝利と見た。ムスリムの闘士にとって、この観点はイスラムが七、八世紀に世界を席巻したことを思い出させ、深い感動を与えた。新しいイスラムのウンマ（預言者ムハンマドが導いた理想的共同体）が、血の犠牲と新しい世代の殉教とアフガニスタンのような勝利を重ねることによって築き上げられると、かれらは主張した。

何千、何万の外国人兵士の中に、サウジアラビア人の若い学生ウサマ・ビン・ラディンがいた。ウサマの父親は、故ファイサル国王の親友で、大手建設会社を経営したイエメン人モハメド・ビン・ラディンである。モハメドの建設会社は、メッカやメディナの大モスクの修理・拡張工事を手がけたことで、膨大な利益を収めた。

ＩＳＩはかねてから、サウジ情報局「イスタフバラト」の責任者トゥルキ・ビン・ファイサル殿下に、王室の一員がアフガニスタンのサウジ部隊を指揮するよう働きかけていた。それはムスリム向けにサウジ王室のジハードへのコミットを示すために必要だった。それまでにサウジアラビアから到着していたのは、学生、タクシー運転手、ベドウィン（遊牧民）など、比較的貧しい階層だけだった。しかし甘い生活を送るサウジ王族に、アフガニスタンの荒涼とした山地に身を投じる意思はない。しかしウサマなら、王族ではないが王室に近いし、サウジ部隊を指揮するに充分すぎるくらいの金持ちである。ウサマ、トゥルキ王子、グル将軍の三人は、共通の大義のために戦う友人・同盟者の関係を結んだ。

アラブ・アフガンの中心は世界ムスリム連盟とムスリム同胞団のペシャワル事務局だった。ムスリム同胞団の指導者は、ヨルダン・パレスチナ人のアブドラ・アザムだった。ビン・ラディンはかつてジッダの大学でアザムと知り合い、以来、指導者として敬愛してきた。アザムと二人の息子は八九年、ペシャワルで爆弾により暗殺された。アザムは八〇年代、ヘクマティアルとアフガン人イスラム学者アブドル・ラスール・サヤフと親交を深めた。サヤフはサウジアラビアがワッハーブ派の教義を広めるためにペシャワルに派遣した人物である。サウジからの資金は、アザムと「マフタブ・アル・キドマット」すなわち、アザムが新兵の面倒を見るためにイスラム慈善基金の受け皿として、八四年に設立したサービス・センターを通じて配分された。サウジ情報部、サウジ赤新月社、世界ムスリム連盟などからの寄金、サウジ王族の個人的寄付金や各地モスクで集められた寄付金は、すべてマフタブ経由で分配された。一〇年後、このマフタブは世界貿易センター爆破や、九八年の在アフリカ米大使館爆破を助けた急進派組織網の中軸として登場することになる。

ビン・ラディンの人生はアフガニスタンに到着するまでは、特段変わったことはなかった。かれは一九五七年ごろ、イエメン人の父親がつくった五七人の子供の一七番目に生まれた。母親は、父モハメド・ビン・ラディンの数多い妻の一人であるサウジ女性である。ウサマ・ビン・ラディンはジッダのキング・アブドル・アジズ大学で経営学の修士課程に学んだが、やがてイスラム神学に転じた。長身で痩せ型のビン・ラディンは、一メートル九九センチの身長に、長い手足と濃いあごひげが特徴的で、同世代の友人たちによると、静かで敬虔な人物という印象ではあったが、特別な大物という感じではなかったという。

米国が大物テロリストとして500万ドルの懸賞金をかけて追いかけているウサマ・ビン・ラディン氏（写真提供／共同通信社）

父親がアフガン人の戦いを支援し、寄金も寄せていたので、ビン・ラディンがアフガニスタンの戦いに参加することを決めた時、家族は熱狂的に賛成した。かれは八〇年に初めてペシャワルを訪れ、ムジャヒディンの指導者たちに会った。それから八二年までは、アフガンの戦いを支援する寄付を集めるためしばしばサウジアラビアに帰ったが、八二年にペシャワルに住み着く決心をした。かれは自分の建設会社の技術者や重機をペシャワルに運び、ムジャヒディンのために道路や武器置き場を建設した。八六年には、CIAのカネでパキスタン国境近くの山中深くに、大規模な武器倉庫、軍事訓練場、医療センターなどをひとまとめにした一大地下施設「ホスト・トンネル」を建設する工事を助けた。このホストに、ビン・ラディンは初めて自前の軍事訓練キャンプを設けた。ここで訓練を受けたアフガン・アラブたちは今も増え続け、このカリスマ性のある、ひょろ長いサウジ人富豪を自分たちのボスと仰いでいる。

ビン・ラディンは後年、「サウジアラビアは無神論のロシア人と対抗するため、わたしをアフガニスタン駐在員に選んだのです」と語った。「わたしはアフガニスタン国境に近いパキスタン領内に落ち着きました。ここでサウジアラビア王国やアラブ諸国、その他のムスリム諸国からやってきた志願兵を迎えたのです。わたしは最初のキャンプを開き、志願兵をパキスタンや米国の将校に訓練してもらいました。武器はアメリカから、カネはサウジアラビアから補給されました。わたしは戦いをアフガニスタンに限定するのは充分でないことに気づきました。共産主義や西側の弾圧などに対し、すべての戦線で戦わなければならないのです」

ビン・ラディンはのちに、ソ連軍に対する待ち伏せ攻撃に自ら参加したと主張したが、かれの主な仕事は自分の財産とサウジアラビアからの寄付金を使って、ムジャヒディンのために工事をすることと、ワッハーブ派の教えをアフガン人に布教することだった。八九年にアザムが死んだ後、ビン・ラディンはアザムの機関を引き継ぎ、アラブ・アフガンとその家族のためのサービス・センターとして「アル・カーダ」（軍事基地）をつくり、志願兵や家族たちの広範な団結を促した。ビン・ラディンの援助により数千人のアラブ志願兵はクナール州、ヌリスタン州、バダフシャン州に基地を設けた。しかし、かれらは極端なほどワッハーブ派信仰を守ったことがあだになって、大半のアフガン人から嫌われた。しかも最も過激なワッハーブ派のパシュトゥン人ムジャヒディンと親交を結んだため、アラブ・アフガンは非パシュトゥン人やシーア派ムスリムとは疎遠になった。

アハメド・シャー・マスードはのちにアラブ・アフガンをこう批判した。「わたしのジハード部隊はアフガン聖戦当時、アラブ・アフガンとあまりいい関係ではなかったのです。対照的にアラブ・アフガンは、アブドル・ラスール・サヤフやグルブディン・ヘクマティアルの部隊といい関係でした。わたしの部隊が九二年カブールに入城した時、アラブ・アフガンの兵士たちはヘクマティアルの部隊に加わって、われわれと戦ったのです。われわれはかれら（アラブ人たち）に出国するよう要請するでしょう。ビン・ラディンは善よりむしろ害をなしています」。マスードは九七年タリバンにカブールから追い出された後、このように述べていた。

公然とサウジ王室批判

ビン・ラディンは九〇年までにムジャヒディン内部の抗争に幻滅を感じ、サウジアラビアに帰って家業に励んだ。かれはアラブ・アフガン帰還兵士による福祉団体を立ち上げた。帰還兵はメッカ、メディナに住む者だけで四〇〇〇人を数え、戦死者の家族のために募金を集めた。イラクのクウェート侵攻が起きた後、ビン・ラディンはサウジ王室にクウェート防衛にあたる人民軍の組織化を働きかけ、イラクと戦うためのアフガン帰還兵部隊を集めようとした。ところがファハド国王はアメリカ人を招き入れた。このことはビン・ラディンに大変なショックを与えた。五四万人の米軍が到着する中で、ビン・ラディンは公然と王室を批判し、サウジアラビアのウレマ（イスラム法学者）階層に、非ムスリム軍がこの国に基地を置くことに反対するファトワ（イスラム教令）を出すよう働きかけた。

クウェート解放後も米軍二万人がサウジアラビアの基地に残ることになって、ビン・ラディンの批判はエスカレートした。九二年、彼は内務大臣のナイフ王子にきびしい議論を浴びせ、王子のことを「イスラムの裏切り者」呼ばわりした。ナイフはファハド国王に苦情を申し立て、ビン・ラディンはペルソナ・ノングラータ（好ましからざる人物）と宣告された。それでも王室内部にはビン・ラディンの仲間たちがいた。彼らはサウジ情報局とISIを掛け持ちするナイフを嫌っていた。

ビン・ラディンは九二年、カリスマ的なスーダン人指導者ハッサン・トゥラビの下で進められているイスラム革命に参加するため、スーダンに向かった。かれは引き続きサウジ王室を批判し続けたが、その結果、王室は九四年、ビン・ラディンのサウジアラビア国籍を抹消するという前例のない措置に出た。ビン・ラディンはスーダンで財産と人脈を活用し、自分の周辺にこれまでより多くのアフガン帰還兵を集めた。彼らは皆イラクに対するアメリカの勝利と、米軍を引き続き湾岸に駐留させているアラブ支配層の態度に腹を立てていた。ビン・ラディンをかくまうスーダンに対する米国とサウジアラビアの圧力が高まり、スーダン当局はかれに出国を要請した。

九六年五月、ビン・ラディンはアフガニスタンに戻った。三人の妻と一三人の子供で構成されるかれの家族をはじめ、ボディガードやアラブ人活動家など、一行数十人を乗せたチャーター・ジェット機がジャララバードに到着した。九六年九月にタリバンがカブールやジャララバードを制圧するまで、かれはジャララバード・シューラ（長老評議会）の保護下に入っていた。かれは九六年八月、かれの言い分ではサウジアラビアを占領している、米国に対する最初のジハード宣言を発表した。この宣言は「抑圧と屈辱の壁は弾丸の雨なくしては崩れない」と述べている。ビン・ラディンはタリバン最高指導者のムラー・オマルが示した友情に感激して、九七年にカンダハルに引っ越し、タリバンの保護下に入った。

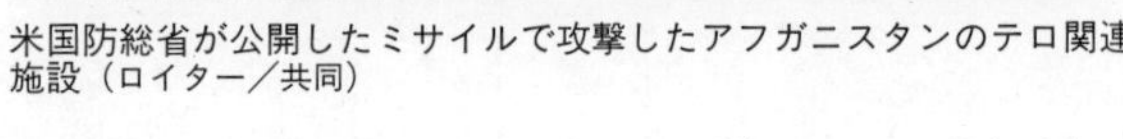
米国防総省が公開したミサイルで攻撃したアフガニスタンのテロ関連施設（ロイター／共同）

今日ではCIAが特別チームをつくって、ビン・ラディンの活動と他のイスラム活動家との連絡状況を監視している。九六年八月の米国務省レポートは、ビン・ラディンが「世界中のイスラム過激派の活動に対する最も大口の資金提供者の一人」と認定している。このレポートによると、かれはソマリア、エジプト、スーダン、イエメン、アフガニスタンにおけるテロリスト・キャンプに資金を提供している。九六年四月、クリントン大統領は、テロ組織の資産を封鎖することを認めた反テロリズム法に署名した。この法律が最初に適用されたのは、推定二億五〇〇〇万ないし三億ドルといわれるビン・ラディンの資産を封鎖するためだった。それから数ヵ月後にエジプト情報当局は、ビン・ラディンがアラブ諸国でイスラム革命を起こすために、アラブ・アフガン第二世代の一〇〇〇人を兵士として訓練していると発表した。

九七年の初め、CIAが編成した奇襲部隊がペシャワル入りした。部隊はビン・ラディンをアフガニスタンから連れ出す作戦を計画し、実行するはずだった。部隊は計画を支援するアフガン人やパキスタン人を仲間に入れたが、作戦は中断された。ペシャワルで米国が活動を始めたことで、ビン・ラディンはより安全なカンダハルへ引っ越すことに納得した。九八年二月二三日、「アル・カーダ」に関係したすべてのグループが旧ホスト基地で会合を開き、「ユダヤ人と十字軍に対する聖戦のための国際イスラム戦線」の名の下に、宣言文を発表した。宣言文は、「米国は七年以上にわたって、アラビア半島の最も神聖なる土地、イスラムの土地を占領し、その富を奪い、土地の支配者に指図し、人民を屈従させ、隣接国を恐怖に追い込み、半島内の基地を隣接国のムスリム人民に対する攻撃に利用しようとしている」と述べた。

この会合はファトワ（イスラム教令）を発した。それは「軍人、民間人を問わず、アメリカ人とその同盟者を殺すという決定は、どの国で実行できるかを問わず、ムスリム一人一人に与えられた個人的な義務である」と述べていた。ビン・ラディンはここで、サウジの王室やアメリカ人を狙うだけでなく、すべての中東イスラム世界の解放を呼びかけるという方針を明確にした。ビン・ラディンは米空軍機のイラク攻撃がエスカレートした九八年、全イスラム教徒に向かってアメリカ人とイギリス人と「対決し、戦い、殺せ」と呼びかけた。

五〇〇万ドルのお尋ね者

しかし、ビン・ラディンの名前をイスラム世界、西側世界で一挙に有名にしたのは、九八年八月ケニアとタンザニアの米大使館の爆破で二二〇人が殺された事件である。それからわずか一三日後に、米国はビン・ラディンがこの事件の黒幕だと非難し、報復のためホスト基地とジャララバード付近のキャンプに七〇発の巡航ミサイルを撃ち込んだ。ミサイルは、タリバンがアラブ・アフガンやパキスタンの急進派に引き渡した数ヵ所のキャンプに命中した。

ビン・ラディンが管理しているアル・バドル・キャンプとパキスタンのイスラム団体、ハラカット・ウル・アンサルが運営するハリド・ビン・ワリド・キャンプとムワイア・キャンプが主な攻撃目標だった。ハラカットはこれらのキャンプを、カシミールでインド兵と戦うゲリラの訓練に使っていた。この攻撃で、局外者七人が殺された。イエメン人三人、エジプト人二人、サウジ人とトルコ人各一人である。同時にパキスタン人七人とアフガン人二一人が殺された。

米国は九八年一一月、ビン・ラディン逮捕の場合、報奨金五〇〇万ドルを支払うと公表した。ビン・ラディンはさらに、米国を攻撃するために化学兵器や核兵器を入手するのはムスリムの義務だと公言して、アメリカ人を一層かりかりさせた。かれは「ムスリムにとって、不信心者がムスリムに害を与えるのを防ぐための兵器を持たないことは罪である。アメリカとの対決は宗教的な義務であり、それは神によって報われるだろう」と述べたのだった。

アフリカの爆発事件から数週間もたたないうちに、クリントン政権はビン・ラディンを悪魔のように描き、近年、イスラム世界で起きた、反米テロ事件をすべてかれの責任として非難した。ニューヨークの裁判所はビン・ラディンを続々と訴追した。九三年ソマリアのモガディシオで米兵一八人が殺された事件、九五年リヤドで起きた爆弾攻撃で米兵五人が殺された事件、九六年にダーランで米兵一九人が同様に殺された事件、これら全部についてかれは訴追された。この他にかれの加担が疑われている事件は、九二年のアデンの爆発事件、九三年の世界貿易センター爆発事件、九四年フィリピンでクリントン大統領暗殺を狙った事件、九五年に米国の民間航空機多数の爆発を狙った事件などなどである。加担が疑われている事件にかれが本当に加担したかどうかについては、米国の専門家の間でも疑問視する見方が非常に多い。

しかし、クリントン政権は、モニカ・ルインスキ事件の泥沼に足を取られているだけに、他に関心をそらす材料を大いに必要としていたし、また説明のつかないテロ事件について分かりやすい、単純な解説を求めていた。ビン・ラディンは、米政府が筋書きを書いた世界的反米陰謀ドラマの中心人物となった。

アフガン帰還兵の動き

しかし、米政府は、CIAが支援したアフガン・ジハードがイスラム世界に多数の原理主義運動を産み落としたことを、認めようとしなかった。この運動は反米というより、自国の腐敗、非能率的な政府に対して不満を抱いているイスラム活動家が動かしているのだ。早くも九二年から九三年にかけて、アルジェリアとエジプトの最高レベルの指導者たちは米国に警告を発していた。それはアラブ・アフガンの存在をなくすことを目標に、早くアフガン和平をもたらすために、米国のアフガニスタン政策を外交的に組み直すよう勧告したものである。米国はこの警告を無視し、アフガンの内戦がエスカレートしても、無視の態度を続けた。

アルジェリアが怖れたのは正しかった。アラブ・アフガンの隊列から最初の噴火が起きたのはアルジェリアであった。同国では九一年に行われた総選挙の第一回投票で、イスラム救国戦線（FIS）が全国的に六〇パーセント程度の得票率を挙げて勝利した。アルジェリア軍はこの結果を無効化し、九二年一月大統領による統治を宣言したが、二ヵ月後には悪性の内戦が始まり、九九年までに何と七万人もの犠牲者を出すに至った。FIS自体が間もなく、もっと過激なイスラム・ジハードにお株を奪われた。イスラム・ジハードは九五年に武装イスラム集団（GIA）と名前を変えた。GIAは「アルジェリア・アフガン」すなわちアフガン戦争からのアルジェリア帰還兵が動かしていた。かれらはネオ・ワッハーブ派であり、かれらの行為はアルジェリアを流血の淵に追い込み、北アフリカを不安定化させ、フランスにイスラム過激主義を広げることになる。アルジェリアは、その後に起きたことの前触れでしかなかった。エジプトでイスラム・グループによる爆弾事件がいくつか起きたが、かれらもアフガニスタンで訓練を受けた帰還兵であることが突き止められた。

ビン・ラディンは、イスラム世界の各地で起きた暴力行為の実行者の多くを知っていた。かれらはアフガニスタンで一緒に生活し、一緒に戦った仲間である。かれの組織は、アフガン帰還兵とその家族を支えることを中心にやっており、帰還兵や家族と接触を保っていた。ビン・ラディンはかれらの暴力行為の資金源になっていたかもしれないが、かれらが何をたくらんでいたのか、かれらの国内的目標が何だったのかは知らなかっただろう。ビン・ラディンは一貫して、イスラムの思想的構造について不確かなままである。かれはイスラムの学者でも教師でもない。だから、かれはファトワ（イスラム教令）を出してはいるが、法的にはファトワを出す資格はないのだ。西側ではかれの「アメリカに死を」の訴えはファトワと受け取られているが、イスラム世界では道徳的な重みを持っていないのだ。

アフガン戦争時代にかれを知ったアラブ・アフガンたちは、かれがイスラム世界で今何をなすべきかを語る思想家でも知識人でもなかったと証言する。その意味でビン・ラディンはイスラム革命のレーニンでもなければ、第三世界革命論のチェ・ゲバラに匹敵するイスラム革命の国際的イデオローグでもなかった。

ビン・ラディンの元の仲間が言うところでは、かれはとても感受性の強い男であり、いつもイスラムと現代世界について教えてくれる師を求めていた。かれの青年時代の師は数多いが、後年になって学んだのは、活動を禁止されたエジプトの「イスラム聖戦」の指導者アイマン・アル・ザワヒリ博士であり、世界貿易センター爆破事件で、現在入獄中であり、やはり活動を禁止されたエジプトの「エル・ガンマ・イスラミヤ」（イスラム団）をかつて指導した、盲目のエジプト人説教師シェイク・オマール・アブデル・ラーマンの二人の息子である。

アフガン戦争を通じて、かれは各地のイスラム組織の長老指導者たちを知った。例えばスーダンの「民族イスラム戦線」、レバノンの「ヒズボラ」、ガザとヨルダン川西岸のパレスチナ人のイスラム急進運動「ハマス」などである。ビン・ラディンはカンダハルでチェチェン人、バングラデシュ人、フィリピン人、アルジェリア人、ケニア人、パキスタン人、アフリカ系アメリカ人のムスリムと一緒だった。その多くはビン・ラディンより多くの本を読み、情勢に明るかった。しかしかれらは米国のお尋ね者リストに載っているため、アフガニスタン以外に旅行ができなかった。かれらに必要なものはカネと聖域であり、ビン・ラディンはそれを提供した。

アフリカの米国大使館爆破事件後、米国は文字通りグローバル作戦を発動した。数十ヵ国でイスラム活動家八一人以上が逮捕された。逮捕作戦はタンザニア、ケニア、スーダン、イエメンからパキスタン、バングラデシュ、マレーシア、フィリピンへと三日月状の弧にそって行われた。九八年一二月、インド当局はカルカッタの米領事館の爆破を企てたとして、バングラデシュ人活動家を何人か逮捕した。イタリアの偽造パスポートを使ったアフガン人八人がマレーシアで逮捕され、爆弾作戦を始めようとしていたと告発された。FBI（米連邦捜査局）によると、九八年一二月、西側観光客一六人を誘拐したイエメンの活動家たちは、ビン・ラディンの資金援助を受けていた。バングラデシュ当局は九九年二月、ダッカのイスラム団体「ハラカット・ウル・ジハード」（HJ）がビン・ラディンから一〇〇万ドルを受け取っていたと発表した。HJの一部メンバーはアフガニスタンで訓練を受け、戦闘に参加したが、その指導者はバングラデシュをタリバン式イスラム国家に変えたいと主張している。

数千キロのかなたのヌアクショット、すなわち西アフリカにあるモーリタニアの首都でも、数人のイスラム活動家が逮捕された。かれらはアフガニスタンでビン・ラディンの下で訓練を受け、爆弾事件を企てていたとの容疑がかけられている。一方、アル・ジハードメンバー一〇七人を裁くカイロ軍事法廷で、エジプトの情報局幹部は、ビン・ラディンがアル・ジハードに資金を供給していたと証言した。九九年二月、CIAはビン・ラディンの衛星通信網を傍受したことにより、かれの支援を受けた連中が米国の在外施設多数を爆破する計画を未然に阻止したと発表した。それらの国はサウジアラビア、アルバニア、アゼルバイジャン、タジキスタン、ウガンダ、ウルグアイ、コートジボワールで、アフガン帰還兵がこんなに広く分布していることを示している。

クリントン政権は、九九年のテロ対策予算として六七億ドルを割り当てた。同年のFBIのテロ対策費は九八年の一億一八〇〇万ドルから二億八六〇〇万ドルに増え、テロ対策要員として九八年の二倍の二六五〇人をこの任務に当てた。

パキスタンが抱える矛盾

しかし、アラブ・アフガンの活動によって最も大きな被害をこうむったのは、当初、かれらのスポンサーであったパキスタンとサウジアラビアである。九七年三月、ペシャワル近郊のアフガン難民キャンプで、三人のアラブ人と二人のタジク人がパキスタン警官隊と三六時間におよぶ銃撃戦の末、射殺された。かれらはワッハーブ急進派の「タフキル」に属し、イスラマバードで開催されたイスラム諸国首脳会議に爆弾を仕掛けようとしていたのである。

タリバン、ビン・ラディン、アラブ・アフガンの三者は、パキスタン政府の支援を受けて、パキスタンの政党「ハラカット・ウル・アンサル」と共にカシミールでインド軍と戦うことにした。アラブ・アフガンはワッハーブ派のルールをカシミールの戦場に持ち込んだため、もともとからのカシミール人兵士たちは侮辱を感じた。米政府は九六年にアンサルをテロ組織と宣告し、このためアンサルは「ハラカット・ウル・ムジャヒディン」と改名していた。九九年にアンサルは、ホスト基地への米巡航ミサイル攻撃の犠牲者はすべてアンサルのメンバーだった。九九年にアンサルは、カシミールの戦場でもワッハーブ派の厳しい服装規準を守るべきだとし、ジーンズやジャケットを禁止した。九九年二月一五日アンサルは、西側の衛星放送を中継していたケーブルテレビのカシミール人作業員を銃撃し、三人を負傷させた。アンサルはそれまで、カシミール・ムスリムのリベラルな伝統を尊重してきたが、アラブ・アフガンの活動スタイルはカシミール人の合法性を傷つけ、インド側に宣伝戦の得点を与えた。

米政府がナワズ・シャリフ首相にビン・ラディン逮捕のための協力を要請した時点で、パキスタン政府は一つの難問に直面した。ＩＳＩとビン・ラディンの密接な結びつきや、ビン・ラディンがカシミール戦士を資金面や、またホスト基地を使わせるなどの訓練面で支援している事実は、九八年一二月ワシントンを訪問したシャリフにとって頭の痛いことだった。シャリフは問題をそらす作戦を採ったが、別のパキスタン当局者はもっと勇敢だった。つまり米国が八〇年代に、当時助産婦役を務めたビン・ラディンをどれほど助け、また九〇年代には米国がタリバンをどれだけ支援したか、米側当局者に思い出させたのである。ビン・ラディン本人は、あるインタビューでパキスタン軍情報部の一部が引き続きかれを支援していると語っている。「パキスタンについて言えば、一部の政府部門は神の恩寵によって、パキスタン大衆の感情に応えている。これは同情と協力を反映している。しかし他の一部部門は不信心者のわなにかかっている。かれらが正しい道に立ち返るよう神に祈っている」と述べている。

パキスタン支配階層の一部がビン・ラディンを支援していることは、第一四章で詳しく触れる、パキスタンのアフガニスタン政策が抱えるもう一つの矛盾である。米国はパキスタンにとって最も重要な同盟国であり、米国はパキスタン軍にもＩＳＩにも深いつながりを持っている。しかし、タリバンとビン・ラディンの両者は、パキスタンが支援するカシミール戦士に聖域と訓練施設を提供してくれている。パキスタンとしては両者によるカシミール支援を終わらせたくはない。

米側はＩＳＩに対して、ビン・ラディンをアフガニスタンから出国させるのに協力して欲しいと、繰り返し説得しているが、ＩＳＩはビン・ラディンの支援者数人の逮捕には協力したものの、本人逮捕への協力は拒否している。米国はパキスタンの協力なしに、コマンド部隊によるビン・ラディン拉致作戦も正確な爆撃作戦も実行を望めないだろう。なぜなら、この種の攻撃にはパキスタン領土の利用が不可欠だからである。しかも米国は、パキスタンがタリバンを支援していることを暴露しようとしない。なぜなら米国はなお、ビン・ラディン逮捕にＩＳＩの協力を得ようとしているからである。

サウジアラビアの立場

サウジアラビアの抱えている難問はもっと大変だ。九八年七月、トゥルキ王子がカンダハルを訪問した。その数週間後、まだドバイのナンバープレートをつけた真新しい小型トラック四〇〇台がサウジアラビアからタリバンに贈られた。サウジアラビアは、タリバンがこの年の秋に予定していた北部征服のために現金も贈呈した。

アフリカの大使館爆破事件までは、サウジアラビアはタリバン支援をやめるように迫る米国の圧力にもかかわらず、タリバンに資金を送り続けていたし、ビン・ラディンの引き渡しについては口をつぐんでいた。サウジアラビアとしては、ビン・ラディンだけがアフガニスタンに放置される形が望ましいのである。もし、かれが逮捕されて米国の裁判にかけられると、かれが依然サウジ王室内のシンパやサウジ情報機関の一部と深い関係を持ち続けていることが暴露され、サウジアラビアにとって非常にまずいことになるからである。サウジアラビアとしてはビン・ラディンが死ぬか、タリバンの捕虜になればいいのであって、アメリカに捕らえられることは望まないのである。

九八年八月の在アフリカ米大使館爆破事件後、米国のサウジアラビアに対する圧力は強まった。トゥルキ王子は再びカンダハルを訪問し、今度はビン・ラディンを引き渡すようタリバンを説得した。この会談でムラー・オマルは引き渡しを拒否し、さらにサウジ王室をののしってトゥルキ王子を侮辱した。ビン・ラディンがこの時のことを次のように述べている。「かれ（トゥルキ王子）はわれわれを降伏させて国に連れ帰るか、アフガニスタンを出国させるかしたいと、ムラー・オマルに要請しました。ウサマ・ビン・ラディンの引き渡しのためにやって来るなど、サウジ政府の仕事ではないのです。まるでトゥルキは米政府の特使として来たようなものです」

タリバンの侮辱に怒り狂ったサウジアラビアは、タリバン政府の外交的承認こそ撤回しなかったが、タリバンとの外交関係を停止し、タリバンに対するすべての援助を打ち切った。

タリバン流客人のもてなし方

ビン・ラディンは現在ではタリバンに対し、大きな影響力を行使するようになっているが、ずっとそうだったわけではない。タリバンにとって、アラブ・アフガンや汎イスラム主義の思想は、九六年にカブールを征服するまでは無縁の存在だった。カンダハルのタリバン幹部にビン・ラディンを引き合わせることは、パキスタンにとって大事な仕事だった。なぜなら、パキスタンはタリバンが手中に収めたホスト基地を、カシミール戦士の訓練場として引き続き確保したかったからである。

パキスタンの説得、汎イスラム主義の思想に目覚めた教育あるタリバン幹部、それにビン・ラディンの財力が持つ魅力がタリバン幹部陣とビン・ラディンとの会談を促し、会談の結果タリバンはホスト基地をかれに返還したのである。

一面ではかれ自身の安全のため、一面ではかれをコントロールしやすくするため、九七年にタリバンはビン・ラディンをカンダハルに移した。当初、かれは自分で滞在費を払うゲストだった。かれはムラー・オマルの家族のために家を建ててやり、他のタリバン幹部にも資金をまわした。かれはカンダハル空港から市内までの道路を舗装することや、モスク、学校、ダムを建設することなどを約束した。しかしこれらの公共工事は、かれの資産が凍結されたため、着工されないままになっている。ビン・ラディンはカンダハル市内の豪壮な屋敷に家族や召し使い、仲間の活動家たちと住んでいる。かれに同行したアラブ・アフガンたちの傲慢な振る舞いや公共工事が着工されないことなどが、地元住民の反感をかき立てている。カンダハルの住民は、アラブ的な気前のよさはタリバン幹部をうるおすだけで、民衆の役には立っていないとみなしている。

　ビン・ラディンは九七年、九八年にタリバンが実行した北部攻勢に数百人のアラブ・アフガンを参加させ、タリバン指導部でのかれの評価を高めた。これらワッハーブ派の戦士たち（アラブ・アフガン）は、タリバンが北部のシーア派ハザラ人を虐殺した作戦で力をふるった。またカブール近郊のリシコル兵営に駐留した数百人のアラブ・アフガンは、カブール戦線でマスード軍と戦った。一方でビン・ラディンの世界観は、日に日にタリバンの上級幹部の考え方を支配するようになった。ビン・ラディンとタリバン幹部の徹夜の話し合いが持たれたが、それは効果のある時間であった。かれが到着するまで、タリバン指導部は米国や西側に特定の敵意を持つこともなく、米国などにタリバン政府の外交的承認を求めていたくらいである。

　ところがアフリカ爆弾事件以後のタリバンは、米国、国連、サウジアラビア、世界のイスラム国政府に対して次第に敵意を強めていった。タリバンの出す声明文は、本来のタリバン調でなくなり、ビン・ラディンの使う挑発的な言葉遣いを反映するようになった。米国のビン・ラディンを出国させよとのプレッシャーが強まる中で、タリバンはビン・ラディンが客人であり、客人を追い出すのはアフガニスタンの伝統に反すると言い続けた。米国との取引を試みた。つまり米国のタリバン承認と引き替えるというそぶりを見せた時、タリバンは米国との取引を試みた。米国がビン・ラディンに対する二回目の爆撃を計画していえに、ビン・ラディンを出国させるという取引である。したがってこの九八年冬までは、タリバンはビン・ラディンをアメリカとの取引に使えるバーゲニングチップ、つまり資産とみなしていたのである。

米国務省はムラー・オマルと直接話すために、タリバンにつながる衛星電話をセットした。国務省のアフガニスタン担当者がパシュトゥ語通訳の助けを借りて、ムラー・オマルと長時間話し合い、双方はさまざまなオプションを出し合ったが、結果は何も生まれなかった。九九年初めには、タリバン側に米国との妥協は無理だという認識と、ビン・ラディンはタリバンが責任を負うべき存在だとの認識が生まれ始めた。九九年二月中にビン・ラディンを引き渡すか、さもないとひどい目に会うとのアメリカの最後通告により、タリバンはやむなくビン・ラディンにカンダハルからこっそり姿を消させた。これによりタリバンはしばらくの時間を稼いだが、問題解決の糸口はまったくついていない。

アラブ・アフガンはフル回転の時を迎えている。八〇年代のアフガン・ジハードと冷戦の時代、かれらは「取り巻き衆」でしかなかったが、九〇年代にはアフガニスタンや隣接国それに西側にとって、中央舞台の登場人物になった。米国は今、九二年から九六年にかけてアフガニスタンを無視した代償を支払っている。この間タリバンは、冷戦後の世界が直面する、最も敵対的で最も戦闘的なイスラム原理主義運動に聖域を提供していたのである。アフガニスタンは今、まさにイスラム国際主義とイスラム・テロリズムの天国であり、米国と西側はこれにどう対処すべきか混迷している。

第11章　独裁者と石油貴族　タリバンと中央アジア、ロシア、トルコ、イスラエル

カスピ海地域を過大評価

一九九六年、トルクメニスタンの首都アシガバードに大型の新国際空港が完成した。豪勢なターミナル・ビルが建てられたのは、この石油と天然ガスに恵まれた砂漠の国、トルクメニスタンに西側の航空会社がなだれ込むと予想したためだが、完成したビルにこだまする音は何もなかった。完成後数ヵ月のうちにビルの半分は維持費が非常に高くつくため閉鎖された。九九年になっても新空港に到着する航空機が一週間に数便しかないため、ビルの残り半分もほとんど利用されていない。

九五年には、トルクメニスタンとイランの国境にあるサラフに、壁と切符売場が大理石でできた素晴らしい鉄道新駅が完成した。しかし新しい駅舎はカラクーム（「黒い砂漠」）の、移動する砂丘から舞い立つ赤砂に包まれ、暑熱にこがされるままである。サラフ駅はイラン北東部のマシャドとアシガバードをつなぐ、イランが建設した鉄道のトルクメニスタン側最終駅である。この鉄道は、七〇年ぶりに中央アジアとその南側のイスラム国家（イラン）を直接つなぐ初めての輸送ラインである。しかし、イランからこの駅に到着する列車は、旅客と貨物の週二本だけだから、駅はたいてい閉まってい

る。

九一年一二月に独立したすべての中央アジア諸国にとって、何よりの優先順位は外部世界との輸送ラインを確保することだった。だが、それからほぼ一〇年が過ぎた現在の交通量と比べてみても、伝説的なシルクロードを通ったラクダの隊商の方が多いに違いない。トルクメニスタンに建てられたこれらのモニュメントは、トルクメニスタン大統領サパルムラト・ニヤゾフの破天荒な野心や見果てぬ夢を表現したものである。

ニヤゾフは乏しい国家財政を四二〇万人のトルクメン国民を支えることより、彼自身の個人崇拝のための事業に費やしている。しかしこうした砂漠の蜃気楼は、トルクメニスタンのいまだに実現しない希望を代弁している。その希望とは、ニヤゾフが早くも九一年一二月の時点でわたしに告げた「新クウェート」を目指すという目標である。

独立以来、トルクメニスタンは石油資源に恵まれた他の中央アジア諸国と同様、自国の石油と天然ガスが外部の市場に到達する日の来ることを期待してきたが、それは実らない夢だった。内陸国である上に、ロシア、イラン、アフガニスタン、ウズベキスタンなど潜在的ライバル諸国に囲まれた中央アジア諸国は、パイプラインの建設計画に狂奔した。パイプラインこそ、自国の孤立を終わらせ、ロシアへの経済的依存から解放され、ソ連崩壊でがたがたになった経済を再建するのに必要な外貨を稼いでくれるはずである。七〇年にわたって、中央アジア諸国の道路、鉄道、パイプラインなど、全輸送ラインはロシアの方向に向けて建設されてきた。これからはアラビア海、インド洋、地中海、中国などに向けて輸送ラインを建設するのが、中央アジア諸国の望みである。

この数年というもの、カスピ海と中央アジア（これからはカザフスタン、トルクメニスタン、アゼルバイジャン、ウズベキスタンを含むこの地方をまとめてカスピ海地域と呼ぶ）については、むちゃくちゃな誇張法で語られてきた。九〇年代の初め、米国はカスピ海地域の石油埋蔵量を一〇〇〇億ないし一五〇〇億バレルと推定した。この数字はひどいインフレ数字であり、現在の可能性としてはその半分か、もっと低い五〇〇億バレルと推定されている。

現在のカスピ海地域における確認埋蔵量は一六〇億ないし三二〇億バレルで、中東全体の確認埋蔵量の一〇分の一から一五分の一でしかない。ちなみに米国は確認埋蔵量が二二〇億バレル、北海油田は一七〇億バレルである。

それにもかかわらず、カスピ海地域は多分世界最後の未探査、未開発の油田地帯であり、その開放は国際石油会社の間にものすごい興奮を引き起こした。西側の石油会社は九一年から九二年にかけて西シベリアに、九三年から九四年にかけてカザフスタンに、九五年から九七年にかけてアゼルバイジャンに、そして最後に九七年から九九年にかけてトルコに関心を移した。

九四年から九八年の間に一三ヵ国からの二四の会社が、カスピ海地域の石油資源に関する契約に調印した。カザフスタンは推定八五〇億バレルという最大の石油埋蔵量を持つが、確認された埋蔵量は一〇〇億ないし一六〇億バレルでしかない。アゼルバイジャンは可能性のある埋蔵量が二七〇億バレルだが、確認分は四〇億ないし一一〇億バレルでしかない。トルクメニスタンは可能性として三二〇億バレルあるが、確認分はわずか一五億バレル。ウズベキスタンの埋蔵可能性は一〇億バレルと推定されている。

カスピ海地域における天然ガスの確認埋蔵量は、二三六兆ないし三三三兆立方フィートである。これに対しアメリカの確認埋蔵量は三〇〇兆立方フィートである。トルクメニスタンは世界一一番目の天然ガス埋蔵国で、可能性のある埋蔵量は一五九兆立方フィート。ウズベキスタンは一一〇兆立方フィート、カザフスタンは八八兆立方フィート、アゼルバイジャンとウズベキスタンは共に三五兆立方フィートとなっている。

中央アジア諸国の指導者たちは、計画中のパイプラインのルートの選定やそれを取り巻く地政学に悩まされるようになった。九六年にカスピ地方は日量一〇〇万バレルの石油を生産したが、そのうち日量三〇万バレルが主にカザフスタンから輸出されただけで、旧ソ連の国以外に輸出されたのは、そのおよそ半分の日量一四万バレルにとどまる。現在のカスピ海地域の石油産出量は、世界全体の石油産出量のほぼ四パーセントに過ぎない。カスピ海地域の天然ガス生産量は九六年に三三億立方フィートに上ったが、旧ソ連以外に輸出されたのはその〇・八パーセントに相当するトルクメニスタン産のガスだけだった。

カスピ海地域における石油と影響力を確保しようとする大国間の争いは、一九二〇年代の中東になぞらえられる。しかし今日の中央アジアは、当時の中東よりはるかに大規模かつ複雑な利害の対立をはらんでいる。ロシア、中国、米国などの大国、イラン、パキスタン、アフガニスタン、トルコなどの隣接国、中央アジア諸国自体、それに最も強力なプレーヤーである石油会社などが、「新たなグレート・ゲーム」に参加しているのである。この言葉は、わたしが九七年に書いたある雑誌記事のタイトルだが、その後各国政府、専門家、石油会社など多方面の人々に使われている。

中央アジアをめぐるゲーム

わたしが初めて中央アジアを訪れたのは一九八九年、ミハイル・ゴルバチョフによるペレストロイカ改革の最中だった。わたしは、ソ連軍撤退後のアフガニスタンでいずれ民族問題が爆発すると確信し、アフガニスタンのウズベク人、トルクメン人、タジク人の民族的ルーツを理解し、かれらの遠い故郷を見たいと思ったのである。わたしはその後、何度も中央アジアに旅行し、この地方全体の展望や民族的、政治的な交じり合いの様子を探った。中央アジアはソ連の解体とともに、より複雑化し、より変動し易くなった。わたしはたまたま運良く、九一年一二月一二日アシガバードにいた。中央アジア諸国の指導者がこの町に集まって、ソ連の解体と中央アジア諸国の独立について討議した日である。

中央アジア諸国の指導者たちは、ためらいがちなナショナリストだった。かれらは、ソ連国家体制が保障していた安全保障と経済的支援を失いそうだという怖れと、外部世界に自ら向き合わなければならないという恐怖感にとらわれていた。数ヵ月もすると中央アジア諸国の経済は崩壊し、中央アジアの石油資源とパイプラインの必要性が明白になった。かれらは西側の石油会社と交渉を始めた。背後では、カザフスタンと米国の石油会社シェブロンがすでに交渉を始めていた。九一年一二月に次いで何回か中央アジアを訪れた結果として、わたしは中央アジアに関する本を書いた。しかし、アフガニスタンが内戦に陥って行くのを見て、わたしはアフガン内戦が中央アジアに跳ね返り、パイプライン問題が地域の将来の地政学を決定する要因になることを確信した。

「グレート・ゲーム」のラベルは歴史に鳴り響いている。一九世紀後半、英国、インドと帝政ロシアは、中央アジアとアフガニスタンを確保しようとして、競争力と影響力を駆使して宣戦布告なき戦争を戦った。カーゾン卿は一八九八年インド総督になる前に、以下の文章を書いた。
「トルキスタン、アフガニスタン、トランスカスピア、ペルシャといった名前は大方の人にとって、はるかな遠隔地とか不思議な転変とか、忘れかけたロマンスを思い出すよすがかもしれない。告白するが、わたしにとってはこれらは皆チェス盤上の駒である。これを賭けて世界征服ゲームが戦われていたのである」

そこには拡張する帝国があった。英国はインドを通じてアフガニスタンに進出しつつあり、ロシア皇帝の軍隊は中央アジアを征服した。

両帝国にとって重心はアフガニスタンにあった。英国は、ロシアがトルクメン地方からヘラートに進出して英領バルチスタンを脅かしたり、またモスクワの金(きん)がカブールの支配集団をなびかせ、反英的に仕向けるのではないかと怖れた。ロシアは、英国がムスリムの部族やブハラ、コーカンドの支配者たちの反乱を支援することで、中央アジアを不安定化させるのではないかと怖れた。今日と同様、本当の戦いは輸送路をめぐる戦いであり、両帝国は大規模な鉄道建設計画に血道を上げた。ロシアは中央アジアを横断する鉄道を、アフガニスタン、ペルシャ、中国国境まで通じさせ、英国はインドに鉄道を敷き、アフガニスタン国境まで延ばした。

今日のグレート・ゲームは、拡張しつつある帝国と縮小しつつある帝国の間で争われている。弱体化し、破産したロシアは、まだ自国の国境とみなす中央アジアに対する支配権を握り続けようとしているし、またロシア領を通るパイプラインを通じてカスピ海石油を流す権益を維持しようとしている。米国はロシア領を通らないパイプライン計画を提案する形で、この地域に入り込もうとしている。イラン、トルコ、パキスタンは自国外に通じる輸送ラインを建設しながら、東か西かそれとも南に向かうのか、今は未定のカスピ海石油用パイプラインのルートが、自国の輸送ラインに一致することを願っている。中国は、中央アジアにもいる同じムスリムの民族が住む新疆ウイグル自治区の安定が望みであり、中国の急速な経済成長を支えるエネルギーの供給を保証することを望み、さらに中央アジアとの国境地方に政治的影響力を広げたいと願っている。中央アジア諸国はお互いに競合しながら、それぞれの優先順位を守り、戦略的に必要なものは手放すまいと考えている。これらの思惑の上にのしかかっているのが、米国、欧州、アジアの石油会社間の火の出るような競争である。

しかし、一九世紀と同様、アフガニスタンの不安定とタリバンの勃興が、この地球的争いに新しい次元を持ち込み、新たなグレート・ゲームのバランスを支える支柱になった。ゲーム参加国と石油会社は、タリバンと対決するのかそれとも協調するのか、またタリバンは、中央アジアから南アジアの新市場に通じるパイプライン建設を妨げるのかそれとも支援するのかを、判断しなければならない。

スターリンの身勝手

アフガニスタンは何世紀にもわたって、中央アジアをしっかりと抱きかかえてきた。アフガニスタンの領土は、現代のタジキスタンとウズベキスタン南部を含んでいた。そして北部アフガニスタンは何世紀にもわたって、ブハラのアミール（首長）かカブールの王に統治された一体的な領土だった。

ブハラのアミールは軍隊をアフガン人傭兵に依存していた。国を追われた部族長や山賊やイスラム指導者などは、はっきりとは存在しない国境を越えてお互いの領土に聖域を求め合っていた（タジキスタンが九七年、タジキスタン南部のクリャブ空軍基地をアハマド・シャー・マスードに任せ、マスードがイランやロシアからの補給物資を受け取れるようにしたのは、こうした旧来のならわしに従ったものである）。アフガニスタンの中央アジアとの領土的一体性は、一九一七年のロシア革命で終わりを告げた。ソ連は以後、南部のイスラム隣接国との国境を閉じた。一九九一年の国境再開は、新たなグレート・ゲームの開始を告げたのである。

今日のアフガニスタンはトルクメニスタン、タジキスタン、ウズベキスタンと国境を接しているが、このうち大規模エネルギー資源があるのはトルクメニスタンだけだ。人口五〇〇万のタジキスタンは、パミール高原にそって険しい峰々の国境でアフガニスタンに接している。アフガニスタンはアムダリア川でもタジキスタンと国境を接している。アフガニスタン人口の四分の一はタジク人である。それ以上の数のタジク人が、他の中央アジア諸国に住み、この他に二〇万人のタジク人が中国の新疆ウイグル自治区に住んでいる。

タジク人は中央アジアに住む主要な民族の中で、唯一チュルク語系でない民族である。タジク人の祖先は、BC一五〇〇年から一〇〇〇年にかけてペルシャ系部族が中央アジアに住み着いた人々である。タジク人はその後、モンゴル地方からのチュルク語系民族の度重なる侵略によって辺境部に追いやられた。

古代のタジキスタンはこの地方の軍事的、経済的中心を占めていた。当時のタジキスタンはシルクロードの通り口であると同時に、チュルク語系侵略者の通り口でもあった。侵略者はタジキスタンを通って西のイラン、ロシア、ヨーロッパへ、南のアフガニスタン、インドへと攻め込んだ。今日のタジキスタン北部は一八六八年ロシアに併合され、ロシア領トルキスタンの一地方になった。グレート・ゲームが激化する中で、英国とロシアは一八八四年アフガニスタンと中央アジアの境界線を引いた。この時ロシアはタジキスタン南部を併合した。

一九二四年から二五年にかけて、スターリンは地図上で勝手に線引きして五つの共和国を中央アジアにつくった。この時スターリンはタジク人の文化と歴史の中心地であるブハラとサマルカンドをウズベキスタンに組み入れ、以後両共和国間で燃え続ける敵対感情の原因をつくった。現代のタジキスタンは、古代タジクの栄光を示す文化的中心地もなければ人口的中心地もない。

スターリンはまた、パミール高原にゴルノ・バダフシャン自治区をつくった。この自治区の面積はタジキスタン領土の四四パーセントを占めるが、人口は三パーセントでしかない。タジク人はスンニ派ムスリムだが、ゴルノ・バダフシャンの住民はさまざまなパミール民族で、その多くはシーア派ムスリムである。この中には、シーア派でアガ・カーンを信奉するイスマイリ人もいるが、かれらはアフガニスタンのバダフシャン地方にもまとまって住んでいる。

タジク人の夢

一九一七年のロシア革命から数ヵ月後、中央アジア各地でムスリムのゲリラ部隊が決起し、ボルシェビキに抵抗した。これらゲリラはボリシェビキから、匪賊(ひぞく)を意味する侮蔑的な「バスマーチ」の名前で呼ばれた。この運動はイスラムと民族主義と反共主義を奉じた。七〇年後にアフガニスタンで、同じ精神がムジャヒディンを奮い立たせた。英国はソビエト権力を覆すためにバスマーチ支援を決意し、一九一九年カブールの支配者にカネを払って、武器弾薬を積んだラクダの隊商をバスマーチに送りとどけさせた。バスマーチは一九二九年ボリシェビキに最終的に滅ぼされるまで戦い続け、最後まで戦った数千人が北部アフガニスタンに逃げ込んだ。一九八〇年代になって、米国がアフガン・ムジャヒディンに中央アジアのソ連軍陣地攻撃作戦をやらせたのは、これのリプレーのようなものだ。このお返しに、アフガニスタンのソ連兵はムジャヒディンのことをよく「バスマーチ」と呼んだものである。

ソ連時代のタジキスタンはソ連邦周縁部の低開発・貧困共和国であり続けた。その予算はモスクワからの補助金に依存していた。一九九一年以降、タジキスタンに住むウズベク人とタジク人の間の緊張と部族間の対立関係が噴火した。その結果、発生したタジキスタンの新共産政府とイスラム勢力連合との内戦（九二年から九七年）は国土を荒廃させた。そして数千人のタジク人反政府勢力と難民は北部アフガニスタンに逃れ、一方のタジキスタン政府は、ロシアの軍事支援を仰ぐというパターンが再現した。

ボリス・エリツィン大統領は九三年、タジク・アフガン国境は「実質的にロシアの国境」であり、タジキスタンに駐留する二万五〇〇〇人のロシア軍はロシアを防衛するのだ、と宣言した。中央アジアにおけるロシアの役割についての再表明であった。

タジキスタンのネオ共産政府とイスラム反政府派は最終的に、国連の調停による和平協定に応じたが、両者ともばらばらになった部族をまとめる民族的一体性を打ち出すことはできなかった。こうした内部分裂と、「民衆と土地、民衆同士を結びつける民族主義の理論づけをすべきタジク知識人の不在」のゆえに、タジキスタンはアフガニスタンからの影響に弱い国になっている。タジキスタン内戦の両陣営は、どちらもマスードに協力した。多くのタジク人にとって、タリバンと戦い続けるマスードはタジク民族主義の象徴になったのである。

タリバンはまた、マスードがアフガニスタン・バダフシャン州をタジキスタンに併合して、アフガニスタン分割ないし「大タジキスタン主義」を狙っていると非難したが、そのことは皮肉にもタジク人の抱くマスードのイメージを高めた。マスード自身はそのような併合意図を否定している。タジク人にとって、タリバンのイスラム原理主義は中央アジアに定着した穏健なスーフィズム（瞑想を中心とするイスラム信仰）の精神とは異質なものであり、パシュトゥン人の拡張主義はタジク人の夢ともろに衝突する。

ウズベキスタンの動向

ウズベキスタンでは、部分的にはアフガニスタンが吹き込んだイスラムの戦闘精神が、イスラム・カリモフ大統領に深刻な問題をもたらした。中央アジアでは最も数が多く、戦闘的で、影響力のある人種であるウズベク人は、中央アジア・イスラム世界の心臓部と中央アジアの政治的神経中枢部を占めている。ウズベキスタンは中央アジア五ヵ国の全部およびアフガニスタンと国境を接している。主要都市のサマルカンドとブハラは二五〇〇年にわたり、無数の文明の興亡を見てきたし、またアラビアに次ぐ第二のイスラム研究センターでもある。中世のブハラは三六〇のモスク、一一三のマドラサを有していた。一九〇〇年でさえ一万人の学生が一〇〇のマドラサで学んでいた。四〇〇キロにわたるフェルガナ盆地は、歴史あるイスラム研究とバスマーチの戦闘性で知られているが、中央アジアで最も豊かな農業地帯であり、カリモフ政権に対するイスラム反対派の中心地でもある。

ウズベク人のルーツはチンギス・ハンのモンゴルにさかのぼれる。モンゴル人の一族であるシャイバニ部族が一五〇〇年、今日のウズベキスタンとアフガニスタン北部を征服した。一六世紀の歴史家マハムード・イブン・ワリは初期のウズベク人について「性悪、俊敏、大胆、不遜などの性質が知られている」と形容し、ならず者のイメージを自慢している。その当時から、権力と影響力を手に入れようとするウズベク人の野望はほとんど変わっていない。

ウズベキスタンは中央アジア五ヵ国のうちで最大の二二〇〇万の人口を擁している。ウズベキスタン以外の中央アジア諸国に住むウズベク人は約六〇〇万を数え、タジキスタン、トルクメニスタン、カザフスタン三国の中では少数民族として重きをなしている。カリモフはこの地域を支配しようとする野望実現のために、これらの国に民族的同盟者を持っているわけだ。

この他に約二〇〇万のウズベク人がアフガニスタン北部に住んでいるが、かれらはバスマーチの反乱前後に移住してきた人々とその子孫である。さらに二万五〇〇〇人のウズベク人が中国・新疆ウイグル自治区に住み着いている。

ソ連軍のアフガニスタン撤退以前に、モスクワの中央政府とタシケントのウズベキスタン当局は、北部アフガニスタンにおけるムジャヒディンの進出を食い止める「検疫ゾーン」を設けようとして、非ムスリム・ウズベク人部隊の養成を始めていた。およそ一〇年にわたって、この政策は成功した。ラシッド・ドスタム将軍は、モスクワとタシケントからの軍事援助を受けてアフガニスタン北部六州を支配し、当初はムジャヒディン、後にはタリバンの進出を食い止めた。

九四年以降カリモフ大統領は、中央アジア諸国とロシアで反タリバン同盟を築こうと努力した。ところが九八年にマザリシャリフが陥落したため、カリモフの計画は挫折し、タリバンはウズベキスタンと国境を接する隣人になった。それ以来、ウズベキスタンのアフガニスタンに対する影響力は減退した。カリモフはタジク人のマスードを支援する気にならないからである。

カリモフはまた、ウズベク人が人口の二四パーセントを占めるタジキスタンに影響力を行使しようと試みたが、これも失敗した。タジキスタン内戦の和平交渉が行われていた九六年までに、カリモフはタジキスタン北部でのウズベク人の反乱を支援することによって、内戦の両陣営に同国内でのウズベク人の役割拡大を認めさせようとしたのである。カリモフは、タジキスタン政府とイスラム反政府勢力が連立政府をつくることに反対し続けた。なぜならば、それはイスラム勢力の立場を高めることになるし、おひざ元ウズベキスタンの、不満を抱く民衆への教訓になりかねないからである。

カリモフは厳格な統制による専制的警察国家を運営し、アフガニスタンやタジキスタンの内戦を、国内の弾圧を正当化する理由にしている。カリモフに対する最も重大な反対勢力はフェルガナ盆地を根拠地に地下活動を続けるイスラム急進派であり、その一部はワッハーブ派である。多くのウズベク人過激派は八〇年代に密出国して、サウジアラビア、パキスタンで学び、あるいはアフガン・ムジャヒディンのキャンプで軍事訓練を受けた。かれらはその後タリバンとの関係を発展させた。

カリモフは中央アジア諸国の中で、最も厳格なイスラム原理主義規制法を制定させた。例えばウズベキスタンでは、マドラサでの教育もあごひげを伸ばすことも規制され、社会不安はすべてワッハーブ派のせいにされている。ウズベキスタンの役人は、さまざまなイスラム運動を十把一からげにワッハーブ派と呼ぶようになっている。しかし一八歳以下のウズベク人の半数が失業し、しかもインフレが高進している中で、ウズベク人青年層の間には社会不安が増大している。青年層の社会的、経済的不満は政府には理解されていない。

ウズベキスタンは中央アジアでは最も強力な国家であるが、最も厳しい政治的、宗教的分極化に直面している。カリモフのタジキスタンやアフガニスタンへの介入失敗は、イスラム急進派を勇気づけるだけの結果に終わった。

にもかかわらず、ウズベキスタンは新たなグレート・ゲームにおける主要なプレーヤーである。石油と天然ガスの生産は国内消費を充分にまかない、遠からず輸出できるだろう。当初、ウズベキスタンは、近隣国に契約を求めて殺到した石油会社から無視されていた。カリモフは近隣国が外国投資の誘致に成功するのを見てやきもちをやき、うらやましく思った。しかしそれでもかれは、西側投資を誘致するための国家規制の緩和は拒否した。

ウズベキスタンがエネルギー輸出国になると、パイプラインのルートを自国に有利にするべく働きかける既得権益を持つことになる。しかし同時にウズベキスタンは、近隣国が繁栄して自国より影響力を持つのを見たくないために、ルート決定で否定的な行動を取ることもあり得るだろう。

中立のトルクメニスタン

アフガニスタンに住む五〇万人のトルクメン人も、一九二〇年代のソ連内戦のあおりを受けて移住してきた。最初のトルクメン系移民は一九世紀初頭にアフガニスタンにやって来たエザリ族であり、その後ボルシェビキに対する反乱に敗れたテッケ族が来た。トルクメニスタンはもともと砂漠と山岳の多い荒れ果てた土地であり、トルクメン人遊牧民が住んでいるだけだった。かれらはその後到着したペルシャ人、チュルク語系民族や最後に来たロシア人に激しく抵抗したが、やがて屈服した。一九世紀以前、トルクメン人にとって国境は何の意味も持たず、かれらは自由に国境を越えて移民した。今も約三〇万人のトルクメン人がイランに、一七万人がイラクに、八万人がシリアに、数千人がトルコに住んでいる。トルクメン人の最大の部族であるテッケ族は一八七〇年、居住地に侵攻してきたロシア軍に抵抗を始め、八一年にゲクテペ・オアシスの砦でロシア軍を掃滅した。その後報復にやってきたロシア軍は、トルクメン人の騎兵六〇〇〇人を殺戮した。一九一六年、カリスマ的指導者モハメド・クルバン・ジュナイド・ハンに率いられたトルクメンの軍勢は、まず帝政ロシア軍に対し、そして後年にはボリシェビキに対し、長期にわたる流血の抵抗を続けた。この抵抗は一九二七年、ハンがアフガニスタンに逃れるまで続いた。

ソビエト時代を通じて、トルクメニスタンはモスクワから無視され続けた。トルクメニスタン共和国は、タジキスタン共和国を除く全ソ連邦の諸共和国のうちで失業率が最高、幼児死亡率が最高、工業化率が最低だった。モスクワはシベリアの石油・天然ガス資源に投資したが、トルクメニスタンの潜在的石油資源は無視され続けた。それでも一九八九年のトルクメニスタンの収入の四七パーセントは、三二兆立方フィートの天然ガスをソ連邦共和国に売った代金だった。ソ連の解体は、トルクメニスタンの顧客を貧しい独立国家に変え、これらの国家は天然ガスの代金を支払えなくなった。

「われわれのガスを誰が買ってくれるのか、どうやって支払うのか、さっぱり分かりませんな」

九一年一二月、アブデ・クリエフ外相がわたしにこう告げた。

トルクメニスタンのジレンマは、国土がイラン、アフガニスタン、ロシアに挟まれていることだ。まずイランだが、米国にとってパイプラインのイラン通過は受け入れられない。アフガニスタンは内戦にはまり込んでいるし、ロシアはシベリアのガスを西側に輸出しているので、トルクメニスタンの西側へのガス輸出を制限したい。九二年までに、ウクライナ、アルメニアそれにロシアまでがトルクメニスタンにガス輸入代金の支払を拒否した。トルクメニスタンのガスは全量、旧ソ連が所有していたが現在はロシアが所有する巨大なパイプライン網を通じて送り出されているので、ロシアはトルクメニスタンを締めつけることができる。

トルクメニスタンで未払いのガス輸出代金が一〇億ドルに達した段階で、ニヤゾフ大統領は近隣諸国へのガス輸出を全面ストップした。それでトルクメニスタンのガス産出量は九四年に七三〇〇億立方フィート、五年前の四分の一以下に落ちた。

米国はイランを孤立化する方針を決めているが、トルクメニスタンはその余裕がない。イランがトルクメニスタンから南と海に抜ける、最も短くてアクセスしやすい出口を提供しているからだ。ニヤゾフ大統領は米国にすり寄る一方で、イラン側と道路、鉄道の接続を広げるための支援をイランに要請した。

九七年一二月、イランはトルクメニスタン西部のコルページュ・ガス油田からイラン東部のコルド・クイに通じる、一九〇キロのパイプラインを完成させた。このパイプラインで送られてくるトルクメニスタン産の天然ガスは、イラン北部で消費される。このパイプラインは、過去一〇年ほど試みられた中央アジアと外部世界をつなぐパイプライン計画で唯一実現したものである。

ニヤゾフは、トルクメニスタンがロシアのパイプライン・ネットワーク依存から脱却するためのパイプラインを建設しようと、西側石油会社に接近した。九二年四月にはトルクメニスタン、トルコ、イラン三国の間で、トルクメニスタンからイランを通ってトルコに抜けるパイプラインの建設計画が合意された。トルコからヨーロッパ市場への転送をにらんだこの計画は、二五億ドルの建設費を見込んでいた。この計画は着工に至らぬまま、何度もルート変更が検討された。米国がパイプラインのイラン通過を回避させようと努力したためである。結局九九年二月になって、トルクメニスタンは米国の合弁事業体との間で、トルコに抜ける天然ガス用パイプライン建設の新契約に調印した。今度の契約では、パイプラインはカスピ海の海底を通ってアゼルバイジャンを経由、つまりイランを回避してトルコに達するルートを採る。

ニヤゾフはトルクメニスタン経済が破滅的であるのを見て、別の輸出ルートを追求した。九四年には製図台上の計画として、東方に向け中国に達する全長八〇〇〇キロ、建設費二〇〇億ドル以上という石油・天然ガス用パイプライン計画が持ち上がった。しかし、これはまだ企業化調査の段階である。

九四年には、トルクメニスタン内に採掘権を持っているアルゼンチンの石油会社ブリダスが、アフガニスタンを経由してパキスタン、インドに天然ガスを供給するパイプラインの建設計画を提案した。アメリカの石油会社ユノカルも、米政府の支持を得て同様なパイプライン計画を九五年に提案した。以下の二章に詳述するが、パイプライン建設をめぐるブリダスとユノカルの闘いは、タリバンやその他のアフガニスタン軍閥にしゃぶられることになる。かくしてアフガニスタンは、新たなグレート・ゲームの最初の戦いの要となるのである。

弱くて貧しく、イランやアフガニスタン、競合するウズベキスタンとの長い国境線を防衛するだけの軍事力を持たないトルクメニスタンは、外交政策として中立を選択した。中立政策のおかげで、トルクメニスタンはロシアとの間に距離を置く口実ができ、ソ連解体後生まれた旧ソ連圏の経済・軍事協約に吸い込まれるのを回避できた。

また中立政策のおかげで、トルクメニスタンはアフガン内戦のどの陣営にも加担しないことが許されている。トルクメニスタンが反タリバン同盟に加わらないことは、ロシアとウズベキスタンを怒らせた。トルクメニスタンはかつてカブールの共産政権が九二年に倒れるまで、共産政権にディーゼル油の供給を続けた。このディーゼル油供給は、九五年までヘラートを支配したイスマイル・ハンに対して、その後はタリバンに対して続けられている。

トルクメニスタンのヘラート領事はタリバンとの良好な関係を維持し、同様にマザリシャリフ領事は反タリバン同盟と仲良くやっていた。中央アジア諸国の中でタリバンと対決せず、ご機嫌を取っているのはトルクメニスタンだけである。

ニヤゾフは他の中央アジア諸国の支配者と同様、大変な独裁者であり、野党の存在を一切許さず、報道を検閲し、経済を統制している。かれはスターリン式のごつい個人崇拝を維持し、国中至るところに自分の肖像や銅像を飾らせている。トルクメニスタン政府の全省庁は、大統領の写真をばら撒くのが仕事である。ニヤゾフはライバルのカリモフと同様、孤児であった。この両人は共産党の孤児院で育てられ、若くしてそれぞれの共和国共産党に入党し、共和国独立より前に書記長まで上り詰めた。かれらの教育もしつけも忠誠心も、すべて消滅した共産主義体制下のものだが、二人とも新たなグレート・ゲームに熟練者として参加する腕を身に着けている。

汎トルコ主義外交

この地域で、ソ連の崩壊によりトルコほど得をした国は他にない。何世紀にもわたって、ロシアはトルコの最も強い敵国だった。一七世紀後半から第一次世界大戦までに、トルコとロシアは一〇回以上も戦争し、こうした敵対関係からトルコは北大西洋条約機構（NATO）に加入し、欧州連合（EU）のよき加盟国になろうとしている。しかしながら中央アジア諸国の独立は、突如としてトルコを古い歴史的遺産に目覚めさせたのである。

地中海から中国に広がるチュルク語系民族の母国をつくるという汎トルコ主義の考えは、一九九一年までは僅かなトルコ人学者が語るロマンチックな夢でしかなく、トルコの外交政策の上で考慮されることもなかった。ところが九一年以後、汎トルコ主義は一気に、実現可能な現実の目標となり、トルコの外交政策に組み入れられた。

トルコ語の方言は現在、イスタンブールからカフカス地方、中央アジアを経て中国・新疆地方まで広がる広大なベルト地帯で話されている。中央アジア諸国は、ムスリムだが世俗主義を守るトルコを経済開発のモデルとみなし、トルコはこの地域に影響力を広げ、世界レベルでの一級プレーヤーを目指している。

トルコは中央アジアとカフカス諸国に大規模援助を送り始めた。これらの国の首都へ直接乗り入れる航空路を開き、衛星を使ってテレビ番組を送信し、数千人の学生に奨学金を贈り、外交官、軍人、銀行家を訓練し、年次汎トルコ語圏諸国首脳会議の開催を進めた。九二年から九八年にかけてトルコの企業はこの地域に一五億ドル以上の投資を実行し、最大の投資国となった。トルコはまた、中央アジアで効果的な仕事をするにはロシアを懐柔する必要があることを理解し、ロシアの天然ガスを輸入し、ロシアとの貿易を拡大している。トルコとロシアの貿易額は九一年に一九億ドルだったが、九七年には四一億ドルに増えた。EUが九七年トルコの加盟申請を拒否したことはトルコを怒らせたが、このためトルコは米国、ロシア、イスラエル、中央アジアとの関係強化を一層推進した。

トルコは新たなグレート・ゲームの主役級プレーヤーになった。トルコがエネルギーを必要としていることと、この地域に影響力を拡大しようとしていることがあいまって、歴代トルコ政府は、中央アジアからのエネルギー輸出の主要ルートをトルコ経由にすることを政策課題とした。米国とトルコは九七年夏、アゼルバイジャンのバクーからグルジアとカフカス地方を通過して、トルコ地中海岸のジェイハン港に達するパイプラインのための「輸送回廊」構想を共同提案した。

カザフスタンとトルクメニスタンは、このパイプラインを自国産石油の輸送に利用するよう勧められた。米側の主張によると、長距離でコストが高いバクー＝ジェイハン回廊ルートの採算を取るには、石油の輸送量を増やすことが必要である。米国はトルクメニスタンに、カスピ海の海底を通すパイプラインを建設するよう求めた。そうすればトルクメン石油を、バクー＝ジェイハン回廊ルート経由でヨーロッパまで送ることができるからである。

米国はまたカザフスタンにも、カザフ石油のバクー＝ジェイハン回廊ルートの利用を可能にするため、カスピ海の海底パイプライン建設を働きかけている。カザフスタンの膨大な石油資源の開発は、現在西側石油会社の合弁事業によりテンギスとカラチャナヤクの二ヵ所で進められている。これと別に中国はウゼン付近で、カザフスタン第三の石油開発事業を進めている。カザフスタンはすでに、テンギスから黒海にあるロシアのノボロシスク港に達するパイプラインを計画し、これは米国の石油会社シェブロンが手がけている。しかしバクー＝ジェイハン回廊ルートはカザフスタンにとっても、ロシア領を通過しない代替ルートになる。

世界の石油会社一〇社以上でつくられ、アゼルバイジャンの石油開発を独占している「アゼルバイジャン国際操業会社（AIOC）」はバクー＝ジェイハン回廊ルートには反対している。コストが高すぎるし、距離が長すぎる上に治安の不安定なトルコのクルド地帯を通るからである。九八年までには、アフガニスタン・ルート開発を考えていた米国のプランの延期が決まり、バクー＝ジェイハン回廊ルートは米国のカスピ政策の看板になった。

バクー＝ジェイハン計画を巡る激しい対立は二年間にわたって続いたが、アジア経済危機による需要低下のため国際石油価格が九八年に暴落したことで終息した。原油価格は九七年バレル当たり二五ドルだったのが、一三ドルという記録的安値に落ち込み、生産、輸送コストとも割高な中央アジア石油の開発をストップさせたのである。中央アジア石油の損益分岐点は大体バレル当たり一八ドルである。バクー＝ジェイハン回廊ルートは経済的に引き合わないことははっきりしたが、これを中央アジア政策の要に仕立てた米国は建設推進の姿勢を続けている。

トルコは八〇年代にアフガン・ムジャヒディンを支援していたが、その役割は限定されていた。しかし汎トルコ主義外交が本格化するにつれ、トルコはアフガニスタンのウズベク人などの少数民族を積極的に支援するようになった。トルコはドスタム将軍に資金援助をしただけでなく、二回にわたり将軍に亡命先を提供した。トルコは次第にタリバンへの反対を激化させ、そのことが緊密な同盟国であるパキスタンとの間に新たな摩擦を生じさせた。さらにタリバンの脅威は、トルコを地域的ライバルであるイランと仲直りする方向に動かした。

トルコはまた、イスラエルのアフガニスタン政策を転換させるのに一つの役割を果たした。トルコとイスラエルは九三年のオスロ協定（イスラエルとパレスチナの和平合意）以後、緊密な軍事的、戦略的結びつきを築いた。イスラエル、というより米国内のユダヤ人ロビーは、当初タリバンに批判的ではなかった。米国務省の考え方と同様に、イスラエルはタリバンを、アフガニスタンや中央アジアに対するイランの影響力を弱めるのに利用できる反イラン勢力とみなしていたのである。しかもユノカル社のアフガニスタン経由のパイプライン計画は、中央アジアから独自のパイプラインを敷こうとするイランの計画を妨害することになる。

イスラエルの情報機関であるモサドは、タリバンの在米連絡事務所や石油会社を経由して、タリバンと対話を重ねていた。パキスタンのISIもこの対話を支持していた。パキスタンはイスラエルを承認していないが、ISIはアフガン聖戦が続いている間、CIA経由でモサドと連絡を保っていた。イスラエルはトルコの支援を得て、トルクメニスタン、ウズベキスタン、カザフスタンと密接な外交的、経済的結びつきを強めていた。イスラエルの企業は、中央アジアの農業、石油産業、通信事業に投資した。

タリバンがビン・ラディンに隠れ家を提供し、麻薬ビジネスを奨励したのを受けて、米国のタリバン政策は転換し、イスラエルも政策を転換させた。トルコはイスラエルに、タリバンが地域の安全保障の脅威であること、中央アジアにイスラム原理主義を輸出しようとしていることを確信させた。ユノカル社のパイプライン計画が蒸発し、イスラエルがトルコや中央アジアの友邦はタリバンに反対であることを理解した時点で、モサドは反タリバン同盟との接触を開始した。イスラエルは、いまだにアハメド・シャー・マスードに対するイランの援助に疑いの念を持ってはいるが、今ではタリバンがアフガニスタン全土を支配するのは自分たちの利益に反すると感じている。タリバンと北部同盟は互いに、相手がイスラエルから支援を受けていると非難し合っている。

イランの影響力

九九年に石油価格が暴落する中で、イランは新たなグレート・ゲームの中のワイルドカード（自由札）であり続けた。イランは世界第二の天然ガス埋蔵量を持ち、石油の確認埋蔵量は九三〇億バレル、現在の原油生産量は日量三六〇万バレルを数える。石油価格の低落で、あれこれのパイプライン計画がしぼむのを見て、イランは一歩踏み込んだ。

つまり、イランを北から南に縦断するパイプラインを通じて、湾岸に直接石油を輸出することを中央アジア諸国に提案したのである。この費用は、トルコ経由パイプライン建設費のほんの一かけらで済む。なぜなら、イランは国内に広範なパイプライン網を持っており、これを利用すればイランとアゼルバイジャンの間を接続する、短いパイプラインを新設するだけで足りるからである。

「中央アジア石油を輸出するためのイラン・ルートは、最も安全かつ経済的でしかも容易なのです。これにかかる全費用は三〇万ドル程度のものです。トルコを通すパイプラインの三〇億ドルとは比較にならんでしょう」アリ・マジェディ・イラン石油次官は、わたしにこう語った。

さらにイランは、インドとパキスタンに天然ガスを輸出するためのパイプライン建設で、トルクメニスタンと競争もしている。このパイプラインはアフガニスタン領土を通らないで済むので、一層魅力的である。

イランの計画の第一段階は、イラン原油を中央アジア原油とスワップ（交換）しようとの提案である。九八年以来、カザフスタンとトルクメニスタンの原油はカスピ海の海上を運ばれて、イランのカスピ海岸にあるネカ港に運ばれ、ここで精製され、消費に回されるようになった。この見返りに、ペルシャ湾岸の港からイラン原油の積み出しを石油会社に認めたのである。

パイプライン計画が無期延期になる中で、スワップ取引は石油会社にとってきわめて魅力的であり、これに反対する米国の圧力にもかかわらず、石油会社はイランに対して新たなスワップ取引の商談を持ちかけた。カザフスタンとトルクメニスタンに石油利権を持つ米国の石油会社、シェブロンとモービルは九八年五月、クリントン政権にイランとのスワップ取引の認可を申請した。これは米政府にとって頭痛のタネであり、米国の対イラン制裁政策の今後を占うテストケースである。

中央アジアから南アジアへのパイプライン建設には安全が保障されなければならないが、それは究極的にはアフガン内戦の終結にかかっている。国連アフガニスタン調整官のラフダル・ブラヒミはわたしにこう語った。

「中央アジア諸国は、アフガニスタン問題で二つの側面を持っています。一つは恐怖の側面で、もう一つはチャンスの側面です。恐怖とは、歴史が新しく、まだ脆弱（ぜいじゃく）な中央アジア諸国にとって、アフガン紛争を国境内に封じ込めることはできないのではないか、という現実認識です。アフガン紛争が解決するか、それとも国境外、つまり中央アジアにあふれてくるのか。中央アジア諸国は、イスラム原理主義であれ、テロであれ、麻薬であれ、カブールから出てくる厄介なことを、すべて防ぎたいのです。一方のチャンスというのは、内陸国である中央アジア諸国はロシアへの依存を減らしたいわけで、南方に石油、ガスのパイプラインや交通路を開くことに期待しているのです。カブールに責任ある、良き隣人の政府ができることを望んでいるのです。アフガニスタンとの国境を閉ざすのでなく、開けたいのです」

石油価格の低下とロシア経済の絶望的な苦境にもかかわらず、米国とロシアの意思の戦いが将来のパイプライン競争を支配するだろう。ロシアは裏庭である中央アジアから米国を締め出したいという意思を率直に認めている。

「われわれは西側諸国がカスピ海地域の資源を狙って、うるさく立ち回るのをただ眺めているわけにはいきません。一部の国はこのゲームからロシアを排除し、ロシアの国益に害を与えようとしています。この地域におけるいわゆるパイプライン戦争は、ゲームの一部なのです」。ボリス・エリツィン大統領は九八年にこう語った。

ロシアは、アフガン内戦を沸騰させたままにして地域を不安定化することで、中央アジア諸国にロシアの軍事的プレゼンスを維持する口実を得ている。

米国は今では、地域の安定を望んでいる。アフガン内戦の継続が米国の中央アジア政策に跳ね返ることを、心配しているからである。米国務省で旧ソ連諸国についての特別顧問を務めるスティーブン・セスタノビッチは、九九年三月にこう述べた。

「中央アジア全域で指導者たちは、アフガニスタンとタジキスタンの不安定ぶりに気をもんでいます。かれらはイランの影響力の拡大を怖れ、自国内で過激派が勢いをつけるのを怖れています」

アフガン内戦の終結だけが、中央アジア諸国や石油会社に南アジア向けパイプライン計画を進める自信を与えるだろう。だが内戦の終結は、近いうちには望めそうにない。

第12章　タリバンに求愛　①　一九九四〜九六年のパイプラインをめぐる闘い

アルゼンチンの石油会社が口火

カルロス・ブルゲローニは、金融、石油政治、新たなグレート・ゲームなどの外部世界を初めてタリバンに紹介した人物である。アルゼンチンの石油会社ブリダスの会長であるブルゲローニは、トルクメニスタンにある同社のガス油田をパキスタン、インドに接続することを心に描いた。つまりかれは、長大なパイプライン・ネットワークをこの地域に広げることで、アフガニスタンの平和、引いてはインド、パキスタンの平和さえ実現できるかもしれないと考えたのである。

今世紀初め、米英の巨大石油企業は石油ビジネスを世界政治の延長と考え、だから国の外交政策にも影響を及ぼす権利があると考えていた。ブルゲローニも同様に一つのアイデアに取りつかれた男である。一九九五年から九六年にかけての九ヵ月間、かれは南米におけるビジネスを離れて、ビジネス用ジェット機でアフガニスタンの軍閥から軍閥へ、イスラマバード、アシガバード、モスクワ、ワシントンへと飛び回った。あちこちの指導者たちに、かれのパイプライン計画が実現可能であることを説得するためだった。周囲の人々も、同じ夢ではなかったかもしれないが、仕事中毒のブルゲローニに引きずられていた。

ブルゲローニは、イタリアからアルゼンチンに移民した団結の固い家族の出である。かれは博識で魅力的な哲学者的事業家であり、ソ連の崩壊、石油産業の将来、イスラム原理主義をテーマに何時間でもしゃべり続けることができる。

父親のアレハンドロ・アンジェルは一九四八年に、アルゼンチンの新しい石油産業のためのサービス企業として、ブリダス社を創立した。カルロスと現在ブリダスの副会長である弟のアレハンドロ・ブルゲローニは、七八年にブリダスを国際企業に発展させた。そしてブリダスは、中南米で三番目に大きい独立系石油・ガス会社になった。しかしトルクメニスタンにかかわる以前、ブリダスにはアジアでの操業経験はまったくなかった。

このアルゼンチン人たちを、地球を半周してアフガニスタンまで来る気にさせたのは何だったろうか。ブリダスはソ連崩壊後、まず西シベリアに入ろうとした。

「しかしシベリアにはパイプラインとか税金とか問題が多すぎたんです。そこでわれわれはトルクメニスタンに入ったのですよ。ちょうど開放政策が始まったばかりのね」

ブルゲローニは、アフガニスタンにおけるブリダスの役割について触れた唯一のインタビューで、わたしにそう語った。

九一年にブリダスは、トルクメニスタンと石油・ガス開発権のリース契約をした最初の西側の会社となり、大きなリスクを引き受けた。当時、西側の石油会社はこの決定を正気の沙汰ではないと見た。トルクメニスタンは遠い内陸国で、外国人投資家を保護する法律一つない国ではないか。

「他の石油会社は、トルクメニスタンをガスは出るが、それを売りさばくアイデアの立たない国だと考えて、トルクメニスタンを頭から排除したのです」と言うブルゲローニ。

「だが、ガスを発見し、国境を越えるパイプラインで中南米の多様なマーケットに配ったわれわれの経験は、トルクメニスタンでも同じことができると確信させたのです」

ニヤゾフ大統領は、ブルゲローニが自分に関心を払ったことで大いに気をよくした。当時、西側の石油会社の経営者は誰一人としてニヤゾフのドアをたたく気配はなかった。二人はすぐに熱い友情を結んだ。

九二年一月、ブリダスは東部トルクメニスタンのアフガニスタン国境に近く、ソ連時代に発見されたダウラタバード・ガス油田の北東に当たるヤシュラー地区の開発権を手に入れた。ブリダスは一年後の九三年二月、カスピ海に近い、西部のケイミール地区の開発権も手に入れた。トルクメニスタンに入った最初で唯一の外国企業として、ブリダスは有利な契約条件を得た。ヤシュラーについては利益を五〇対五〇で分けることとし、ケイミールについてはブリダスが利益の七五パーセント、トルクメニスタンが二五パーセントを取ることになった。

「われわれは石油、天然ガスとも新しい鉱脈を開発したかったのです。ロシアも新鉱脈には反対できないはずです。もしソビエト時代の古い鉱床を開発したのなら、ロシアは難くせをつけるでしょうからね」というのが、ブルゲローニの説明である。

ブリダスはこの契約で得た油田の探鉱・開発にざっと四億ドルを投資した。まだ石油メジャーが一社も中央アジアには進出していないこの段階で、四億ドルは小さな石油会社にとって大変な金額である。ブリダスは九四年にケイミール石油の輸出を開始、この年の生産量は日量一万六八〇〇バレルに達した。次いで九五年七月、ブリダスは暑く不毛のカラクーム砂漠で金を掘り当てた。つまりヤシュラー鉱区で、パキスタンの天然ガス埋蔵量全部に匹敵する推定埋蔵量一七兆立方フィートという、膨大なガス鉱脈を掘り当てたのである。

「石油と違って、ガスは即座に売れる、アクセスしやすい市場が必要なのです。そこでわれわれは市場を分けることにしました」

説明してくれたのは、ブリダスのガス輸送マネージャーのホセ・ルイス・スレダである。タフで頑丈な技術者であるルイスは、その後数ヵ月にわたってパイプライン・ルートを探すために、アフガニスタンをあちこち駆け回った。

ブルゲローニは語った。

「ヤシュラー発見後、われわれはガスの一部は既存のロシア・パイプラインを使って北方に売ることにしました。残りは別の市場を見つけたいと思ったのです。中国か南アジアのどちらかですね」

「アフガニスタンを通るパイプラインは、平和をつくり出す仕事になります。難しいが可能ですよ」

ちょうどタリバンがカンダハルを制圧した九四年一一月、ブルゲローニはニヤゾフを説得して、アフガニスタンからパキスタンに抜けるガス・パイプラインの、企業化調査をする作業グループを発足させた。

その四ヵ月後、ブルゲローニはパキスタンのベナジル・ブット首相にニヤゾフの計画に力を貸すよう説得した。九五年三月一六日、パキスタンとトルクメニスタンはブリダスにパイプラインの予備的企業化調査を許すとの覚書に調印した。

「このパイプラインはパキスタンの中央アジアへの窓口を開くもので、巨大な可能性をはらんでいます」

わたしに説明したのはブット首相の夫、アシフ・ザルダリである。ザルダリは、執務デスクの背後に掲げたパイプライン・ルートを示す大地図を、誇らしげに指差した。

ブリダスとユノカル

このころパキスタン軍とISI（軍統合情報部）は、カンダハルからヘラート経由でトルクメニスタンに抜ける南方通路を開こうとするタリバンの方針を支持していた。当時、パキスタンはカタールおよびイランとの間で、別々のパイプラインをつくって、天然ガスを輸入するという商談を進めていた。パキスタンがアフガニスタンや中央アジアに寄せる長期的な関心から見て、ブリダスの申し出はパキスタンにとって大きなチャンスを意味した。

ブリダスは、ヤシュラー油田からアフガニスタンの南部を通り、パキスタン・バルチスタン州のスイに達する全長一四〇〇キロのパイプラインの建設を提案した。スイにはパキスタンの天然ガス油田があり、パキスタンのパイプライン網はここを起点にしている。パイプラインは将来、ムルタンで分岐してもっと広大なインド市場向けに延長することも可能である。

ブリダスはこのパイプラインへのアクセス権を開放すると提案した。つまり他の会社、他の国も将来、このパイプラインで自分のガスを送れるというのである。これはとりわけ、アフガニスタンの軍閥に魅力的に響いた。というのは、アフガニスタン北部にはかつてガス油田が存在した。以前はここからガスをウズベキスタンに送っていたが、今は油田も閉鎖されたままである。

「わたしは指導者全部と会いました。ヘラートでイスマイル・ハン、カブールでブルハヌディン・ラバニとマスード、マザリシャリフでドスタムと、カンダハルでタリバンと会いました。誰もがわたしを歓迎してくれました。皆がアフガニスタン再建を考え、外国の投資を必要としているからです」

と、ブルゲローニは語った。

九六年二月までにブルゲローニは、ブットとニヤゾフに「軍閥との間でパイプラインの権利を認める合意書に調印した」ことを報告した。この二月にブルゲローニは、ブルハヌディン・ラバニ大統領を首班とするアフガニスタン政府との間で、ブリダスおよびブリダスが組む国際合弁企業がガス・パイプラインを建設し、操業する権利を三〇年間保障するとの合意書に調印した。

ブリダスはユノカルを含む他の石油会社との交渉を始めた。ユノカルは米国で一二番目に大きい石油会社であり、アジアでの事業経験が豊富で、七六年以来、パキスタンでの事業に関係していた。トルクメニスタンの役人が九五年四月、ブリダスの招待でヒューストンを訪問し、ユノカルの代表と初めて会見している。またユノカルの代表団がアシガバードとイスラマバードを訪れたのは、パイプライン建設でブリダスと組むことを話し合うためだったとみられる。

しかし、ブリダスはこのころ、トルクメニスタンで問題を抱えていた。ニヤゾフは顧問たちの意見を聴いて、ブリダスがトルクメニスタンを搾取していると確信し、九四年九月にケイミールからの石油輸出を禁止し、ブリダスとの契約の再交渉を要求した。九五年一月までに、ブリダスが七五パーセントの取り分を六五パーセントに減らすことに同意したことで、問題は解決したように思われた。しかしブリダスがヤシュラーのガス油田を発見した時、ニヤゾフと側近たちは祝賀会への出席を拒否し、ヤシュラーとケイミールの契約を再び見直したいと言ってきた。ニヤゾフはヤシュラーのガス開発を停止させ、ケイミールからの石油輸出を再び禁止した。ブリダスも今度は見直しを拒否し、トルクメニスタンは当初契約を守るべきだと突っぱねた。

ニヤゾフは共産党式の独裁者であり、国際法や契約をほとんど理解していない人物である。しかしこの時点で、ニヤゾフがブリダスに逆捩をくわしたのは、ユノカルが既存のダウラタバード・ガス油田から、独自のパイプラインを引くことに関心を示していたからである。このパイプライン計画から生じる利益がトルクメニスタンに入ることを予測したニヤゾフは、ユノカルは米国の大石油会社やクリントン政権をトルクメニスタンの開発に引き込む手段になると考えた。ニヤゾフは米国の関与を必要としており、米外交官と精力的な対話を開始した。

米国もニヤゾフとの対話を必要とした。それはトルクメニスタンのイラン依存を防がなければならないという観点からである。ニヤゾフは国連を訪れ、ブリダスとユノカルの幹部をニューヨークに呼びつけた。ニヤゾフは九五年一〇月二一日、ニューヨークで、ショックを受けたブリダス経営陣を前に、ユノカルとそのパートナーであるサウジアラビアのデルタ石油会社と、アフガニスタンを経由するガス・パイプラインを建設する契約に調印したのである。

「われわれはショックを受けました。ニヤゾフにそう言うと、かれは横を向いて、きみたちはなぜもう一つのパイプラインをつくらないのかね、と言ったのです」と、ブリダスの経営者の一人が説明した。

この調印式には、元米国務長官で当時ユノカル顧問のヘンリー・キッシンジャーが同席していた。キッシンジャーはアフガニスタンを通過するパイプラインの地図を眺めながら、「経験に対する希望の勝利か」と、警句めいたせりふを口にした。

しかし、ブリダスは諦めようとしなかった。そして、新たなグレート・ゲームにおける最初の戦闘が始まったのである。

「われわれは、ある国の資源を開発しようとする一石油会社でしかないのです。しかし、われわれはグレート・ゲームに巻き込まれてしまいました。そこは大国が互いに戦っている戦場なのです」。ブリダスの専務マリオ・ロペス・オラシレグルがそう述懐した。

ユノカルは、天然ガス埋蔵量二五兆立方フィートのダウラタバードからパキスタン中部のムルタンまでのガス・パイプラインの建設を提案した。ユノカルはセントガスという国際合弁企業を設立、自らは株式の七〇パーセントを握り、デルタ石油に一五パーセント、ロシアの国有ガス会社ガスプロムに一〇パーセント、トルクメニスタン国有のトルクメンロスガスに五パーセントを配分した。

ユノカルはさらに地域全体に参加を呼びかけた、もっと野心的な第二の契約に調印した。ユノカルの中央アジア石油パイプライン・プロジェクト（CAOPP）は、トルクメニスタンのチャルズーからパキスタン沿岸部（カラチ）のターミナルまで、全長一六八〇キロのパイプラインを建設、日量一〇〇万バレルの石油を輸送するというのである。このCAOPPは、ソ連時代に建設されたシベリアのスルグートやオムスクからカザフスタンのチムケント、ウズベキスタンのブハラに通じている石油パイプラインと接続することができるので、全中央アジアからカラチへ石油を送ることができるというものだ。

ユノカルの執行副社長ロバート・トダーは次のように述べている。

「この戦略は既存の大型パイプライン・ネットワークを拡大し、地域全体から沿岸部にまで広げようというものです。これによりロシア、カザフスタン、ウズベキスタン、トルクメニスタンなど産油国が、成長するアジア市場に接近できることになります」

カザフスタンでシェブロンが体験したロシアとのトラブル再現を避けるため、ユノカルは当初からモスクワ当局に接触した。ロシアのシベリア石油は、新たなはけ口を南方の海に向かって開き、ガスプロムはガス・パイプライン計画に発言権を持つことになる。

「われわれにはアフガン問題のようなロシア問題はありません。参加者だれもが勝てるゲームなのですよ」と、ユノカルのトルクメニスタン担当マネージャーのヘンリー・デラローサがわたしに語ったことがある。

クリントン政権の変化

クリントン政権とユノカルが、突然トルクメニスタンとアフガニスタンに関心を示し始めたのは偶然ではない。米国の中央アジア政策には変化の前兆があったのである。九一年から九五年にかけて、米国の戦略はカザフスタンとキルギスを支援することだった。この二つの国がいち早く政治的、経済的自由化政策を始動したため、米国の企業の投資がやりやすかったという事情がある。カザフスタンにはまだソ連時代から引き継がれた核兵器があり、膨大な石油、ガス、鉱物資源があることなどから、ブッシュ、クリントンの両大統領はカザフスタンのヌルスルタン・ナザルバエフ大統領に接近を試みた。しかし、九五年までに、ナザルバエフはダメなカードと見られるようになった。政権に大型の汚職がはびこり、大統領自身もますます独裁的になったからである。

カザフスタンは九三年、核兵器をロシアに引き渡したことや、反政府姿勢を公然と示すロシア系住民が人口の四〇パーセントを占めているなどの事情から、ナザルバエフはロシアの安全保障ならびに経済上の要求に応じざるを得なくなった。カザフスタンはシェブロンとの約束に反し、テンギス油田の石油をロシアのパイプラインを使って欧州に輸出することを実現できなかった。カザフスタンが四年間かけても、この件でロシアを説得することができなかったからである。がっくりきたシェブロンは九一年に約束したテンギスへの五〇億ドルの投資計画を、九五年までに七億ドルに切り詰めた。

米国はこの期間（九一～九五年）、内戦を続けているタジキスタンを無視していたし、独裁者に支配されているウズベキスタンとトルクメニスタンは、国務省の基準からすれば問題外だった。おまけに、ロシア中心主義のストローブ・タルボット国務副長官が、米国の旧ソ連政策を仕切っていたため、米国がロシアを怒らせたり、中央アジアにおけるロシアの長期的国益に挑戦することはあり得なかった。タルボットの政策目標は、ロシアをNATOの仲間入りさせることや、米国がロシアの裏庭に食い込むことで米ロ関係を悪化させるのを防ぐことだった。

しかしながら、タルボットの親ロ政策は米国の外交政策にかかわるエリート層からきびしい反発をくらった。それはワシントンのユダヤ、イスラエル・ロビーや石油会社などであり、米国は旧ソ連に対してもっと多元的な外交政策を持つべきだと主張するグループである。たとえばカスピ海地域の資源開発を促進させるとか、カスピ海地域の国にロシアからの独立を主張させ、西側に取り込むとかの政策である。最初にこの地域に飛び込んだ米国の石油会社が、米国の外交政策決定に強い発言力を持とうとしていたのである。

九五年の初頭、米国の大手石油会社はカスピ海地域における権益を広げようと、ワシントンに私的な外国石油会社グループを組織した。ユノカルも加わったこのグループは、ワシントンでロビー活動をするため、ブッシュ、カーター政権時代の政治家を雇うことにした。グループは国家安全保障会議（NSC）のエネルギー専門家、シーラ・ヘスリンと会合を持ち、次いで九五年夏にはシーラの上司であるNSC事務局長の大統領補佐官、サミュエル・バーガーと会談した。バーガーはカスピ海地域の政策を立案する目的で、いくつかの省とCIAが加わった省庁間政府委員会を設けた。

無数の油井が立ち並ぶバクーの油田。新グレート・ゲームの中心地（写真提供／共同通信社）

カスピ海地域に対する米国と米石油会社の関心が拡大する中で、米国はロシアを冷遇し始めた。これによって直ちに得をしたのが、ウズベキスタンとトルクメニスタンである。米政府はかつて、ニヤゾフを売り込もうとする米ロビイストの活動を妨害した。九三年三月、ニヤゾフに雇われた元NSC事務局長・大統領補佐官のアレクサンダー・ヘイグがニヤゾフを伴ってワシントンに現れ、石油会社にトルクメニスタンへの投資を勧誘するとともに、イラン経由のパイプラインに対する米国の反対姿勢を和らげようと試みた。この訪問は失敗に終わり、ニヤゾフは米国の指導者たちに会えなかった。

しかし、米国も九五年までには、米国がニヤゾフを脅えさせ続けるなら、ニヤゾフはイランの手中に陥る以外にないということを理解した。トルクメニスタンの経済的困難は、天然ガスを輸出できないために一層悪化した。米国にとって、アフガニスタン経由のガス・パイプライン計画は、イランを通らないという点で魅力的であるだけでなく、ロシアとイランを不利にする一方でトルクメニスタン、パキスタン、タリバンへの支援を意味するものとなった。

中央アジア戦略の疑問

ウズベキスタンは中央アジアで最大、最強の国であり、唯一ロシアの前に立ちはだかることができる国である。米国の中央アジア戦略も、ウズベキスタンを抜きにしては成り立たない。米国とウズベキスタンは注意深く、接近し合った。カリモフは、中央アジアにNATO大隊を編成するというNATOの計画に支援を寄せた。これはロシアが猛烈に反対した計画である。

「われわれはロシアの裏庭にNATOを受け入れません。米国は中央アジアがロシアにとって〝近い外国〟であること、つまりロシアの影響圏に残っていることを認めるべきです」

怒りに燃えたあるロシア外交官が九七年、アシガバードでわたしにそう言った。

米国の企業はウズベキスタンの鉱物資源に関心を示し、米国とウズベキスタンの貿易は突然開花し、九五年から九七年の間に貿易額は八倍に伸びた。カリモフは九七年六月、初めてワシントンを訪問した。

シリーン・ハンター博士は「西側、とくに米国は一九九五年までに、再燃したロシアの覇権主義とイランの影響力に対抗する唯一の力として、ウズベキスタンをはっきりと選び取った」と書いている。

こうしてこの地域に二つの連合の組み合わせが立ち上がった。米国はこの地域への投資を目指して、ウズベキスタン、トルクメニスタン、アゼルバイジャンの側に立ち、米国の同盟国であるトルコ、イスラエル、パキスタンを勇気づけた。一方のロシアは、カザフスタン、キルギス、タジキスタンに対する支配力を握り続けた。カスピ地方の資源をめぐる闘いが激化する中で、米国はロシアと対決する準備を固めていた。

米国の中央アジア学の指導的地位にあるマーサ・ブリル・オルコット博士は、次のように述べている。

「米国の政策立案者は、ロシアがこの地域の覇権を握るのを見たくないのは確かだ。世界で最後の石油・ガスの宝庫への西側の接近に、ロシアが制限や条件を自由につけられるとすれば、この覇権の値段は一層高いものになるだろう。米国のこの地域への介入が最小限であったにしても、それはロシアに最大限の疑惑をかきたてるだろう」

わたしは九六年夏にはまだ、このグレート・ゲームに関する取材を始めていなかった。九六年九月のタリバンによる突然のカブール征服を見て、わたしは西側報道陣が格闘しながら答えを得られなかった二つの疑問を解き明かそうと懸命だった。疑問の一つは「アメリカはタリバンを直接、あるいはユノカルとか、同盟国のパキスタンかサウジアラビアを通じて間接的に、支援しているのか?」であった。もう一つは「米国、サウジアラビア、パキスタン、タリバンを一方の軸に、他方の軸にロシア、イラン、中央アジア諸国、反タリバン同盟を並べた分極化を促進しているのは何か?」という疑問である。

アフガン反ソ聖戦時代にできたCIA=ISIコネクションの復活に焦点を当てた者もいたが、わたしにはパイプラインをめぐる戦略が、ワシントンのタリバンに対する関心の背後にあり、それがロシア、イランからの反発を招いているように思われた。

しかし、この問題を調べるのは迷路に入り込むようなものだった。誰も真実を話してくれないし、本当の動機や関心を明らかにしてくれなかった。謎を解くカギは少なく、ジャーナリストの仕事というより探偵の仕事だった。ゲームの本当のプレーヤーに接近することさえ困難だった。本当の政策は政治家や外交官が決めるのではなく、秘密主義の石油会社や地域の国々の情報機関が動かしているのである。

石油会社は中でも最も口が堅い連中だ。かれらは、世界中で展開している激しい競争からくる伝説的な秘密主義を守っている。次にどこを掘るか、どこにパイプラインを敷きたいか、あるいは一時間前、誰と食事を取ったかなどをしゃべることすら、ライバルの石油会社すなわち敵を利することになるのだ。

ブリダスの幹部は決して、報道陣に話をすることはしない。たまにロンドンの地味なPR会社を通じて発表文を流すだけである。ユノカルはもう少し接近しやすいが、幹部たちは内容のない回答をする訓練を受けていて、何も教えてはくれない。しかし、二つの会社にははっきりした違いがあり、この違いは将来、両社のタリバンとの関係に影響することになる。

ブリダスは家族経営の小さな会社であり、経営陣はヨーロッパの伝統の下で教育され、政治、文化、歴史や、商売の場所や相手に関連した人間関係に興味を持っている。ブリダスの幹部はゲームの変遷のすべてを熟知し、会談する相手国の指導者の、部族関係、家族関係などについて詳しく調べることをいとわない。

ユノカルは、世界中で石油ビジネスを展開するための幹部を雇っている大会社である。この地域に配置された者は、わずかな例外を除いて現地の政治情勢に関心はなく、関心はもっぱら仕事だけだ。パイプライン・ルートの開発に当たるブリダスの技術者が、砂漠の中で部族民と何時間もお茶をすって過ごすのに対し、ユノカルの担当者は飛んで来て、飛んで帰っていくの繰り返しで、言うことがころころ変わることで知られているアフガン軍閥の話を真に受けている。

アフガン人は古くから、相手が聴きたいことを話してやり、次の客人には正反対のことを言うという話術を身につけた民族である。ユノカルはタリバンに対する方針でも、米政府の政策から逸脱せず、その流れとしてタリバンに何をすべきかお説教することがあり、こうした関係がユノカルの不利を招いた。ブリダスにはこうした制約はまったくなく、どの国からも外交的承認を受けていないタリバンと、いつでも契約をする用意ができていた。

ユノカルは、これから起こりそうなことについて、現地で独自情報を集めることより、イスラマバードの米大使館やパキスタン、トルクメニスタンの情報機関に頼る傾向が強かった。ユノカルとブリダスの競合や新たなグレート・ゲームの浮き沈みについて書いた、わたしの記事が発表されると、当初は両社とも、わたしが相手側のために隠密で働いているスパイだと思った。

ブリダスはやがて、わたしが内容空疎な発表文で満足するにはあまりにも長い間、アフガニスタン取材を重ねてきた、好奇心の強いジャーナリストであることを理解してくれたが、ユノカルはその後もわたしをスパイと思い込んでいた。わたしは、七回アフガニスタンに取材旅行し、一〇〇回以上のインタビューを重ね、何も知らなかった石油ビジネスの文献を読み込んだ末、九七年四月に掲載された『ファー・イースタン・エコノミック・レビュー』のカバーストーリー記事を書いたのである。

九七年七月、ストローブ・タルボットはこの地域に対する米政策の基本になるスピーチをした。

「カフカスや中央アジアにおける『グレート・ゲーム』の再演を宣言したり予言することが、このところ流行になっています。もちろんこの言葉は、大国間の競争が石油によって燃やされたり、滑らかにされたりしながら、この地域を動かす力であることを言いたいのです。われわれの目標は、グレート・ゲームが隔世遺伝のように再現することを回避し、予防することです。ルディヤード・キプリングやジョージ・マクドナルド・フレーザーを本来あるべき場所、つまり歴史の本棚に戻しておきましょう。キプリングのキムやフレーザーのフラッシュマンはゼロサムゲームの世界の人物です」

しかし、タルボットはゲームが進行中であることを承知し、米国の最優先順位は紛争の解決であると宣言しながらも、ゲーム参加者に対してきびしい警告を発した。

「国境内の紛争が国境外にこぼれて燃え上がるとすれば、この地域はテロリズムの培養地、宗教的、政治的過激主義の温床、そして明白な戦場になるでしょう」

米議会も肩入れ

ゲームの現場では、ニヤゾフがユノカルとの契約を決めたことで、ブルゲローニを憤激させた。九六年二月、ブルゲローニはテキサス州ヒューストン近くのフォートベンド郡裁判所に、ユノカルとデルタを相手取って訴訟を起こした。ブリダスはユノカルの「有望なビジネス関係に対する不正な干渉」と「ユノカル、デルタ、およびユノカル副社長のマーティ・ミラーその他の人物がブリダスに加えた陰謀」に対し、一五〇億ドルの損害賠償を要求した。

ブリダスは訴状の中で、「ミラーにパイプラインの建設と操業に関する計画を示し、ユノカルにブリダスの合弁事業計画への参加を検討するよう要請した」と述べている。要するにブリダスはユノカルがアイデアを盗んだと訴えたわけだ。

のちにブルゲローニはこう説明した。

「ユノカルはわれわれが呼んだから、この地域に入って来たのです。ブリダスとユノカルが一緒にやれない理由はなかったのです。ブリダスはユノカルの参入を望み、ユノカルをトルクメニスタンに連れて行ったのです」

「当初、ユノカルはパイプラインなぞ馬鹿げた考えだと思っていたし、アフガニスタンにもトルクメニスタンにもまったく関心を示さなかったのですよ」

ブリダスはまた国際商業会議所に、ヤシュラー油田やケイミール油田を封鎖したことがトルクメニスタンの契約違反だと訴え、裁定を求めている。

ユノカルは、自社のパイプライン提案はヤシュラーではなくダウラタバード油田に関係している以上、ブリダスの計画とは別ものだと主張し続けている。のちにユノカル社長ジョン・イムリは、法廷に渡した書簡の中で、トルクメニスタン政府から、ブリダスとは何の契約もなく、ユノカルは何をするのも自由だと言われたと、主張している。

「われわれは、セントガス・プロジェクトがブリダスとは別の独自の計画だと考えています。われわれは既存の天然ガス油田からのガスを買い、輸出用ガス・パイプラインを通じて輸送する提案をしたのです。ブリダスはヤシュラー油田からの輸送を提案しました。セントガス・プロジェクトはブリダスがパイプラインをつくり、自社のガスを輸送、販売するのを妨害するものではありません」

クリントン政権はユノカル側に肩入れをしている。九六年三月パキスタン駐在米大使のトム・サイモンズは、パキスタン政府にブリダス支援からユノカル支援に方針転換するよう要求したことから、ブットとのけんかを引き起こした。

「ブットはブリダスを支援し、サイモンズはブットがブリダスを弁護するのは強引すぎると非難しました。ブットはサイモンズに対し怒り狂ってしまいました」

「ブットはサイモンズに文書で謝罪するよう要求し、謝罪文を受け取りました」

この場に同席したブット側近の閣僚が、そうわたしに漏らしてくれた。

九六年四月と八月の二回、パキスタンとアフガニスタンを訪れた南アジア担当米国務次官補のロビン・ラフェルは、その訪問中にユノカル計画に好意的な発言をした。九六年四月二一日、イスラマバードで開いた記者会見で、ラフェルは次のように述べた。

「トルクメニスタンからパキスタンまでのパイプライン建設を計画しているアメリカの会社があります」

「このパイプライン計画はトルクメニスタン、パキスタン、アフガニスタンにとって、とてもよい計画です。アフガニスタンに雇用をつくるだけでなく、エネルギーを持ってくるからです」

ラフェルは八月には中央アジア諸国とモスクワも訪問し、同じメッセージを伝えた。

米政府がユノカル・プロジェクトを公然と支援したことは、その前から疑いを抱いていたロシアとイランをいらだたせ、CIAがタリバンを支援しているに違いないと思わせた。九六年一二月、イランのある上級外交官がわたしにひそひそ声で、サウジアラビアとCIAがタリバンに二〇〇万ドルを渡したと告げた。この話に証拠はなかった。しかし、米政府とユノカルがいくつかのヘマを犯したことから、対米非難の声があちこちで上がった。

九六年九月にタリバンがカブールを占領した時、ユノカル幹部のクリス・タッガートは国際通信社に、パイプライン計画がタリバンのカブール制圧により実現しやすくなるだろう、と語った。この発言はユノカルがタリバンの征服を支援したことを意味するので、ユノカルは急いで撤回した。ユノカルはこれより数週間前、軍閥たちがパイプライン計画を保護する目的で合同評議会をつくってくれるなら、「ボーナス」として、かれらに人道的援助を贈ると発表していた。ユノカルが軍閥たちにカネを渡す用意があることは、暗黙のうちに伝わったわけである。

タリバンのカブール占領から数時間もしないうちに、米国務省は米国がタリバンと外交関係を開く用意があり、そのために早急にカブールに当局者を派遣すると発表したが、間もなく撤回した。国務省スポークスマンのグリン・デイビースは、米国にとってタリバンがイスラム法を適用することに「反対すべきことは何もない」と述べた。また、かれはタリバンが反西側というより反近代だと説明した。米議員もタリバン側に肩入れした。

「今度の事態でよい側面は、ようやく一つの派がアフガニスタン政府をつくれそうになったことだ」

ユノカル計画を支援していたハンク・ブラウン上院議員はそう発言した。

米国の外交官たちはのちに困った表情で、この急ぎすぎた決定は在パキスタンの米大使館と相談なしに行われたヘマだった、と説明してくれた。

しかしヘマは大きな損害を残した。ユノカルのヘマと国務省の混乱は、イラン、ロシア、中央アジア諸国や反タリバン同盟だけでなく、大半のアフガン人やパキスタン人にも、米政府＝ユノカル・チームがタリバンを支持し、タリバンの全面的勝利を望んでいると確信させたのである。米政府とユノカルは、アフガニスタンに特定のひいきはしないと主張したが、信じてもらえなかった。一部のパキスタン閣僚は、米国がタリバンとパキスタンの立場を支持していることを知らせようと、パキスタンのジャーナリストたちに米国はタリバンを支持しているのだと、わざわざ吹き込んだ。

地域全体にうわさと推測があふれかえった。いつも中立を保つ通信社までが疑心に流された。ロイター通信は、当時、次のような記事を流した。

「確かにタリバンは、米国のイラン孤立化政策に役立つかもしれない。タリバンはイラン国境に強固なスンニ派の緩衝地帯をつくり、さらに中央アジア南部の貿易ルートのイラン独占を破る、新しい貿易ルートとパイプラインの安全を保障してくれるかもしれない」

石油会社の綱引き

ブリダスはまだ、自社がレースに残っていることを示すために苦しい闘いを続けていた。トルクメニスタンにおけるブリダスの石油、ガス油田は封鎖されていた。ブリダスは、パイプラインで輸送するガスを購入する協定をトルクメニスタンと結んでいなかったし、ガスを売る協定をパキスタンと結んでもいなかった。ユノカルは今や、米国とパキスタンの支援を受けたタリバンに甘い言葉をかけられている。

それでもブリダスは、ニヤゾフが追い出しにかかっているアシガバードの事務所を維持し、イスラマバード事務所も残していた。

「ブリダスは敗れたのです。われわれはアフガン・パイプラインをユノカルに与えました。もうブリダスと組んで仕事をすることはありません」

トルクメニスタンの石油・ガス大臣のムラド・ナジャーノフはアシガバードで、わたしにそう告げた。

ブリダスはタリバンに対して一つだけ利点を持っていた。ブリダスはタリバンに、パイプライン建設のため国際金融システムを通じた融資を求めないので、融資条件として第一に要求される、カブール政府の国際的承認は必要がないことを伝えていた。その代わりブリダスは、サウジアラビアの会社ニンガルチョと五〇対五〇の合弁で設立していた、TAP（アラビア横断）パイプラインを通じて資金を集める計画だった。ニンガルチョは、サウジアラビア情報局長官のトゥルキ王子と非常に近い会社である。

ブリダスによれば、パイプライン建設費の半分、つまりアフガニスタン部分の建設費はサウジアラビアで調達し、残り半分、つまりパイプライン両端のパキスタンとトルクメニスタン部分の建設費は、ブリダスがアレンジする国際協調融資に仰ごうという計画である。

「われわれは、トルクメニスタン政府との問題と、アフガン・パイプライン契約とを完全に分離します。われわれは二つの国際合弁事業体をつくる計画です。一つはアフガニスタンのパイプラインを建設する事業で、もう一つは両端部のトルクメニスタンとパキスタンでパイプライン建設に当たります」と、ブリダスのある幹部が説明してくれた。

こうしてブリダスは前提条件なしに、直ちにパイプライン建設を開始しようと申し入れた。必要なのはアフガン各派間の合意だけだが、合意はまだ得られていない。

他方、ユノカルは米国のアフガニスタン政策と、しっかり結びついていたため、世界銀行などの融資に必要な条件である、国際的に承認されたカブール政府が生まれるまでは、建設もできないし、タリバンとビジネス上の条件を交渉することもできない。

ユノカル社長のジョン・イムリは言う。

「われわれは当初から、関係者全部にはっきり伝えていました。プロジェクトの融資を得ることがきわめて重要であり、そのためにはアフガン各派がまとまって機能的な政府をつくり、国際金融機関に認めてもらわなければならないのです」

ユノカルがタリバンに影響力があるのは、ユノカルのプロジェクトがタリバンにぜひとも必要な、米国のタリバン政府承認を実現する可能性を持っているからである。

ブリダスとユノカルはいずれも、タリバンに影響力のある地域大国、とくにサウジアラビアへの働きかけを強めた。ブリダスはタリバンとの協議で、トゥルキ王子に強いコネがあることを強調した。

ブルゲローニは言った。

「サウジアラビアは長年アフガン・ジハードに資金を投じてきたので、パイプラインが平和のプロセスに役立つと考えています」

ユノカルも負けてはいない。ユノカルには独自のサウジ・コネクションがある。デルタ石油社長のバドル・アル・アイバンはサウジ王室、とりわけアブドラ・イン・アブドル・アジズ皇太子と近く、バドルの弟モサード・アル・アイバンはファハド国王の宮廷に出入りしていた。

米政府とユノカルは、パキスタンでも勝利した。九六年ブット政府の退陣後、新たに選出されたナワズ・シャリフ首相とチョウドリ・ニサル・アリ・カーン石油相、国軍、ISIの面々はユノカルを全面支援した。パキスタンは米国にもっと直接的にタリバンを支援して欲しいと望み、タリバンの正当化を促進するために、ユノカルには早く建設を始めて欲しいと要請した。米政府とユノカルは基本的にはISIの分析と目標を受け入れていた。それは、タリバンの勝利がユノカルの仕事を楽にし、米国のタリバン承認を早めるという内容である。

パイプラインは平和をもたらさない

パキスタンは米国のタリバン承認を求めていたが、それとは別に天然ガスの新たな供給先を必死に求めていた。天然ガスはパキスタンのエネルギー消費の三七パーセントを占めていたが、バルチスタン州スイの天然ガス油田は枯渇しかけていた。パキスタンのガス確認埋蔵量は二二兆立方フィートだが、毎年の消費量は現在七〇〇〇億立方フィートで、今後は年七〇〇〇億立方フィートの需要増が見込まれている。二〇一〇年までにパキスタンは毎年、八〇〇〇億立方フィートの天然ガスが不足する見込みである。

パキスタンの別の選択肢としては、イランまたはカタールに通じるパイプラインを建設してガスを輸入することだが、これは資金難で行き詰まっている。パキスタンはまた、安い石油の安定した供給先を必死に探していた。パキスタンは九六年に二〇億ドルの石油を輸入したが、これは全輸入量の二〇パーセントに相当する。石油の国内生産量は九〇年代初期の日量七万バレルから九七年の五万八〇〇〇バレルに低下した。ユノカルの提案している石油パイプラインは、パキスタンに石油を供給するだけでなく、パキスタンを中央アジア石油のアジア市場への中継センターにする可能性を持つ。

トルクメニスタンのニヤゾフ大統領は、ユノカルに急いで建設工事を始めるよう要求し、パキスタンに対しては、タリバンにユノカルの提案を受け入れさせて欲しいと頼んだ。ニヤゾフが米国に取り入ったことは効果を生み始めた。九七年一月、トルクメニスタンは、米国の巨大石油企業モービルおよび英国のモニュメント石油と、トルクメニスタン西部の大鉱区の探鉱・開発協定に調印した。これはトルクメニスタンが米国のメジャーと結んだ最初の契約である。ユノカルはまだトルクメニスタンに直接投資をしていなかったのだ。

九六年一一月、ブリダスはパイプライン建設でタリバンおよびドスタム将軍との合意書に調印したと発表した。ブルハヌディン・ラバニはそれ以前に同意していた。この発表はユノカルとパキスタンをパニックに陥れた。九六年一二月九日、パキスタンのナジムディン・シェイク外相はカンダハルにムラー・オマルを訪ね、ユノカルの提案を受け入れるよう説得に努めた。しかし、オマルははっきりした約束をしなかった。

タリバンは古典的なアフガニスタン方式に従い、見事なカードさばきを見せた。つかまえどころのない問答を続けて言質を与えず、ユノカルとブリダスの双方に言い値を上げさせる作戦である。タリバンは年額一億ドル規模のパイプライン通過料を受け取るだけでなく、石油会社に道路や水道、電話線、送電線の建設までやらせることを考えているのだ。

数人のタリバン幹部は私的な会話で、ブリダスの方が好ましいと語った。なぜならブリダスはタリバン側に何の要求もしないからである。これに引き換えユノカルは、人権問題でタリバンのイメージを改善せよとか、反タリバン同盟と対話せよとかの要求をしてくる。これは米政府の主な要求項目である。その上、ユノカルは米国内で、米政府とユノカルにタリバンとの商談をやめるよう要求するフェミニスト運動に見舞われている。国連も批判的である。

国連の明石康・人道問題担当事務次長はわたしにこう告げた。

「現在のアフガニスタンに対する外部からの干渉は、すべて石油やガス・パイプラインをめぐる闘いと関連しています。問題は、これらの石油会社や地域大国が自分たちの目的のために、タリバンに貢いでいることですよ」

ブリダス、ユノカルは共に、パイプラインが平和をもたらすと主張する。しかし西側の銀行はどこも、自国を戦場にしている国のパイプライン建設には融資しない。

ロバート・イーベルいわく、「パイプライン政治のゲーム参加者に気づかせてやらなければならないのは、平和はパイプラインをもたらすが、パイプラインは平和をもたらさないということですよ」

グレート・ゲームは、新しい次元に入った。

第13章　タリバンに求愛　②　一九九七〜九九年のパイプラインをめぐる闘い

タリバンの交渉術

ブエノスアイレスにあるブリダス本社で、ミニスカートを着けたチャーミングなアルゼンチンの秘書たちは、丈の長いドレスや袖の長いブラウスを着て、できるだけ腕や脚を隠すように言われた。タリバン代表団が、ブエノスアイレスを訪れることになっていたのである。代表団は一九九七年二月到着、ブリダスは、かれらを丁重にもてなした。代表たちは観光地を訪れ、国内の掘削現場や運転中のパイプラインを視察したり、さらに雪に覆われた南米大陸南端の山岳を見るために、飛行機で飛び回った。

これと同時に、別のタリバン代表団が別種のカルチャー・ショックを体験していた。こちらはワシントンで、米国務省の当局者やユノカルを訪問し、米国によるタリバンの承認を求めてロビー活動を行った。二つのタリバン代表団は、帰国途中サウジアラビアに立ち寄り、メッカを訪れてサウジ情報局長官のトゥルキ王子と会談した。タリバン側は、どちらの会社の提案を受け入れるか未定であることを伝えた。タリバンはあらゆる方面から、グレート・ゲームをプレーする術を短時間で学んだのである。

ブリダス、ユノカルとも、タリバンに対するご機嫌取りの努力を強化した。九七年一月、ブリダスに朗報が届いた。国際商業会議所が暫定裁定を下し、トルクメニスタンにケイミール油田からの石油輸出再開をブリダスに許すよう命じた。しかし、ニヤゾフ大統領はこれを無視し、ブリダスとの妥協を拒んだ。ブリダスは九七年三月、カブールに事務所を開き、ブルゲローニはタリバンの幹部たちと会うためにカブールに到着した。

ブリダスは実際にタリバンとの契約交渉を始めた。三人のブリダス幹部は一二人のムラーと、この夏、数週間をかけて一五〇ページの契約文書について話し合うという苦労の多い仕事を続けた。タリバン側には技術専門家は不在で、工科系の学校を卒業したが実務経験ゼロという人物が一人いただけである。タリバンには石油や天然ガスの専門家はおらず、満足できる英語を話せる者もいなかった。そこで契約文書はダリ語に翻訳された。

「われわれは、文書を一行ずつ点検しました。タリバンをだまそうとしたなどという非難を浴びないようにね。それから同じ契約書を、タリバンの反対派全部に承認してもらいました。ですから、全アフガニスタンの契約書になるのです」

ブリダスの高級幹部がわたしにそう説明してくれた。

ユノカルは、カブールに国際的に承認された政府ができるまでは契約交渉をしない方針だった。

一方、ユノカルはネブラスカ州のオマハ大学アフガニスタン研究センターに九〇万ドルを寄付した。センターの責任者はアフガニスタン学の長老トマス・グティエールであった。センターはアフガン人向けの訓練計画と人道援助計画をつくり、カンダハルにジェラルド・ボードマンを責任者とする学校を開設した。ボードマンは八〇年代に米国際援助局（USAID）のペシャワル代表として国境を越えてムジャヒディン各派に援助を提供した人物である。

この学校はおよそ四〇〇人の教師、電気技術者、大工、ユノカルのパイプライン工事に役立つ鋼管工事人などを訓練し始めた。この他にユノカルは、タリバンにファクスや発電機などの贈り物をしたが、これは後日、暴露されてスキャンダルになった。

ユノカルがタリバンにプレゼントした物はすべて、反タリバン同盟やイラン、ロシアにとっては、ユノカルがタリバンを飼っている証拠となる。ユノカルは激しく反論した。

「われわれがセントガスに支出したカネはざっと一五〇〇万から二〇〇〇万ドルです。この中には、地震救援の人道援助や職業訓練の費用、それにファクス、発電機などの新しい機械類も含まれています」

ユノカル社長のジョン・イムリが、九九年、わたしに説明してくれた。

デルタの役割は外部の疑心を募らせた。当初、ユノカルは、サウジアラビアの会社であり、タリバンと接点を持つデルタ石油に、アフガン各派との接触を強めるよう激励した。デルタはその仕事をさせるのに、サウジ人有力者でなく、アメリカ人のチャールズ・サントスを雇ってアフガン人との接触に当たらせた。

サントスは八八年から断続的に、国連のアフガニスタン調停活動の仕事をしていた。かれが仕えた二代にわたる国連アフガニスタン調停官は、サントスの仕事ぶりを米政府に近すぎるとか、個人的な目標で動きすぎると批判した。それでもサントスは、国連アフガニスタン調停官マハムード・メスティリの政治顧問になった。メスティリは九五年、タリバンがカブールの城門に迫った時の調停工作をして、惨めな失敗をした。

サントスはアフガン各派のすべての指導者から嫌われていた。デルタがかれを雇った時点で、誰もかれを信用していなかった。サントスは何度もアフガニスタンを訪れたが、アフガン人工作はまったく進展せず、ユノカルはサントスを雇ったことを後悔した。

デルタによるアフガン人対策がうまくいかないことから、ユノカルとデルタの間に摩擦が生まれ、ユノカルは独自の専門家チームを設けることにした。ユノカルは前のパキスタン駐在米大使ロバート・オークリーを雇った。オークリーは、のちにソマリア駐在米特使になる人物である。

オークリーは八〇年代、ムジャヒディンに米国の援助を供給するのに決定的な役割を果たした。しかし、米国がその後、アフガニスタンから引き揚げたこともあって、オークリーがアフガン人から慕われるという関係はなかった。アフガン人やパキスタン人の多くは、かれのことを傲慢とか威圧的とみなした。かれが大使として、イスラマバード在勤中のニックネームは「総督」だった。オークリーはモスクワやイスラマバードを訪問して、ユノカルのプロジェクトへの支援を獲得したり、ユノカルが専門家チームを雇うのを助けたりした。グティエール、ボードマン、ランド・コーポレイションで働いていたアフガン系アメリカ人ザルマイ・ハリザド、中央アジアの専門家マーサ・ブリル・オルコットの面々である。

米国の企業が、元政府役人や学者を雇うのは異例なことではない。グレート・ゲームに参加するすべての米石油会社は、ワシントンでロビー活動をするために同じことをしているし、ユノカルより有名なレーガン、ブッシュ政権の大物を雇っている。しかし、現地ではそんなことは理解されず、むしろ大変な疑惑の目で見られる。そしてユノカルは米政府の手足であり、八〇年代の米国とＣＩＡのアフガニスタン専門家のネットワークが再生しつつあるらしいという推測が強まったのである。

米国の劇的政策転換

ユノカルは一方で、ニヤゾフ大統領との間で難問に直面していた。ニヤゾフはこれ以上考えられないくらい現実と遊離していて、アフガニスタンで戦争が続いていることを無視して、できるだけ早く工事に着手するようユノカルにせっついた。恐怖におののいたトルクメニスタン外務省の役人たちは、内戦の最中にパイプライン工事を始めることはできないと説明しようとした。しかし、ニヤゾフは怒鳴りつけた。

「わが国はパイプラインが必要なんだ。わが国の大型プロジェクトをアフガニスタンの平和と安定に結びつけるんだ」ニヤゾフ自身が怒りを隠さず、わたしに説明した。

これ以降、トルクメニスタンの役人たちはアフガニスタン前線の悪いニュースを知らせなくなり、ニヤゾフはますます現実から孤立した。

こうした問題を抱えながらもユノカルは計画を推進した。九七年五月アシガバードで開かれた、パキスタン、トルクメニスタンとユノカルの年次定例首脳会議で、三者はユノカルが資金集めを始め、九七年一二月までに資金集めを終え、九八年初めから工事を始めることを約束した協定に調印した。

米国とトルクメニスタンはＩＳＩ（パキスタン軍統合情報部）から、タリバンが北部の反タリバン派の牙城マザリシャリフを占領するのは近いと知らされていた。ところが二ヵ月後、タリバンは数百人の死傷者を出してマザル（マザリシャリフ）から追い出され、戦闘はアフガニスタン全域で激化した。またしてもＩＳＩの分析に頼りすぎたことで米国は困った立場に立たされた。

マザルでのタリバンの敗北直後、イスラマバードでセントガスの作業グループの第一回会合が開かれ、ユノカルの副社長マーティ・ミラーが、九七年一二月の資金集めの締め切りは守れないだろうと報告した。

ミラーは九七年六月五日の記者会見で次のように述べた。

「このプロジェクトがいつ着工になるかはっきりしません。それはアフガニスタンの平和にかかり、われわれが一緒に働く政府にかかっています。戦争が続く限り、着工は今年の年末になるか、来年になるか、あるいは三年後かわかりません。場合によってはまったくダメになるかもしれません」

パキスタンとトルクメニスタンは、ユノカルと新たな契約を結ぶことを余儀なくされ、新契約では着工期限が一年延期され、工事開始は九八年一二月となった。しかし大方のオブザーバーは、それでも楽観的すぎると見ていた。

このころまでに米政府は、パキスタンとタリバンが統一アフガニスタンを生み出せるかどうか、ますます疑問を持つようになっていた。その結果、米国はトルクメニスタンにガス輸出を可能にする別の選択肢を探り始めた。

九七年七月米国は、トルクメニスタンからイランを通過してトルコに抜けるガス・パイプラインに反対しないと発表した。これは米国の政策の劇的転換である。米国はこの決定が、イラン制裁政策からのUターンではないと言い続けた。しかし、欧州やアジアの石油会社がイラン市場に入ろうと競争している中で、米国の石油会社は窓のすき間が少し開いたと見て、クリントン政権にイラン制裁を緩和するようプレッシャーを一層強めた。

カスピ海地域の石油・天然ガスをイラン経由で輸送する可能性が出てきたことは、見通しの立たないアフガニスタン経由パイプラインの可能性を弱めた。米国の決定はユノカルを打ちのめした。パキスタンは、米国の支援は実に移ろいやすいこと、タリバンがアフガニスタン全土を征服して国を統一する時間はなくなったことを、思い知らされた。

しかもイランとオーストラリアのBHP石油は、イランからパキスタンに通じる全長二五〇〇キロのガス・パイプラインを建設する計画を打ち出した。このパイプラインは日量二〇億立方フィートの天然ガスをイラン南部からカラチに輸送し、将来はインドにもつなげる計画だ。このパイプラインはユノカルの計画と正面から競合するが、その強みは内戦の続いている戦場を通らないことである。

九七年一月一六日、ナワズ・シャリフ首相は日帰りでアシガバードを訪問し、ニヤゾフ大統領と会談した。その結果ユノカル、パキスタン、トルクメニスタンの三者は、トルクメニスタンの天然ガス輸入代金について暫定契約を結んだ。タリバンにはパイプラインのアフガニスタン領土の通過料として、一〇〇〇立方フィート当たり一五セントを支払うとされていた。このころには、アフガン内戦を無視し続けるシャリフとニヤゾフの決定に、明らかに非現実性の空気が漂い始めていた。タリバンはガス代金について相談を受けなかったと怒り、パイプライン通過料の値上げを要求した。

巨大石油会社アモコの登場

ユノカルは九七年一〇月二五日、国際合弁企業セントガスを拡大し、日本、韓国、パキスタンの石油会社を加えると発表した。しかし、ロシアの機嫌を取ろうとしたユノカルの試みは失敗に終わった。ロシアの巨大ガス会社ガスプロムは、セントガスの株式の一〇パーセントを割り当てられていたが、セントガス拡大の協定調印を拒否した。米国は、タリバンのスポンサーになっていて、しかも中央アジアにおけるロシアの影響力を低下させようとしているなどと、ロシア政府が米国を批判していたからである。

ガスプロムの執行責任役員であるレム・ビヤキレフは、トルクメニスタンやカザフスタンがロシア以外のパイプラインで石油、ガスを輸出することを、ロシアとしては許せないと宣言した。

「一つの市場を放棄することは、ロシアにとっては犯罪に相当すると言えるでしょう」

ビヤキレフはそう説明した。

米国の当局者も反ロシアの立場を明らかにしていた。

「米国の政策は、カスピ海地域のエネルギー資源の急速な開発を促進することです。われわれの目標は、この地域の石油資源国の独立性を強めること、端的にいえばカスピ海石油の輸送に関するロシアの独占を打ち破ること、供給先の多様化による西側のエネルギーの安全保障を高めることです」

NSC(米国家安全保障会議)のエネルギー専門家、シーラ・ヘスリンはそう述べた。

ブリダスはゲームに残っていた。ブリダスは新たに、米政府も反対できないような強力なパートナーと提携した。ブリダスは九七年九月、中南米におけるブリダスの営業権の六〇パーセントを米国の巨大石油会社アモコに売却した。ブリダスとしては、アモコがニヤゾフに影響力を行使して、トルクメニスタンにおけるブリダスの資産凍結を解除してくれることを期待したのである。

ブリダスは同じ九月、タリバン代表団をブエノスアイレスに招待した。二度目の代表団の団長は、元絨毯商人で現在工業大臣のムラー・アハマド・ジャンであった。パキスタン当局は、タリバンがユノカルにも代表団を派遣すると言うまで、ブリダス向け代表団にペシャワルから飛行機に乗る許可を出さなかった。隻眼のムラー・モハメド・ガウスを団長とする、もう一つのタリバン代表団がヒューストンに到着、ユノカルを訪問したのは、同年一一月のことである。

ユノカルはこの代表団を五つ星ホテルに泊め、動物園、スーパーマーケット、NASA（米航空宇宙局）の宇宙センターを見学させた。一行は、マーティ・ミラー邸のディナーに招かれ、ミラー家のプールや居心地のよい立派な邸宅を眺めた。かれらは国務省で当局者に会い、米国のタリバン承認をもう一度陳情した。

戦火が下火になる冬を越えた九八年春、新たな戦闘が火を噴いた。両社にとってパイプライン・プロジェクトはこれまでになく遠いものになってしまった。同年三月、マーティ・ミラーはアシガバードに飛び、戦争が続いている限り資金集めは不可能であり、工事は無期延期だと伝えた。いらいらして煙草をくゆらしていたニヤゾフに向かって、ユノカル側は資金集め期限の九八年一二月の再延期を要請した。

ユノカルは米国内でもトラブルに直面していた。九八年六月の年次株主総会で、一部の株主がタリバンのアフガン女性に対する扱いを理由に、パイプライン・プロジェクトに反対を表明したのである。アメリカのフェミニスト団体はタリバンとユノカルに反対を表明するため、市民に支援を訴えるようになっていた。

九八年を通じて、ユノカルに対するフェミニスト団体からのプレッシャーは次第に強まった。環境保護運動「グリーン」の活動家たちは九八年九月、人道と環境に対するユノカルの罪ならびにユノカルのタリバンとの関係を理由に、カリフォルニア州検事総長にユノカルの解散を求めて告発した。ユノカルは告発を「馬鹿げている」と述べた。ユノカルは当初、フェミニストたちに対抗しようと試みたが、やがて非難に回答するのを避け、問題から遠ざかるようになった。回答を求めているのは外国人ではなくてアメリカ人女性であり、クリントン政権も支持に回るような女性の人権問題で回答を避けるのは闘いに敗れることを意味する。

「われわれはユノカルが、この問題にいかに対処すべきかについて、一部のフェミニスト団体と意見が異なります。われわれは仕事先の国の客人なのです。これらの国は主権を有し、独自の政治的、社会的、宗教的信条を持っています。わが社を含め、どんな会社もこうした問題を独力で解決することはできません。アフガニスタンから立ち去ること、パイプライン計画であれ人道援助であれ、この国から手を引くことが問題解決に役立つとは思いません」

ジョン・イムリはそのように答えた。

九八年八月、ビン・ラディンのキャンプを米国が爆撃したことで、ユノカルはパキスタンとカンダハルから全スタッフを撤退させざるを得なくなった。そして、同年一二月には、その設立にあれほど苦労したセントガスからも最終的に撤退した。世界の石油産業に打撃を与えた世界石油価格の低下は、ユノカルをも痛撃した。ユノカルはトルコでのパイプライン計画からも撤退し、パキスタン、トルクメニスタン、ウズベキスタン、カザフスタンの事務所を閉鎖し、石油価格の低下を理由に九九年の資本支出計画を四〇パーセント削減すると発表した。

苦しい日々が続く中でユノカルにもたらされた唯一の勝利は、ブリダスとの訴訟で勝ったことだった。九八年一〇月五日、テキサス地方裁判所はブリダスのユノカルに対する一五〇億ドルの損害賠償請求を退けた。理由は、この紛争がトルクメニスタンとアフガニスタンの法律で裁かれるべきであって、テキサスの法律ではないということだった。

無秩序のフロンティア

米国がビン・ラディン逮捕に執念を燃やしている現在、グレート・ゲームの一つの段階が終わったことは間違いない。タリバンの性差別、ビン・ラディン、継続中の内戦を前に、米国の会社がアフガニスタンにパイプラインを建設することなど不可能なのは明らかだ。ユノカルとしては、そんなことはずっと前に理解して当然だったが、タリバンやパキスタンが早期勝利を言い続けたため、気がつくのが大幅に遅れたのである。

ブリダスは、なおゲームにとどまっていたが、この困難な数ヵ月は身を低くしていた。プロジェクトは事実上終わりを告げたというのに、パキスタンはなおプロジェクトを生き続けさせようと努力を続けた。九九年四月、イスラマバードで開かれた会合で、パキスタン、トルクメニスタン、タリバンの三者はプロジェクトを復活させようと、セントガスの新しいスポンサーを探すことを決めた。しかし、アフガニスタンとタリバンに接触する者はおらず、外国投資家はパキスタンを敬遠した。

米国の中央アジア戦略は、ポール・スタロビンによれば「混乱のかたまり」であり、マーサ・ブリル・オルコットに言わせれば「傲慢、混乱、無邪気、危険」であった。作家のロバート・カプランはこの地域を「無秩序のフロンティア」と形容した。それでもバクーからジェイハンへのパイプライン・ルートを推進する米国は、石油価格低下と石油会社の投資拒否にもかかわらず、戦略的ビジョンに欠け、紛争解決が見えていなくても、パイプラインは建設できるという思い込みにしがみついていた。

米国はかつてムジャヒディンに何十億ドルもの武器弾薬を渡したが、八九年にソ連軍がアフガニスタンから完全撤退するのを見届けると、アフガニスタン問題から立ち去ろうとした。九二年のカブール陥落後、米国はアフガニスタンから走り去った。米国は同盟国のサウジアラビアやパキスタンが、それ以後のアフガン内戦解決のため好きなようにやることを認めた。

米国の撤退は一般のアフガン人に大きな裏切りと映った。さらに米国がアフガン軍閥間の争いを調停解決するため、国際的な圧力をかけることに加わらなかったことは、二重の裏切りとみなされた。別のアフガン人たちは、米国がパキスタンにアフガニスタンでフリーハンドを与えていることに憤激した。米国の戦略的不在は、独立したばかりの中央アジア諸国を含むすべての地域、諸国家に好きな軍閥を支援することを許し、その結果内戦を激化させ、長引かせる結果を招いた。米国はムジャヒディンに武器供給のパイプを取りつけたが、軍閥たちに平和と国の再建を促すのに役立つような国際的人道援助のパイプは誰も取りつけなかったのである。

冷戦の終結後、アフガニスタン、パキスタン、イラン、中央アジアにまたがる地域に対する米国の政策は矮小化した。この地域に対する戦略的枠組が欠如しているためである。米国はこの地域に起きる出来事に対して、一貫した戦略ビジョンを適用するというより、その都度、一回限りの偶発的対応を示した。米国のタリバンに対する政策には、はっきり区別できる数段階がある。いずれもその時の国内政治に引きずられるか、即効的な解決を求めるもので、長期的な戦略にもとづくものではない。

米国は九四年から九六年にかけて、同盟国のパキスタンとサウジアラビアを通じてタリバンを政治的に支援した。基本的には米国がタリバンを反イラン、反シーア派、親西側とみなしたからである。米国はこの時、タリバンがイスラム原理主義者としての目標を持っていることや、女性に対し抑圧的であることを都合よく無視した。タリバンが中央アジアに与えた当惑感も無視したが、それは主として、米国がこの地域を見る場合の大きな視野を欠いていたからである。

九五年から九七年にかけて、米国は一層タリバン支援に引っ張られた。ユノカル・プロジェクトを支援したためである。この時も米国は、中央アジアのエネルギーを評価する戦略的プランを持ち合わせていなかったし、地域的内戦が続いていてもパイプラインは建設できるぐらいに考えていた。

九七年後半から今日に至る米国のタリバン政策の転換は、まず米国のフェミニストによるタリバン反対の運動から引き起こされた。クリントン政権の常として、国内政治に対する配慮が外交政策の決定や同盟国の希望より優先するのである。クリントンは米国の女性たちが、かれのドアをノックしたことで、初めてアフガニスタン問題に目覚めた。

大統領とクリントン夫人は、九六年の選挙で女性票に大きく支えられ、モニカ・ルインスキ事件でも女性たちから支持された。二人はリベラルなアメリカ女性たちを当惑させることはできなかったのである。しかもハリウッドもこの問題に関与した。リベラルな映画スターの多くはクリントン陣営の支持者でもあり、政治資金面でも支援していた。アルバート・ゴア副大統領も、二〇〇〇年の大統領選挙を控え、かれらの支持をぜひとも必要としていた。米国がタリバンに甘いと見られることは許されない環境であった。

麻薬と軍閥の一掃が目標

九八年から九九年にかけて、タリバンがビン・ラディンを支援したこと、ユノカル・プロジェクトを承認しなかったこと、アフガン反対陣営やイランに誕生した穏健派政府との妥協を拒否したことなど、米国がタリバンに厳しく当たる新しい口実が増えた。九九年にはビン・ラディン逮捕が米政府の第一目標になった。これは米国がアフガニスタンに新たなイスラム急進主義が育っていることを無視するものであり、この急進主義は将来、何十人ものビン・ラディンを生み出すかもしれないのである。遅すぎたとはいえ、米国はこの段階で初めてアフガン和平に取り組み、戦争を終わらせるための国連の調停努力を全面的に支援するようになった。

米国の政策は間違った前提に囚われていた。タリバンが初登場した九四年にわたしがイスラマバードの米大使館で会った外交官たちは、タリバンに夢中だった。タリバンはカンダハルを次から次へと訪問した米外交官たちに、おいしい話をしていた。タリバンはイランを好まないこと、ケシの栽培やヘロインの生産を抑えること、アラブ・アフガンを含めすべての部外者のアフガニスタン残留に反対であること、権力を握るつもりも国を統治するつもりもないこと、等々である。

米外交官の一部は、タリバンをアメリカのバイブル地帯に生まれたキリスト教徒が生まれ変わった救世者とみなしたほどである。ある米外交官が語ったように、「麻薬と軍閥の一掃」というアメリカのアフガニスタン政策の目標と、タリバンの目標は基本的に一致すると信じたのである。タリバンの社会的基盤を考慮したり、タリバン自身が何を代弁するのか、国家権力を握るかどうか自覚していなかったことを考え合わせると、アメリカ人は実に純情な期待を抱いていたわけだ。

タリバンが九五年、ヘラートを征服し、数千人の女子生徒を学校から放り出した後、米国からタリバン批判の声はまったく聞かれなかった。実際、米国はパキスタンのISIと同様、ヘラート陥落がイラン包囲網を締めつけるのに役立つと考えていた。しかし、イランを封じ込めるのにタリバンを利用するという米国の目標は、やはり近視眼的であった。それがイランとパキスタンを対立させ、スンニ派とシーア派を対立させ、パシュトゥン人と非パシュトゥン人を対立させるからである。

バーネット・ルービンはこう書いている。

「テロリズムに反対するためイランを孤立化させるという政策にはメリットもあったが、それはアフガニスタンにおける米国の手を縛ることにもなった」

CIAのイラン体制転覆計画の妄執に捕われていたイランは、CIAのタリバン支援を大袈裟に騒ぎたてる一方、アフガニスタンの反タリバン同盟への武器援助を強化していた。

あるイラン外交官はこう述べている。

「米国の政策はイランをロシアに同調させたし、パキスタン、サウジアラビア、タリバンに反対する反タリバン同盟の側にイランを追い込んだ」

米国のアフガニスタン政策に方向性がないことを憂慮した一部米外交官は、パキスタンやサウジアラビアの望むことに追随する以外に、米国には一貫した政策がないことを認めている。九六年、タリバンがカブールを征服する直前に書かれた米国務省の秘密メモには（わたしはその一部を読んだだけだが）、

①タリバンの勢力拡張が続くと、ロシア、インド、イランは反タリバン同盟を支持し、内戦が長引くだろう

②米国は古くからの同盟国パキスタンを支持するか、米国が関係改善を試みているインド、ロシアとの対立を防ぐか、板挟みになるだろう

との分析が書かれてあった。こうした状況下で、米国が一貫したアフガニスタン政策を持てるという希望は、国務省にも見当たらなかった。この年は大統領選挙の年であり、米国では一貫したアフガン政策の必要性もことさら感じられなかった。

この他にも問題はあった。ワシントンにはアフガニスタンに関心を持つ者はほとんどいなかった。南アジア担当米国務次官補ロビン・ラフェルは米国のアフガニスタン政策を立案する担当者だが、彼女が非公式に認めたところでは、彼女がアフガニスタンについて何か意見具申をしても、上司たちはほとんど何の関心も示さなかったようだ。ウォレン・クリストファー国務長官は在任中、アフガニスタンについて一回も発言しなかった。

パッチワーク外交

国連安全保障理事会を通じて、アフガニスタンに武器の国際的禁輪を実現しようとしたラフェルのアイデアに、ホワイトハウスは支持を寄せなかった。ラフェルの努力により九六年五月、国連安保理事会でアフガニスタン討議が実現したが、これはそれまでの六年間で初めてのことだった。そして同年六月、ハンク・ブラウン上院議員はラフェルの援助を受けて、アフガニスタンに関する上院の聴聞会を開催、引き続きアフガニスタン各派の幹部と米上下両院議員による三日間のシンポジウムをワシントンで開いた。この費用はユノカルが出した。

ラフェルはアフガニスタンから発生する危険を認識していた。彼女は九六年に米上院で次のように証言した。

「アフガニスタンは麻薬、犯罪、テロリズムの配給管になっていて、パキスタンや隣接する中央アジア諸国に危険をもたらし、さらにヨーロッパやロシアにまで影響を及ぼすことになります」

彼女は、アフガニスタンにある過激派の訓練キャンプがテロを輸出していることも報告した。しかしラフェルの忍耐心はパッチワーク外交に転化してしまった。なぜならば、米国がこの地域で果たすべき責任を回避し、彼女を支えなかったからである。

タリバンが九六年九月、カブールを征服した時、CIAはまたもISIの分析にそそのかされてタリバンの全国制覇は可能だと考え、ユノカルのプロジェクトは実現すると判断した。米国はタリバンのカブール女性に対する抑圧と戦闘の劇的なエスカレーションに対して沈黙を守った。一一月にラフェルは国際社会にタリバンを孤立させないで、関与して欲しいと呼びかけ、さらに次のように述べた。

「タリバンは国土の三分の二以上を支配しています。かれらはアフガン人で、土地の子です。タリバンは権力を保持できることを誇示してきました。タリバンの成功の真の原因は、多くのアフガン人、とりわけパシュトゥン人が、厳しい社会的制限は課せられることになるとしても、戦闘や混乱でなく平和と安全を手に入れるため、暗黙の取引を進めたいと願ったことです」

事態を憂慮した数人のアメリカ人識者が、当時の米政策の一貫性の無さを指摘するコメントを発表した。

「米国は進行中の人権侵害に対して批判を加えているが、アフガニスタンに対する明確な政策を提示してこなかったし、米国の古い友人・同盟国であるサウジアラビアとパキスタンによるこの国への介入に、断固とした率直な態度表明もしなかった。この両国の資金援助などがなければ、タリバンのカブール征服もなかっただろう」

米政府とユノカルはタリバンの勝利を望んでいたし、タリバンが勝つというパキスタンの分析に同調していた。米国の政策立案者で最もおめでたい人々は、一九二〇年代の米国とサウジアラビアの関係のような関係を想定していた。

米外交官の一人がこう述べている。

「タリバンは、サウジアラビアがしたようなことをするだろう。アラムコ、首長、パイプライン、議会はつくらない、シャリーア（イスラム法）だらけ、といったことだ。アメリカはタリバンと何とかやっていけるよ」

反タリバン同盟、イラン、ロシアがユノカル・プロジェクトを米国・CIA外交の一手段とみなし、このプロジェクトを米国によるタリバン支援の核心と見るであろうことは、ある程度予期されていた。ユノカルと米政府の連携は、皆の推測の対象になった。米国の評論家リチャード・マッケンジーは、ユノカルはCIAとISIから定期的な状況説明を受けていたと書いている。

海外で活動する米国のどんな企業も国務省の支援を受けているが、ユノカルは国務省の支援を受けているかどうかには、否定も肯定も避けた。しかし、CIAとの連携については否定した。

ユノカルの社長ジョン・イムリは、わたしにこう答えた。

「ユノカルはセントガス合弁事業に参加した唯一の米企業ですし、国務省がパイプラインのルートを支持したことは、国務省が事実上セントガスとユノカルを支持したことを意味します。同時にユノカルの政治的中立性は、米政府のよく知るところです」

ユノカルの失敗は、アフガンの各派閥と関係を築かなかったことだ。各派は米政府からもパキスタン政府からも独立していたのである。

アフガニスタン以上に大きな問題があった。ストローブ・タルボットがワシントンでスピーチをした九七年七月以前には、米国には中央アジアのエネルギーを評価する戦略がなかった。米国の石油会社は、中央アジアで何ができるかより、何ができないかという問題に直面していた。それはイランとロシアを通るパイプラインの建設が禁じられていたからである。米政府がカスピ海地域から（ロシア、イランを回避して）トルコに抜ける「輸送回廊」の方針を決めた時点で、そのコストと当該地域の動揺を嫌う石油会社は、米政府の方針に同調するのをためらった。米国が立ち向かおうとしなかった肝心のポイントは、この地域に平和をもたらす問題である。

パキスタンの孤立

中央アジアおよびカスピ海地域の内戦（アフガニスタン、タジキスタン、グルジア、チェチェン、ナゴルノ・カラバフ、クルド紛争）が終わらない限り、そしてまたイランとロシアの大幅な同意が得られない限り、パイプラインを安全に建設することも経済的に引き合う運用をすることも不可能である。イランとロシアは建設、運用を止めたり、危険に陥れることが簡単にできるからである。

反タリバン同盟に武器を与えてこの地域を不安定のままにし、米国のパイプライン計画を失敗させることはイランとロシアの国益に適っている。中央アジアの苦しい経済を救うために、ルートの規制なしでエネルギー輸出を認めてやるべきか、それともパイプライン関連でイランとロシアの封じ込めを続けるべきか、米国は依然としてこの問題で混迷している。

米政府とユノカルがアフガニスタンで直面しているのは、基本的には単純な問題である。パキスタンとサウジアラビアに依存してタリバンを助け、全国制覇という旧式なやり方を通じ、タリバン権力による一時的なアフガン人のコンセンサスを得るのが望ましいか。それとも、米国が和平工作に加わり、アフガニスタンの民族や派閥をまとめることで、永続性のある広範な基盤を持つ政府づくりを目指すことが望ましいか。ワシントンにおける大まかな政策判断としては、広範な基盤を持つ多民族型のカブール政府樹立を支持したが、この当時、米国はタリバンを信じていた。タリバンを信じなくなっても、米国はパキスタンやサウジアラビアを抑制しようとはしなかった。

CIAには、タリバンに武器弾薬を供給する予算はなかったし、ユノカルもタリバンに軍事的支援はしなかった。しかし、米国の伝統的な同盟国であるパキスタンとサウジアラビアはタリバンに対する軍事的、財政的支援を引き受けた。米国は両国を通じてタリバンを支援したのである。

米国のアフガニスタン政策を担当する最高レベルの外交官は、九八年に、こう述べた。

「米国は隠密のうちにタリバンを支援していました。それは、米国がタリバンを支援するパキスタンとサウジアラビアと連携していたからです。しかし、米国はもう支援していません。米国は内戦解決を望んでいることをタリバンにはっきり通告したのです」

ワシントンではおそらく、隠密な政策というより政策不在が実態であったろう。隠密政策といえば、謀議、資金計画、政策決定といったプロセスが必要だが、アフガニスタン問題ではワシントンの最高レベルでそのようなプロセスは起こらなかった。

九七年後半に起きたタリバンに対する米政府の心変わりは、パキスタンで政治的、経済的危機が進行していたことにもよる。米当局者は、タリバンが抱える麻薬、テロリズム、イスラム原理主義などの脅威が、米国の長年の同盟国ではあるがきわめて脆弱化したパキスタンに及びつつあることへの不安を口にし始めていた。米国はパキスタンが直面する危険について警告したが、ISIがタリバンに政治問題や性差別問題でもっと柔軟に対応するよう圧力をかけることを拒否したため、米国はがっくりきた。

米国の変心が最初に公然と表明されたのは、九七年一一月、イスラマバードを訪問した国務長官マドレーヌ・オルブライトの口からだった。彼女はパキスタン外務省の入り口で、タリバンの女性に対する政策を「卑劣」と呼んだのである。外務省の中に入ってから、オルブライトはパキスタンが中央アジアで孤立し、そのために米国の中央アジア政策がやりにくくなっていると警告した。しかし、シャリフ政府はそのことに鈍感で、パキスタンが中央アジアのエネルギー配給管になること、アフガニスタン和平が必要だが、それはタリバンの勝利で成し遂げられる、という態度を維持していた。パキスタンが、タリバンの勝利、中央アジアへの接近、イランとの友好関係、ビン・ラディン式テロリズムの終結といった課題を、同時にかなえることは不可能である。パキスタンは認めようとしないが、これらを同時に追求するのは、自己敗北的、矛盾に満ちたごまかしの政策である。

米国の政策転換はワシントンに起きた重要な人事にも原因がある。陰気で不運なウォレン・クリストファーに代わって、マドレーヌ・オルブライトが九七年初め、国務長官に就任した。少女時代を中部ヨーロッパで過ごした経験は、彼女の政策課題のなかの人権擁護問題の優先順位を押し上げた。アフガニスタンを担当する米外交の新チームがワシントンとイスラマバードで活動を始めた。南アジア担当の国務次官補に任命されたカール・インダーファースは元ジャーナリストで、アフガニスタンのことを知っており、またラフェルとクリストファーの関係に比べ、オルブライトにずっと近い人物である。

オルブライトの非公式なパキスタン批判と公然たるタリバン批判は、九八年四月、イスラマバードとカブールを訪問した米国の国連大使ビル・リチャードソンによって踏襲された。パキスタンはタリバンに、リチャードソンを迎えるのに外交儀礼を尽くせと助言しただけで、何のプレッシャーもかけなかった。その結果、リチャードソンのタリバン訪問はPRの練習以上のものにならなかった。しかもリチャードソンがタリバンと一致したことは、数時間後にムラー・オマルによって否定された。この訪問から派生した唯一の積極面は、将来のアフガン和平における米国のパートナーはイランであるとの確信がテヘランに生まれ、アフガニスタンをめぐる米国とイランの緊張が緩和したことである。

タリバンを全否定

九六年にラフェルが試みたように、米国はアフガニスタンの混迷の中に首を突っ込むポーズを見せたが、真の責任は取ろうとしなかった。米国はどこかに肩入れするのを避け、和平工作の細かい動きに巻き込まれるのを嫌がった。パキスタンは米国の弱みを心得て、米国のプレッシャーを無視しようとした。ゴハール・アユブ外相は、リチャードソン到着の直前にこう述べている。

「米国人はあそこ（カブール）に、傀儡（かいらい）を置こうとしています。傀儡になるのは、パキスタンで外交パーティーから外交パーティーを渡り歩いている連中で、役に立たないでしょう。誰からも支持されていませんからね」

これは、アユブが東京訪問の際、漏らした言葉である。

ビン・ラディンが九八年八月、アフリカの米大使館を爆破させた事件後、米国とパキスタンの間の緊張はかなり高まった。ＩＳＩが九六年にビン・ラディンをタリバンに紹介し、その後も接触を保っているのに、米国のビン・ラディン逮捕への協力を拒否したことは、米・パキスタン関係に大きな困難をもたらした。米国側の批判の語調は次第に厳しくなった。

「パキスタンの国内政治とアフガニスタンにおける混乱の間には、幅広く危険な相互作用があるようです。タリバンの登場とともに、過激派の好戦的な主張や蒙昧主義や宗派抗争などが周辺諸国に伝染する怖れが強まっています。〝タリバン化〟がこれ以上広がるとすれば、パキスタンほど失う物の多い国はないでしょう」

ストローブ・タルボット米国務副長官は九九年一月、そう発言した。

しかし米国は、サウジアラビアが公然とタリバンを支援していることを、明からさまに批判するところまで行かなかった。それでも米国はサウジアラビアに対して、タリバンに影響力を行使してビン・ラディンを手放させるよう、内々に要請していた。今や米国の下院議員さえ米国の政策の自己矛盾を指摘するようになった。

「わたしは現政権が、なぜ隠密政策によりタリバンに力をつけさせ、しかもこの野蛮な権力を維持させているのかを問題にしたいのです」

「米国はサウジアラビアおよびパキスタンと、きわめて緊密な関係を維持しています。しかし不幸なことに、米国がこれらの国に指導権を発揮しているのでなく、これらの国が米国の政策を指導しているのです」

以上は九九年四月、ダナ・ローラバッチャー下院議員が行った発言である。

パキスタンにとっての問題は、米国がビン・ラディンを悪魔化したことだ。このため、多くのムスリム、とりわけパキスタン人は、ビン・ラディンを英雄視するようになった。米国の政策はまたもや、ビン・ラディン逮捕だけに焦点を絞るワン・トラック方式になり、アフガニスタンに足場を持つテロリズムの問題や和平工作など幅広い問題に取り組めなくなっている。米政府はビン・ラディン政策は持っているが、アフガニスタン政策を持っていないのである。米国はタリバン支援からタリバン全面否認へ一八〇度転換した。

米国のタリバン否認はかなりの程度、国内のフェミニスト運動が仕掛けた圧力のせいである。アフガン女性のジーバ・ショリッシュ・シャムリーが「フェミニスト・マジョリティ」を説得し、米国内で大掛かりな署名運動が始まった。署名運動の目的はアフガニスタンの女性たちを支援し、クリントン政権にタリバンにもっときつく当たるよう要求するものであった。

女性団体、労働組合、人権グループなど三〇〇団体が署名運動に加わった。コメディアンのジェイ・リノの妻、メイビス・リノがこの運動に一〇〇万ドルの寄付を約束した時点で、署名運動はPR面で大当たりを取った。

リノ夫人は、九八年三月の米下院聴聞会で、このように発言した。

「アメリカはアフガニスタンの女性の現状について、責任を負わなければなりません。何年もの間、アメリカはソ連と戦うムジャヒディンに武器を送っていたのです」

リノの援助により「フェミニスト・マジョリティ」は九九年のアカデミー賞授与式の後、スターが多数出席するパーティーを開催した。

「タリバンが女性に仕掛けた戦争は、ハリウッドで人の関心を集める最新のテーマとなった。〝チベット・アウト、アフガニスタン・イン〟の時代である」とワシントン・ポストが書いた。

有名であることが大事な社会の中で、有名人であるリノとその意見はさらなる広がりを持った。将来の政治的キャリアのために女性団体の支援を確保したい大統領夫人、ヒラリー・クリントンは、発表する声明ごとにタリバン非難を加えるようになった。

「女性たちが身体を全部隠していないとか、街を歩くのに音を立てたとかの理由で、宗教警察を名乗る者にぶたれています。その目的が単なる物理的な痛みを与えるだけでないことを、わたくしたちは知っています。それは女性たちの精神を破壊しようとしているのです」

これはクリントン夫人が、九九年に行ったスピーチの一節である。

米国のアフガニスタン政策は、一八〇度回転したらしい。無条件のタリバン承認から無条件否認への回転である。

第14章　主人かそれとも犠牲者か　パキスタンのアフガン戦争

ＩＳＩの秘密資金

一九九八年六月下旬、パキスタンの財政省と外務省は伏魔殿(ふくまでん)の様相を呈していた。ブリーフ・ケースに何人かの閣僚の署名を必要とする書類を詰め込んだ高級官僚たちが、二つの省と首相官房の間を走り回っていた。数日後の六月三〇日に、九七・九八会計年度が終わり、その翌日、新会計年度が始まるのである。どの省も現会計年度の予算を使い切り、財政省からできるだけ多い翌年度の予算割り当てを獲得しようと努力していた。四週間ほど前の五月二八日、パキスタンはインドの核実験に続いて六発の核装置を爆発させた。西側は両国に懲罰的な制裁を加え、これがとりわけパキスタンに、厳しい外貨危機を引き起こした。パキスタンは九六年以来の景気後退下にあり、外貨不足の追い討ちは経済を一層悪化させるものだった。

にもかかわらず、現金の乏しい財政省は六月二八日、カブールのタリバン政府職員のサラリーとして、三億ルピー（六〇〇万ドル）の支出を認めた。これによりパキスタン外務省は今後六ヵ月間、毎月五〇〇〇万ルピーをアフガニスタンの支配者のために使えることになった。外務省はこのカネを隠す必要があり、外務省や他省の予算の中にまぎれ込ませた。予算書上にこの費目は登場せず、国際的なドナー（援助資金拠出国）の目を逃れた。ドナーはパキスタン経済の危機を救うために、歳出の大幅カットを要求していたのである。

九七・九八会計年度中に、パキスタンはタリバンに推定三〇〇〇万ドルの援助資金を渡している。この中には、サウジアラビアも一部支払う六〇万トンの小麦、ディーゼル油、ガソリン、灯油の代金が含まれる。さらに武器、弾薬、空爆用の爆弾、ソ連時代の戦車や重砲などの修理代や維持費、タリバン空軍の維持費と修理費や空港の管理費、道路建設費、カンダハルの電気代、サラリー等々も含まれる。パキスタンはまた、タリバンがウクライナや東ヨーロッパ諸国から武器、弾薬を購入するのに便宜を図ってやった。サラリーの名目で渡されるカネもサラリーとして使われることはほとんどなく、直接戦費に当てられた。カブールに勤務するタリバンの役人は、何ヵ月もサラリーをもらっていない。パキスタンは公式に、タリバンを支援していることを否定している。

タリバンへの援助の流れは過去の遺産である。八〇年代に、ムジャヒディンを助けようと西側およびアラブ諸国から渡された何十億ドルもの資金を管理したのはISI（パキスタン軍統合情報部）だった。膨大な資金の一部は、CIAの激励と技術的支援により、ISIを一挙に拡張する経費に使われた。ISIは、数百人の陸軍将校をISI情報要員として取り込み、アフガニスタンだけでなくインドにも、そしてパキスタンで外国情報を扱う全部門、国内政治、経済、マスコミ、社会、文化などあらゆる分野に情報網を張りめぐらせた。

CIAはISIに最新の技術を提供したが、この中にはパキスタン国内のすべての電話交信の傍受を可能にする設備も含まれていた。ISIはこうして、ジア大統領の軍事政権の耳目になり、パキスタンにおける最も強力な政治・外交政策推進機関になった。ISIはその後、文民内閣になってからも、ISIが国家安全保障にとって重大とみなす領域では政府や議会の権限を繰り返し侵害した。そのような領域とは主として、インドとアフガニスタンである。

九〇年代になっても、ISIはパキスタンのアフガニスタン政策を独占しようとした。しかし冷戦の終結はISIの資金源を奪ったし、パキスタンの厳しい経済危機のためISIの秘密予算は大幅にカットされた。もっと深刻なことは、減少しつつあるISIの資金がもう一つの消耗戦争に向けられたことである。すなわち八九年にインド当局に反乱を起こした、カシミール住民の心情に応えなければならなかったからである。

ベナジール・ブット首相の第二次政権時代（一九九三〜九六年）に内務大臣だった退役将軍のナセルラ・ババルは、タリバンを鼓舞した。かれはアフガニスタン政策をISIから取り上げたかった。ブットとババルは共に、ISIの権力と資金源に疑惑を抱いていた。第一次ブット政権時代（八八〜九〇年）、ISIは権力と資金を反ブット活動に使い、それが九〇年のブット退陣にもつながったのである。

しかも、ISIは当初、タリバンの潜在的可能性に疑いを抱き、グルブディン・ヘクマティアルとの連携を維持していたので、タリバンを支援する資金は持ちあわせていなかった。ババルはタリバンへの支援を「民間管理」に移した。かれは内務省内にアフガン貿易開発庁をつくり、中央アジアに通じる貿易ルートを整備する努力をここで調整させた。貿易開発庁の実際の主な仕事はタリバンへの補給支援だったが、それは秘密資金ではなく政府各省の予算からまかなわれた。

ババルはパキスタン電話公社に指示して、タリバンのために電話網を設置させた。この電話網はパキスタンの電話網の一部となった。カンダハルはパキスタンのどこからでもクエッタと同じ局番〇八一をダイアルすれば通じることになった。パキスタン公共事業省や水力・電力開発庁の技師たちが、アフガニスタンで道路修理に当たり、カンダハル市に電力を供給した。ババルの直轄下にある準軍事組織「フロンティア部隊」が、タリバン各部隊間の無線通信網を設置するのを助けた。パキスタン国際航空（PIA）と民間航空局は技術者を派遣して、カンダハル空港の修理やタリバンが捕獲したジェット機やヘリコプターの修理に当たらせた。ラジオ・パキスタンは、ラジオ・アフガニスタンからラジオ・シャリーアに改名したラジオ局に技術的支援を行った。

パキスタンの代償

タリバンがヘラートを制圧した後、パキスタンの努力は強化された。九六年一月、アフガン貿易開発庁の長官が、民間航空局、パキスタン電話公社、PIA、パキスタン国鉄、ラジオ・パキスタン、パキスタン国立銀行などの役人を引き連れて、クエッタからトルクメニスタンまで、陸路を旅行した。政府の各省、各公社は、パキスタン経済を開発するために計上された予算を、タリバン支援のプロジェクトに続々と投入した。

タリバンを支援し、コントロールしようとするパキスタンの数々の努力にもかかわらず、タリバンは誰の傀儡（かいらい）にもならず、操りの糸を引こうとするパキスタンの試みにすべて抵抗した。アフガニスタンの歴史を通じて外部勢力は、アフガン人を操ることはできなかった。英国人もソ連人も高い代償を払ってそのことを学んだのである。

パキスタンは、CIAやサウジアラビアの資金がパキスタンにアフガン・ジハードの方向を決める力を持たせた過去の時代に生きているためか、歴史の教訓に学んでいないようである。二〇年にわたる戦争と難民生活を通じて固められた、タリバンと国境地帯パシュトゥン人居住区との社会的、経済的、政治的結びつきは、計り知れないほど強い。タリバンはパキスタンの難民キャンプで誕生し、パキスタンのマドラサで学び、パキスタンに基地を置いたムジャヒディンから戦闘訓練を受けた人々である。タリバンの家族はパキスタンの身分証明書を持っている。

タリバンのパキスタンとの深い結びつきは、パキスタンの国家機関から政党、イスラム団体、マドラサのネットワーク、麻薬マフィア、実業界、運輸業界に至るまで広がっている。これだけの結びつきができたのは、パキスタンの権力構造が解体し、ばらばらになったからである。こうしたやり方は、ISIのような機関一ヵ所だけに頼らないタリバンに向いている。八〇年代のムジャヒディンの指導者たちはISIとジャマート・イ・イスラミだけと排他的な関係を持ち、他の政治、経済団体との結びつきを持たなかった。これと対照的に、タリバンはパキスタン人以上にパキスタンの有力団体に接近できる。

前例のないコネを使って、タリバンはあるロビー団体と別の団体を競い合わせるなど、パキスタンでの影響力を一層伸ばした。時には政府の大臣あるいは運輸関係のマフィアからの支援を得ることで、ISIに異を唱えることさえあった。また、バルチスタン州や北西辺境州の州政府から支持を得て、パキスタン連邦政府に挑戦することもあった。タリバンの運動が拡大していく中で、誰が誰を動かしているのか次第に不明瞭になった。パキスタンはタリバンの主人というより、その犠牲者になりつつあった。

パキスタンが安全保障問題に気づいたのは、当初、アフガニスタンが、パキスタンのバルチスタン州と北西辺境州の一部を自国の領土と主張したことからである。一九五〇年代から六〇年代にかけて、両国間には国境衝突事件が起きていた。アフガニスタンの主張は、パキスタンのパシュトゥン・ベルト地帯の住民に、独立か、パキスタン帰属か、アフガニスタン帰属かを選ばせるべきだ、というものだった。一九五五年と六二年の二回、両国は国交を断絶した。それはアフガニスタンが、パキスタン・パシュトゥン人の左翼が主張した「大パシュトゥン人国家」構想を支持したためである。ジア政権は、アフガン・ジハードが親パキスタンのパシュトゥン人ムジャヒディンを政権に就かせれば、アフガニスタンからの領土要求はなくなると考えた。

「戦略的な深さ」という概念

軍事戦略家の意見では、アフガニスタン国境に問題がなくなれば、パキスタンは主敵であるインドに対して「戦略的な深さ」を持てることになる。細長い地形、平地面積の少なさ、後背地に欠けていることなどが、パキスタンにインドと持久戦を戦う能力を失わせていた。九〇年代になると新たな議論として、友好的なアフガニスタンが生まれれば、カシミールの戦士たちに、訓練や軍資金や武器を受ける根拠地を提供してくれるのではないかという期待も生まれた。

九二年から九三年にかけて、米国はインドからのプレッシャーを受けたため、危うくパキスタンを「テロ支援国」と宣言するところだった。それはパキスタンに根拠地を持つカシミール戦士たちが、インド領カシミールにゲリラ攻撃をかけたためだった。この問題を解決するため、パキスタンはカシミール戦士のキャンプの多くを東部アフガニスタンに移し、当初はジャララバード・シューラに、その後はタリバンにカネを払って、戦士たちをかくまってくれるよう依頼した。パキスタン政府は、これらカシミール・ムジャヒディンへの支援を民営化した。つまり、訓練や軍資金の供与をイスラム政党の責任に委ねたのである。ビン・ラディンは九六年にタリバンに参加したが、この時、ホスト基地をカシミール戦士に提供した。

カシミール問題は次第に、パキスタンのアフガニスタン政策とタリバン支援を背後で動かす主力になっていった。タリバンはこのことを巧みに利用した。タリバンがカシミールやパキスタンの戦士たちに基地を提供する限り、それ以外のパキスタンの要求を拒否できたのである。

「われわれはカシミールのジハードを支持します。若干のアフガン人がカシミールでインド占領軍と戦っているのは事実です。しかし、かれらは自分の意志でカシミールに行っているのです」

ムラー・オマルは九八年にそう語っている。

「戦略的深さ」という概念は多くの人にとって、間違った考えに立つ欠陥だらけの議論である。この概念は明白な地上の現実を無視している。国内の政治的安定、経済的発展、高い識字率、隣国との友好関係などが国家安全保障の要件であって、アフガニスタン山中の戦略的深さなどは蜃気楼のような幻想にすぎない。

「戦略的深さを確保するというのは、ジア・ウル・ハク将軍以来、パキスタンのアフガニスタン政策の主要目標であった。軍事思想で言えば戦略的深さとは、敗れた軍隊が安全な場所、敵が近づけない場所に潜り込むという以外に、意味をなさない」

「その結果は、誤った思い込み、マジノ線のような固定観念、誤った政策、党派的暴力などでがんじがらめになり、身動きできない国になってしまうだけだろう。タリバンの勝利は、パキスタンの政治的、戦略的苦境を深めるだけだろう」

パキスタンの学者イクバル・アハマドは、以上のように書いている。

パキスタン軍部は、かつて英国がアフガニスタンとパキスタンの国境線と決めたデュランド・ラインをタリバンが認めると考えていた。歴代のアフガニスタン政府はデュランド・ラインを拒否してきた。軍部はまた、タリバンが北西辺境州のパシュトゥン民族主義を抑え、パキスタンのイスラム過激派にはけ口をつくってやり、そのことがパキスタン国内のイスラム運動を妨げることになると考えていた。実際に起きたのは、すべて正反対のことだった。タリバンはデュランド・ラインを認めず、北西辺境州の一部に対する領土要求を引っ込めなかった。タリバンは、イスラム的性格を強めたパシュトゥン民族主義を激励し、これはパキスタンのパシュトゥン人に影響を与え始めている。

さらに悪いことに、タリバンはパキスタンで最も暴力的なスンニ派の過激分子に聖域と武器を与えている。これら過激分子はシーア派を殺害しているだけでなく、イスラム革命を通じてパキスタンをスンニ派イスラム国家とすること、現在の国家指導層を打倒することを呼びかけている。

「見かけ上勝者はパキスタンだが、パキスタンは勝利に高い代償を払うことになりそうだ。タリバンの勝利によって、パキスタンとアフガニスタンの国境は事実上消滅した。国境の両側でパシュトゥン人部族が原理主義化しつつあり、その一方で、ますます麻薬密輸に深入りしている。部族は自治を獲得し、パキスタン側には原理主義的部族長による小王国が生まれ始めている。アフガニスタンによる事実上の吸収は、パキスタン内部の遠心分離作用を強めるだろう」

オリビエ・ロワは九七年にこのように予測じていた。

実際アフガニスタンからの逆流は、パキスタンの「タリバン化」をもたらしつつあった。タリバンはパキスタンに戦略的深さを与えなかったが、パキスタンはタリバンに戦略的深さを与えた。

ISIの弱体化

パキスタンは戦略的幻想の犠牲者になっただけでなく、自らの情報機関の犠牲者でもあった。八〇年代にISIがアフガン聖戦を細かく管理できたのは、軍政と外国からの潤沢な資金のおかげで、国内の反対派を押え込むことができたからである。ジア大統領とISIはアフガニスタン政策を決定し、実行する権限を持っていた。CIAといえども、他の国の情報機関ではなし得なかったことである。このことはISIに、目標の統合と作戦の大規模化を許した。ISIは、独立したロビー団体にも政治的ライバルにも邪魔されることはなかった。

ISIは政策と作戦の双方を行うため、批判的な再評価を試みることや、現場から上がる異なった意見を調整することはできず、また変化する情勢と動きつつある地政学的環境に適応するための想像力や柔軟性を発揮する機会ももってなかった。ISIは自己の頑固さ、融通の利かなさの犠牲になった。その一方で、タリバンに対する支配力は低下していった。

アフガニスタンにおけるＩＳＩの作戦要員は、すべてパシュトゥン人将校で占められていた。かれらの多くは強い原理主義傾向を持っていた。最初はヘクマティアル、後にタリバンと連携する中で、かれらは自分たち独自の目標を掲げるようになった。それは、少数民族や穏健なイスラムの犠牲の下で、アフガニスタンにパシュトゥン人権力と急進的イスラムを強化することであった。

ＩＳＩを退役したある将校によると「これらの将校は、タリバン以上にタリバンになってしまった」

その結果、反タリバン同盟やパイプライン政治に関する分析は欠陥が多く、誤った思い込みや、偏見で歪められていった。客観的な事実よりイスラムのイデオロギーを重視したからである。しかしこの段階になると、ＩＳＩはあまりにも強力になっていたので、時の政府が疑問を発することもできなければ、軍のトップの参謀長もＩＳＩの人事を一新することはできなかった。

タリバンが登場した当初、ＩＳＩはタリバンのチャンスに懐疑的だった。それはちょうどＩＳＩの後退期だった。ヘクマティアルがカブール攻略に失敗し、ＩＳＩも資金的に苦しかったための後退だった。ＩＳＩの後退に乗じて、ブット政府は独自のタリバン支援策を画策した。

ＩＳＩは九五年を通じ、タリバンを支援すべきか否かを議論し続けた。議論はアフガニスタンの現場にいる将校の情報要員たちを巻き込んだ。かれらはタリバンへの支援を拡大すべきだと主張したが、同時にかれらの議論はパキスタンと中央アジアやイランとの関係を悪化させるべきでないという長期的視野に立ち、その観点からタリバンへの支援は最小限にすべきだと訴えた。九五年夏までには、パキスタン軍部内のパシュトゥン人ネットワークとISIはタリバン支援を決定した。それはとりわけ、ブルハヌディン・ラバニ大統領がパキスタンのライバルであるロシア、イラン、インドに支援を要請したからである。

しかしISIはこのころまでに、急進的ムラーから麻薬貴族に至るさまざまなタリバン・ロビーに悩まされることになる。ISIと政府とこれらロビーの間の激しい競争は、パキスタンのアフガニスタン政策決定プロセスをずたずたにしてしまった。パキスタン外務省はこの混乱で非常に権威を弱め、アフガニスタン政策にほとんど関与できなくなったし、ロシア、イラン、中央アジア諸国などすべての隣接国が、地域不安定化のかどでパキスタンを非難するという外交環境の悪化に対抗することができなかった。こうした批判を緩和させようとISIの幹部たちがモスクワ、テヘラン、タシケント、アシガバードを秘密訪問したが、説得は功を奏さなかった。

国際的批判が高まる中で、新しく選出されたナワズ・シャリフ内閣とISIは、従来より率直にタリバン支援を打ち出した。九七年五月にタリバンがマザリシャリフ攻略を試みた時、ISIはパキスタンがタリバン政府を承認することによって、敵対国はタリバンと直接交渉を余儀なくされるのではないかと計算した。これが成功するには、パキスタン政府がタリバンと関係を改善する必要があった。これは賭け金の高いばくちだった。パキスタンは早まってタリバンを承認し、賭けに失敗した。タリバンはその後マザリシャリフから追い出されてしまったからである。

パキスタンは、国連からの批判を含め、寄せられたすべての批判に反論するという形で反応した。国連は、アフガン各派に対する一切の外部援助に対する批判を公然化していた。パキスタンは、コフィ・アナン国連事務総長の立場が一方的だと非難した。

パキスタンの国連大使アハマド・カマルは九八年一月にこう発言した。

「国連はアフガニスタンで次第に自己を無力化し、公平な調停者としての信用を失っています」

カマルは後にイスラマバードで開かれたパキスタンの大使会議で、アフガニスタン問題で孤立しているのはパキスタンではなく、他の国々がパキスタンから孤立しているのであって、他の国々もいずれはパキスタンの立場を認めるようになると発言した。

世界最大の密輸ビジネス

パキスタン政府は、国際的に広がった批判の嵐の中でタリバンを弁護し続けるうちに、自国がどれだけの損失をしたか見えなくなった。アフガニスタンを出入りする密貿易こそ、パキスタンの損失を何よりも残酷に示している。今や中央アジア諸国、イラン、ペルシャ湾岸諸国にまで広がった密貿易は、これらすべての国に大きな歳入ロスを招いているが、中でもパキスタンでは外国からの消費物資の密輸により、地元産業が壊滅的な打撃を受けている。「アフガン・トランジット貿易」（ATT）と婉曲な名前で呼ばれているが、その実態は世界最大の密輸商売であり、タリバンとパキスタンの密輸業者だけでなく運輸業者、麻薬貴族、官僚、政治家、警察官、将校までが加担している。この密貿易がタリバンの主財源だが、同時に近隣諸国の経済を破壊し続ける元凶である。

バルチスタン州チャマンとアフガニスタンのスピン・バルダクの間にある国境ポストは、密貿易の実態を観察するのに最適の場所である。多い日にはざっと三〇〇台のトラックがここを通る。国境通過を待つトラックの列が長く延びている前で、トラック運転手、パキスタンの税関吏、タリバンの役人らが、お茶を何杯もがぶがぶ飲みながら親し気に会話を交わす。誰もがお互いに知り合っている様子で、運転手たちは世界貿易機関（WTO）に身の毛のよだつ思いをさせるような話を平気でしている。メルセデスやベルフォードのトラックの多くは盗品で、ナンバープレートも偽造品である。積み荷にはインボイスがついていない。運転手は偽造の運転免許証で、道路通行許可書やパスポートはないまま、最高で六ヵ所の国境を通過するという。積み荷は日本製の音響機器から英国製の下着、アール・グレーの紅茶、中国製の絹、アメリカ製のコンピュータ部品、アフガン・ヘロイン、パキスタン産の小麦と砂糖、東欧製カラシニコフ自動小銃、イラン産石油まで何でもある。誰も関税も売り上げ税も払わない商品である。

米国の西部開拓時代のような自由貿易が広がっているのは、アフガン内戦のゆえであり、麻薬ビジネスのゆえであり、アフガニスタンとの国境におけるパキスタン、イラン、中央アジア諸国役人の腐敗と国家機構崩壊のゆえである。密貿易の繁栄は、この地域全体の消費物資欠乏と背中合わせである。アフガン人とパキスタン人の運送・麻薬マフィアが、この需要を燃料に合体したのである。

パキスタン中央歳入庁の当局者が、九五年初めわたしにこう漏らした。

「事態は完全にお手上げです」「タリバンは密輸用の道路開設のため、運送業者からカネをもらっています。マフィアは今やアフガニスタンとパキスタンで内閣を作ったり、内閣の中に潜り込んだりしているのです。今年パキスタンの歳入不足は三〇パーセントに達するでしょう。関税収入がATTに吸い取られているからですよ」

貿易は昔からこの「イスラム世界の心臓部」の死命を制するものだった。かつて中国とヨーロッパをつないだシルクロードは、中央アジアとアフガニスタンを通り、今日のトラック運転手と同じ種族の人間がシルクロードを動かしていた。シルクロードは、アラブのヨーロッパ征服と同じくらいの影響をヨーロッパに残した。隊商はぜいたく品を運んだだけでなく、思想、宗教、新兵器、科学的発見を運んだのである。一つのキャラバンは五〇〇頭ないし六〇〇頭のラクダで構成されていたとみられる。

「一つのキャラバンが運ぶ量は非常に大きい商船の積載量に匹敵する。キャラバンは軍隊が進むように旅をした。最高指導者が一人、参謀がいて、厳しい規則があり、必ず泊まらなければならない宿場があり、遊牧民の匪賊に備えた警戒態勢があった」

フランスの歴史家フェルナン・ブローデルがそう記している。

二〇〇〇年の間に大した変化はなかった。今日の密輸業者はラクダをトラックに変えただけで、同じような軍事的構造を維持している。

パキスタンは一九五〇年、内陸国のアフガニスタンに無関税の物資をカラチ港から輸入する権利を、ATT協定によって承認した。運送業者はカラチから封印されたコンテナをトラックに積んで国境を越え、カブールで荷物の一定量を売った後、残りをパキスタンに持ち帰って市場で売りさばくのである。それは繁栄する商売ではあるが限定されていた。パキスタン人はこのおかげで、無関税で安い、とくに日本製電気機器など、外国製の消費物資を手に入れることができた。八〇年代にATTは拡大し、アフガニスタン共産政権が支配する都市で商売は広がった。九二年のカブール陥落は中央アジア諸国に新市場が生まれた時期に合致し、食料品、燃料、アフガン難民の帰国に伴う建築資材などの需要が増大し、運送マフィアにとって、この地域は宝の山であった。

ところが運送業者たちは、アフガン内戦で失望を味わった。軍閥が一つの道路に一〇ヵ所以上の関所を設けて税金を取ったからである。ペシャワルの運送マフィアは、カブール周辺で戦闘が続いていても、パキスタン、アフガニスタン北部、ウズベキスタンのルートで商売を続けた。クエッタを本拠地とする運送マフィアは、パキスタンからカンダハルに向かう街道に一〇ヵ所以上の関所を設けた強欲なカンダハル軍閥に手を焼いていた。クエッタの運送マフィアは、イラン、トルクメニスタン方面に通じる安全な道路を切実に求めていた。折からブット政権も同じことを望んでいた。

タリバンの幹部たちはクエッタ・マフィアと近い関係にあった。クエッタ・マフィアはタリバンの運動に最初から資金援助をしていたのである。当初、クエッタ・マフィアはタリバンに月々の手当てを渡していたが、タリバンは西方に進出するようになって多額の資金を要求した。わたしが九五年四月に取材した関係者によると、タリバンはそのころヘラートへの最初の攻撃をかける準備をしていたが、チャマンの運送業者から一日で六〇〇万ルピー（一三万ドル）を、またその翌日にはクエッタで二倍の額を集めていたという。これらの「寄付金」は、タリバンが現在、パキスタンからアフガニスタンに入るトラックにかけている、一回限りの包括関税とは別物である。包括関税はタリバンの主な公的収入源になっている。

道路の安全が保障されるようになった結果、密貿易の量と範囲は飛躍的に拡大した。クエッタからトラックのコンボイがカンダハルに向かい、カンダハルから南に向かうものはイランへ、西に向かうものはトルクメニスタンやその他の中央アジア諸国、ロシアにまで達する。クエッタの運送マフィアはトルクメニスタンへの道路を完全支配するため、タリバンに当初からヘラート奪取を要求していた。ＩＳＩは当初タリバンにヘラート攻撃をしないよう助言していたが、クエッタ・マフィアはタリバンにもっと強い影響力を持っていたのである。

九六年になると運送業者たちはタリバンに、アフガニスタン北部の道路を押えるためにカブールを制圧するよう要求した。カブール制圧後タリバンは、ペシャワルからカブールに来るトラック一台に平均六〇〇〇ルピー（一五〇ドル）の税金をかけた。同じルートで運送業者は以前三万ないし五万ルピーを支払っていた。運送マフィアは、タリバンの幹部たちに運送業界の株を分け与え、トラックを買って親族に運送業をやらせるよう勧めた。しかも麻薬マフィアがヘロイン輸送にザカート（税金）を払うと申し出ており、タリバンの金庫番にとって密貿易は死活的な重要性を帯びるものになった。

パキスタンの巨大な汚職構造

パキスタンは、この密貿易により最も被害を受けている犠牲者である。パキスタン中央歳入庁の推定によると、パキスタンは九二〜九三年に関税収入三五億ルピーを、九三〜九四年に一一〇億ルピーを、九四〜九五年に二〇〇億ルピーを、九七〜九八年に三〇〇億ルピー（六億ドル）を失った。数字が年々膨張しているのは、タリバンの拡張を示している。

ＡＴＴという名の密貿易により、パキスタンに巨大な汚職構造が生まれた。パキスタンのすべての省庁、すなわち税関、税関特務局、中央歳入庁、国境警備隊、部族地帯の行政官などは、賄賂（わいろ）を受け取っている。最も実入りのよいアフガニスタン国境の税関に勤務したい希望者は上司に賄賂を贈って、転勤人事を「購入」している。このための賄賂は投資とみなされ、転勤した税関役人はＡＴＴから賄賂を取って、投資を埋め合わせるのである。

こうした汚職連鎖はバルチスタン州と北西辺境州の政治家や州政府閣僚に及んだ。両州の州知事と州首相は、トラックの通行許可証と小麦、砂糖のアフガニスタンへの輸出許可証を発行する権限を持っている。陸軍の高級将校たちが九五年と九六年に、重ねてわたしに漏らしてくれたところによると、通行許可証をめぐる両州の州首相と州知事の争いは、州行政全体を麻痺させる腐敗の原因になっている。しかもこの争いはしばしば、ＩＳＩのアフガニスタン政策に介入して衝突したり、タリバンがパキスタン政治家に対する「支配権」を拡大するきっかけをつくっているという。

マフィアは密貿易を拡大していく中で、アフガニスタンを裸にしていった。かれらはパキスタンの市場に木材を運ぶために、アフガニスタンの森林を何百万エーカーも伐採したが、植林はせず山林を裸にした。かれらはまた、ラホールに屑鉄(くずてつ)を運んで売るために、錆(さ)びた工場から鉄板をはがし、戦車や車両をこわし、電柱まで倒してしまった。マフィアが自動車窃盗団を組織して自動車を盗み、アフガニスタンに送り込む商売を始めたため、カラチやその他の都市ではカージャック事件が続発した。マフィアは盗んだ自動車をアフガニスタンやパキスタンの顧客に売りつけるのである。九二年から九八年にかけて、カラチだけで六万五〇〇〇台の車が盗まれた。盗難車のほとんどはアフガニスタンに運ばれ、ナンバープレートをつけ替えられて再びパキスタンに現れた。

運送マフィアはまた、ドバイ、シャルジャなどのペルシャ湾岸の港から電気製品を密輸入し、乾燥フルーツや乾燥木材の中に隠したヘロインを、タリバンが管理するようになったアフガニスタン国営航空のアリアナ便で密輸出している。アリアナ便はカンダハル、カブール、ジャララバードから湾岸諸国に直接乗り入れ、タリバンをジェット時代に適合させると同時に、シルクロードの密輸を近代ビジネス風に味つけしている。

ATTは、もともとパキスタンで強力だったヤミ経済に油を注いだ。学術的な調査によると、パキスタンのヤミ経済は七三年の一五〇億ルピーから九六年には一兆一一五〇億ルピーに膨れ上がり、国内総生産（GDP）に占める割合は二〇パーセントから五一パーセントに拡大した。同じ期間に関税逃れを含めた脱税額は一五億ルピーから一五二〇億ルピーに膨張した。

密貿易は九三年にはパキスタンのヤミ経済にざっと一〇〇〇億ルピーをもたらしたが、この額は九八年に三〇〇〇億ルピーにエスカレートした。この額はパキスタンの年間総輸入額一〇〇億ドルの三〇パーセントに相当し、九八、九九会計年度の歳入目標額に等しい。この他にアフガニスタンとパキスタンの間の麻薬取引額は、年間五〇〇億ルピーと推定されている。

北西辺境州ではバラと呼ばれる密輸市場は輸入された消費物資であふれており、パキスタン地元産業の大きな損失の原因になっている。例えばパキスタンはエアコンを国内製造していたが、九四年には三〇〇〇万ルピーの外国製エアコンを輸入した。ところが、当時、まったく電気のなかったアフガニスタンは、ATTを通じて一〇億ルピー相当のエアコンを輸入した。

このエアコンは全部パキスタンのバラに逆流し、地元のエアコン・メーカーを壊滅させた。無税の日本製のテレビや皿洗い機がパキスタン製とほぼ同じ価格で売られていれば、消費者は当然、日本製品を買うだろう。ペシャワル郊外のハヤタバードのバラには、英国のマークス&スペンサー、マザーケア、日本のソニーなどの有名ブランドの店があり、オリジナル製品を無税で売っている。

北西辺境州のマハタブ・アハメド・カーン州首相は、九八年一二月にこう述べた。

「ATTは州の経済活動を破壊してしまいました。人々は正直に稼ぐという考えを捨て、密輸をするのが当然の権利と考えています」

同様な経済破壊と汚職の広がりがイランにも発生した。パキスタンの運送マフィアが、燃料その他の物資をイランからアフガニスタンとパキスタンに密輸することで、イランは歳入を失うと同時に、政府最高レベルの人々が腐敗に蝕まれた。イラン当局者がわたしに非公式に認めたところでは、「ブニヤッド」と呼ばれるイラン国営産業グループや革命防衛隊までが、石油製品の密貿易による恩恵を受けているという。

石油製品をアフガニスタンに密輸すれば、イランでの通常取引の二〇倍から三〇倍の利益を上げられるというのである。アフガン軍閥の戦争マシーンは燃料をとめどもなく呑み込んでいるが、バルチスタンの石油業者は、マフィアを通じて安いイランの燃料を注文する。こうしてパキスタンの石油会社と税関をすり抜けるのである。

スンニ・ムスリムの世界

パキスタンはそれほど本気ではなかったが、数回にわたってATTをコントロールしようと試み、電子関係の輸入をストップしたりした。しかし、タリバンがパキスタン政府の命令に従わなかったり、マフィアが閣僚に圧力をかけたりしたため、政府はいつもATT規制の試みを断念した。イスラマバードには、パキスタン経済が被っている損害を指摘し、タリバンを強制的に命令に従わせようとする圧力団体は存在しなかった。

ＩＳＩはタリバンを命令に従わせるために、タリバンへの支援撤回という脅しをかけようとはしなかった。当惑したパキスタンと外国の投資家に対し、政府はタリバンのためにはパキスタン経済が破壊されてもいいと言わんばかりの態度を見せた。

政府はパキスタンからタリバンへ歳入を事実上移転するのを許したのである。それはタリバンへの非公式な援助の形を取った。受益者はタリバンだが、これに関係するパキスタン人も大変な富を得た。かれらはパキスタンのタリバン支援を継続させる強力な圧力団体をつくった。

アフガニスタンからの跳ね返りは、パキスタンの不安定を拡大する火に油を注いだ。ソ連のアフガニスタン侵攻の余波は、八〇年代のパキスタンに「ヘロインとカラシニコフの文化」をもたらし、それがパキスタンの政治、経済を破壊した。

「アフガン戦争に加担した一〇年間で、パキスタンの社会的様相はすっかり変化した。そのためどんな政府も、効果的な統治をしようとすれば深刻な問題に直面することになる。パキスタン社会はばらばらになり、高性能の武器があふれ、民間人の暴力がはびこり、麻薬の拡散に圧倒されている」

以上のように指摘したのは、アメリカの歴史家ポール・ケネディである。

九〇年代後半になると、アフガニスタンからの逆流はもっと広い範囲に広がり、国家のすべての組織を破壊するようになった。パキスタン経済はＡＴＴによって麻痺し、外交的には西側および近隣諸国から孤立し、法と秩序が崩壊する中でイスラム過激派が自らの法と秩序を実行し、タリバンに聖域を与えられた新登場のスンニ急進派が、九六年から九九年の間に数百人のパキスタン・シーア派を殺害した。この宗派抗争はパキスタンのスンニ多数派とシーア少数派の亀裂を一層拡大するとともに、パキスタンとイランの関係を危険に陥れている。

一方で、八万人以上のパキスタン人のイスラム活動家がタリバンとともに訓練を受け、タリバンとともに戦った経験を持っている。かれらはイスラム活動家の中核であり、タリバンと同様なイスラム革命をパキスタンで実行するつもりなのだ。

タリバンを模倣する部族グループが、北西辺境州とパキスタンのバルチスタン州のパシュトゥン・ベルト一帯で立ち上がった。九五年の初め、モーラナ・スフィ・モハメドが「タンジム・ニファズ・シャリアティ・モハメディ」と名乗る集団を率いてバジョール支庁に入り、シャリーア（イスラム法）を要求して蜂起した。この反乱はパキスタン軍に鎮圧されたが、鎮圧前にアフガン人とパキスタン人のタリバン数百人が合流した。タンジムの幹部たちはタリバンとともに、アフガニスタンに避難した。

九八年一二月、テヘリキ・トゥレバを名乗るオラクザイ支庁タリバン運動の一派が、二〇〇〇人が見物する前で殺人者を公開処刑して、パキスタンの法手続きに挑戦した。かれらはパシュトゥン・ベルト全域でタリバン式司法の実行を約束し、タリバンを真似てテレビ、音楽、ビデオを禁止した。この他にも、いくつかの親タリバンのパシュトゥン人グループがクエッタに登場、映画館の焼き討ち、ビデオショップ経営者の銃撃、衛星アンテナの破壊、女性たちの街路からの追放などを行った。

それでもタリバンが、九八年にマザリシャリフを占領した後、パキスタンは勝利を宣言し、アフガニスタンの八〇パーセントを支配するタリバンを承認するよう、世界に要求した。パキスタンの指導者は軍人、民間人を問わず、タリバンの成功はパキスタンの成功であり、パキスタンの政策は正しく、今後とも変更しないと言い続けた。パキスタンの考えでは、アフガニスタンへのイランの影響力は終わりを告げ、ロシア、中央アジア諸国もイスラマバードを介してタリバンと交渉せざるを得なくなるし、西側もタリバンのイスラム解釈を受け入れる以外にない。

それでもパキスタンのタリバン化を怖れる声が一般市民の間に強まった。だが国の指導者たちは国内に広がる混乱を無視した。国外では、パキスタンをアフガニスタン、スーダン、ソマリアと同様の、失敗した国家あるいは失敗しつつある国家と見る人々が増えていた。失敗した国家とは、必ずしも死すべき国家ではないが、死すべき国家になる可能性もある。失敗した国家とは、破産した政治的エリートが実行した政策が何回失敗しても、その政策を再検討する理由にはならないという、そういう国である。パキスタンのエリートたちは、アフガニスタン政策を改める気配をまったく見せなかった。ジア将軍は、ムガール帝国の皇帝のように「不信心の〝ヒンドスタン〟(インド)、〝異端の〟イラン(シーア派だから)と〝キリスト教徒〟のロシアの間に、スンニ・ムスリムの世界を再構築する」ことを夢見ていた。ジア将軍は、アフガン・ムジャヒディンのメッセージが中央アジアに広がり、イスラムを再生させ、パキスタン主導のイスラム諸国ブロックを創り出すと信じていた。ジアが一度も考えなかったのは、かれの遺産がパキスタンにどんな作用を及ぼすかということである。

第15章　シーア対スンニ　イランとサウジアラビア

テヘランの変化

一九九九年の春、テヘランに変化と再生の気分が現れた。イスラム革命から二〇年の間、テヘランの女性たちは、お上に命じられたヒジャブ、つまり頭からかぶる黒いテントのような制服に身を隠していた。ところが突然、豹模様の飾りや毛皮を配したヒジャブがはやり出したのである。中にはレーンコートやケープを羽織る女性たちも現れた。ケープの下からは、短いスカートやぴっちりしたジーンズやら黒い絹のストッキングがのぞいている。上から押しつけられた服装規定を離れて、ひとりひとりが女らしさを発揮する。

ヒジャブの規制が緩んだのは、九七年五月、サイード・モハマド・ハタミが大統領に選出された後、イランに現れた社会的変化を示す一つの徴候に過ぎない。ハタミ大統領はこの大統領選挙で七〇パーセントの有権者から支持を集め、保守強硬派の候補者に圧勝した。ハタミは、二五パーセントもの失業率や高いインフレに苦しむ若者たちの支持を集めた。若者たちはハタミが経済開発やもっとオープンな社会を切り開く指導者だと期待したのである。

ハタミの勝利は、直ちにイランと外部世界との雪解けをもたらした。イランは西側に向けて窓を開き、かつての敵である米国に「文明間の対話」の必要を訴え、アラブ世界との関係改善も求めた。アフガニスタン問題は、イランが米国およびアラブ世界との関係改善を図る上で絶好の課題であった。ビル・リチャードソン米国連大使は、九八年四月カブールを訪問した際、米国がイランをアフガニスタン危機を解決するための対話相手と見ているとのシグナルを発していた。イランはかつての敵、サウジアラビアとも会談を始めた。

イランの新外相カマル・ハラジは九八年五月、次のように述べた。

「イランとサウジアラビアの間にある積極的な雰囲気には勇気づけられるものがある。双方はアフガニスタン紛争の解決に協力する用意がある」

国連で一一年間イラン大使を務めたハラジは英語のできる人当たりのよい外交官であり、かれのソフトな外交マナーと外交スタイルは柔らかくなった革命を代表していた。

イランの新しい指導者たちは、タリバンに深い敵意を抱いていたが、非常にプラグマチックな観点から、イランの経済開発と政治的自由化にはアフガニスタンの和平が必要であることを理解していた。近隣が安定することは、イランが国際的孤立を終わらせるのに役立つはずである。ハタミはタリバンとの戦いを決して求めはしなかったが、それでも六ヵ月後、タリバンがマザリシャリフでイランの外交官九人を殺した事件で、イランは二五万の部隊を国境に集結させ、アフガニスタン侵攻の脅しをかけた。タリバンとの緊張が高まるにつれて、イランとサウジアラビアの新しい関係が重要性を帯びてきた。

アラブ人とペルシャ人の戦場

アフガニスタンは、ペルシャ人とアラブ人の間で戦われてきた、長く厳しい争いの一つの戦場でしかなかった。ペルシャ人とアラブ人は、スンニ派のアラビアとシーア派のペルシャの対立を背景に、お互いに征服し合い、支配し合った。一五〇一年、サファビ王朝のイスマイル帝は、イランをイスラム世界で初めての、そして唯一のシーア国家に変えた。ペルシャ人とアラブ人はいずれも中央アジアとアフガニスタンを征服したが、ペルシャ人の統治と文化の方が持続し、そのしるしが残った。

二〇世紀に起きた革命イランとイラクの長い戦争（一九八〇～八八年）は一五〇万の死傷者を出したが、全アラブ国家がサダム・フセインのイラクを支援したことにより、ペルシャ人とアラブ人の伝統的敵意をさらに強めた。この戦争が始まったころ、アフガニスタンでも別な戦争が始まった。冷戦の枠組の下で、米国がアラブ諸国の支援を得てイランを孤立させようと動き、ここにもペルシャ対アラブの古い敵対関係が続くことになった。

アフガン紛争では表面上、イランとサウジアラビアは同じ陣営に属していた。両国はソ連のアフガニスタン侵攻に強く反対してムジャヒディンを支援し、アフガン政府とソ連を孤立させようとする国際的な運動を支持した。しかし、両国は敵対し合っているムジャヒディンを別々に支援したし、イランはカブール政府との外交関係を断絶しなかった。サウジアラビアのムジャヒディン支援は米国やパキスタンと同列に並び、最も急進的なパシュトゥン人グループにふんだんな資金と武器を供給した。しかし、シーア派のアフガン人は無視した。サウジ人はまた、ワッハーブ派を布教するアフガン人には別途資金を回した。

サウジアラビアと米国はムジャヒディン支援で張り合い、両国から同じくらいの金額が渡された。サウジアラビアは八〇年から九〇年にかけて、公式援助として四〇億ドルをムジャヒディンに渡したが、それ以外にもイスラム慈善金、イスラム基金、王族の私的基金、モスクで集めた寄付金などの非公式援助もあった。この他にISI（パキスタン軍統合情報部）に直接与えた資金もある。

例えばサウジアラビアは、八九年にムジャヒディンの亡命臨時政府をイスラマバードに設ける交渉の中で、アフガニスタンの指導者たちを買収するために二六〇〇万ドルを渡している。このためムジャヒディンの指導者たちは、ワッハーブ派の人物を臨時政府の首相に指名せざるを得なかった。

クーデターの画策

九〇年三月にサウジアラビアは、新たにヘクマティアルのイスラム党に一億ドルを渡した。同党はカブールのシャハナワズ・タナイ将軍と組んで、アフガン軍内部でクーデターを画策していたが、一億ドルはそのための資金だった。しかしクーデターは未遂に終わった。九二年以降も、サウジアラビアはカブールのムジャヒディン政府に資金と燃料を送り続けた。燃料はパキスタン経由で流されたが、これがパキスタン歴代政府とISIを腐敗させ、支配する道具に使われた。

イランと米国の関係が断絶しているため、イランを根拠地にしたアフガニスタンのムジャヒディン・グループは国際的軍事支援をまったく受けられなかった。イランに逃れたアフガン難民二〇〇万人も、パキスタンにいる三〇〇万人の難民が受けているような人道的援助を受けられなかった。イラン政府のムジャヒディンに対する支援は、イラクとの戦争による予算難のため、かなり限定された。このようにして八〇年代を通じて、米国はアフガニスタンに関してイランを外部世界から完全に切り離した。このことはイラン人に米国を一層敵視させるとともに、冷戦が終わって米国がアフガニスタンから離れた後、イラン人をますますアフガニスタン問題にコミットさせた。

当初、イランのムジャヒディン支援はシーア派アフガン人、とりわけハザラ人だけに向けられた。それはイランの革命防衛隊が、レバノンからパキスタンに至る、各国のシーア派活動家に資金を渡した時代である。

八二年になると、イランで訓練された若いハザラ人の急進派が、七九年にソ連侵攻に反対してハザラジャートに登場した伝統的な指導者を打倒した。イランの資金と影響力がそうさせたのである。その後、八組のシーア派アフガン人グループがテヘランで認知されたが、イランはかれらに充分な武器や資金を与えることができなかった。その結果、イランに支援されたハザラ人たちはアフガニスタン内部で無視される存在になり、ソ連との戦いよりハザラ人同士の内部抗争に精力を注いだ。ハザラ人の分派主義はイランの近視眼的イデオロギー政策によって悪化した。イランに対する忠誠心がハザラ人の団結より重視されたのである。

ソ連軍の撤退が目前となった八八年までには、イランもハザラ人の団結強化が必要だと認識した。そこでイランは、イランを根拠地にする八つのハザラ人グループを支援して、単一のイスラム統一党に統合させた。イランは、新しいムジャヒディンの政府をつくる国際的な交渉に同党を参加させるための圧力をかけた。新政府はペシャワルに根拠地を置くパシュトゥン人に支配されそうだった。少数派のハザラ人がアフガニスタンを統治する望みは持てないのに、イランは当初、将来のムジャヒディン政府に参加するハザラ人の比率を五〇パーセントとするよう要求し、後に二五パーセントに落とした。

対立の激化

サウジアラビアがアフガニスタンに、ワッハーブ派と反シーア派を増やそうとして多数のアラブ人を送り込む中で、イランとサウジアラビアの対立が激化した。しかし、パキスタンは両国の間でバランスを保った。

両国の同盟国であるパキスタンは、カブール政権に反対する統一戦線を維持しなければならないと強調した。イランとサウジアラビアの対立は、八九年にソ連軍が撤退した後、イランがカブール政権に接近したため、さらにエスカレートした。

イランはカブール政権を、スンニ派のパシュトゥン人勢力による全アフガニスタン奪取に抵抗できる、唯一の勢力とみなしたのである。イランはイスラム統一党に再び武器を渡した。イスラム統一党は、カブールがムジャヒディンに降伏した九二年には、ハザラジャートだけでなくアフガニスタン西部のかなり広い地域を支配していた。

この間、サウジアラビアは、保護下に置いていたグルブディン・ヘクマティアルとアブドル・ラースル・サヤフが仲たがいしたため、大きな挫折を味わった。ヘクマティアルはカブールに成立したムジャヒディン政府に反対し、ハザラ人に合流してカブールを砲撃した。サヤフはムジャヒディン政府を支持した。この分裂は、九〇年のイラクのクウェート侵攻後に表面化したサウジアラビア外交政策の失敗の結果であった。サウジアラビアは二〇年にわたり、全ムスリム世界で数百ものネオ・ワッハーブ派の組織に資金を送り、ワッハーブ派の布教と影響力の拡大に努めてきた。

しかし、サウジアラビアが、これまで援助してきたイスラム組織に対して、米国に率いられる反イラク同盟への支持を訴えた時、イスラム組織の大多数はサダム・フセインを支持した。この中にはヘクマティアルやほとんどのアフガン・グループが含まれていた。サウジアラビアが注いだ長年の努力と何十億ドルものカネは無駄だった。

なぜならばサウジアラビアは、国益にそった外交政策への転換に失敗したからである。サウジアラビアの苦境は、保守的原理主義を守ることに存在意義のあるエリートが西欧化されている一方、非エリート階層が極端に反西欧的であるところに原因がある。

エリートは急進的なワッハーブ派を広める努力をしてきたが、これは国内外でエリートの足場を掘り崩す結果を生んでいる。皮肉なことに、サウジアラビアがこれまで無視してきた穏健なアフガン・グループだけが、最も必要な時にサウジアラビアを助けたのである。

九二年から九五年にかけてアフガン内戦が激化する中で、イランとサウジアラビアの対立も激化した。サウジ人とパキスタン人は、何度もアフガン全派閥を一本化しようと試みた。しかし、かれらはイランとハザラ人をどのような合意からも締め出そうとする努力も続けたのである。

新たなカブール政権の構成についてサウジアラビアとパキスタンがムジャヒディンを調停してまとめた九二年のペシャワル協定、それに内戦を終結させるために結ばれたが失敗に終わった九三年のイスラマバード協定とジャララバード協定では、イランとハザラ人は脇役扱いだった。八〇年代に米国にやられたように、九〇年代にサウジアラビアとパキスタンによって除外されたことで、イランは一層敵意を深めた。

イランの武器庫

その一方でイラン人は、きわめてプラグマチックになって、シーア派アフガン人だけでなく、パシュトゥン人の支配に抵抗するすべてのペルシャ語系民族グループを支援した。イランはタジク人と自然な結びつきを持っている。イラン人とタジク人のルーツは古ペルシャ人であり、言語も同じである。

しかし、イラン人はアハマド・シャー・マスードが九三年、カブールを攻撃した際、ハザラ人を残酷に殺したことで怒っていた。それでもイランは今や、イランが非パシュトゥン勢力を支援しなければ、スンニ派パシュトゥン勢力がアフガニスタンを支配してしまうことを理解していた。

九三年になって、イランは初めてカブールのブルハヌディン・ラバニ大統領とウズベク人軍閥のラシッド・ドスタム将軍に、相当量の軍事援助を送り、すべての民族グループにラバニの下に結集するよう呼びかけた。

イランの新しい戦略はパキスタンの利益と衝突することが多くなった。パキスタンは自分の保護下にあるグループをカブールに送り込むことを決意していたし、パキスタンとサウジアラビアは権力分割のどのような取り決めからも、ハザラ人を排除しようと決意していた。パキスタンが八〇年代に追求した、サウジ人とイラン人の間のバランスを取る巧妙な外交は放棄され、パキスタンはサウジアラビア寄りになった。

ソ連の崩壊と中央アジアの解放は、イランに国際的孤立を終わらせるために新たな衝動を与えた。アリ・アクバル・ベラヤチ・イラン外相は九一年一一月、中央アジアにルート打開の旅を試み、トルクメニスタンとイランの間に鉄道を建設する協定を結んだ。しかし、ここでも米国はイランを封鎖しようと動いた。ジェームズ・ベーカー国務長官は九二年、米国は中央アジアでイランの影響力を封じるためにあらゆる努力をすると宣言した。中央アジアのネオ共産主義政権の支配者たちは、当初、イランがイスラム原理主義を拡張しようとしているのではないかと、強い疑いの目を向けていた。

しかし、イランはその誘惑に耐えた。そして八九年、エドワルド・シェワルナゼ・ソ連外相がテヘランを訪問し、アヤトラ・ホメイニと会談したのを受けて、イランはロシアとの絆(きずな)を固めた。ホメイニは死ぬ前にイラン・ソ連関係の強化を裁可した。このためイラン人にとって、新しいロシアは合法性を帯びた。八九年から九三年までの間、ロシアは一〇〇億ドル相当の武器をイランに売り、空になったイランの武器庫を充当した。

イランはまたグルジア、ウクライナ、アルメニアなど旧ソ連の非ムスリム諸国と外交関係を開き、この地域におけるイランの立場を強化した。イラン人口の二〇パーセントをアゼル人が占めているのに、イランはアルメニアと戦争をしているアゼルバイジャンを支持しなかった。イランはまたロシアと国連に協力して、タジキスタンの内戦終結に努力した。イランと中央アジア諸国は、アフガン・パシュトゥン原理主義そのものと、それがパキスタンとサウジアラビアから支援を受けていることに対する疑惑を共有した。こうして、非パシュトゥン・アフガン・グループを支援する、イラン、ロシア、中央アジア諸国の同盟関係はタリバンが登場する以前から存在していたのである。

サウジアラビアの外交

サウジアラビアはこれと対照的に、ロシア、中央アジア諸国と国と国の関係を改善するために手を尽くさなかった。サウジアラビアが中央アジア諸国の首都に大使館を設けたのは、諸国が独立してから四年近くたっていた。その代わり、サウジアラビアは中央アジアに数百万部のコーランを贈り、中央アジアのムスリムにメッカ巡礼費を贈り、ムラーたちにサウジアラビアで勉強するための奨学金を贈った。

ムラーたちはサウジアラビアでワッハーブ派のイスラムを吸収した。これらの措置は中央アジアの支配者たちを動揺させるのに役立っただけである。二、三年のうちにウズベキスタン、カザフスタン、キルギスの支配者は、ワッハーブ派を自国の安全にとって最大の政治的脅威と呼ぶようになった。

サウジアラビアはアフガニスタンで自国の影響力が衰える中で、タリバンを重要な資産とみなした。サウジ人のタリバンとの最初の接触は、王族の狩猟旅行を通じてだった。パキスタンのウレマ・イスラム協会（ＪＵＩ）党首のモーラナ・ファズルル・レーマンが、九四〜九五年の冬にサウジアラビアと湾岸諸国の王族をカンダハルに招いて、初めてのノガン狩猟旅行を組織した。

アラブの王族たちは大型輸送機に数十台のジープを積み込んできたが、狩りが終わった後ジープはタリバンに寄付された。これ以降、サウジアラビア情報局長官のトゥルキ王子は、定期的にカンダハルを訪れた。トゥルキが九六年七月、イスラマバードとカンダハルを訪問した後、サウジアラビアはタリバンのカブール征服作戦に資金、車両、燃料を提供した。サウジアラビアの石油会社デルタとニンガルチョの二つがアフガニスタンを通過するパイプライン計画に加わっていることは、サウジアラビア政府にタリバン勝利を促すプレッシャーとなっている。

しかし、サウジアラビア王国の中で、王族にタリバン支援を説得するのに最も影響力のあるのはワッハーブ派のウレマ（イスラム法学者）である。ウレマは、上級ウレマ評議会とその他四つの国家機関を通じて、サウジ国王に対し指導的な助言役を果たしている。ウレマはムスリム世界へのワッハーブ派の輸出を一貫して支援してきたし、サウジ王室は常にウレマの意見にきわめて敏感である。

ファハド国王はイラクとの湾岸戦争に当たって、米軍を王国に駐留させることを許すファトワ（イスラム教令）を出してもらうために、三五〇人のウレマ会議を招集しなければならなかった。サウジアラビア情報局はタリバンに資金を送るのに、多数のイスラム慈善団体と同様に、ウレマと協力しなければならなかった。八〇年代にも同じようにして資金を集め、ソ連と戦うアフガン・ムジャヒディンに送ったのである。しかもウレマの支配下には膨大なモスクとマドラサのネットワークがあり、かれらはこのネットワークの金曜礼拝を通じて、草の根大衆のタリバン支援活動を組織しているのである。

サウジアラビアのアナリスト、ナワフ・オバイドによると、サウジアラビアのタリバン支援を推進したウレマは、大ムフティであり上級ウレマ評議会議長のシェイク・アブドル・アジズ・ビン・バズと、司法大臣でありウレマ評議会の重要メンバーであるシェイク・モハメド・ビン・ジュベルの二人である。タリバンは返礼として、サウジ王室とウレマに対する敬意を表現し、ワッハーブ派の伝統を真似て宗教警察を導入した。九七年四月、タリバン幹部のムラー・ラバニはリヤドでファハド国王に拝謁し、感情をあらわにしてサウジアラビアを褒めたたえた。

「サウジアラビアはムスリム世界の中心でありますゆえに、われわれはサウジアラビアの援助を受けたく思います。ファハド国王はタリバンの進めた措置とわが国にシャリーアを実施したことをお喜びになりました」とラバニは述べた。

その一三ヵ月後にファハド国王に拝謁したタリバン幹部たちは、サウジアラビアがさらに多くの援助を約束したことを明らかにした。その一人ムラー・モハメド・スタナクザイは「サウジアラビアはできる限りの援助をしてくれると約束しました」と語った。

米国がウサマ・ビン・ラディン引き渡しのためタリバンに圧力をかけるよう、サウジアラビアに要請しているにもかかわらず、サウジアラビアはタリバンを支援しているため圧力行使にきわめて消極的である。トゥルキ王子がカンダハルでムラー・オマルに個人的に侮辱された時、サウジアラビアはタリバンとの外交関係を縮小した。重要なことは、この決定がサウジ外交政策の根本的変化のゆえではなく、個人的な侮辱のために行われたことである。サウジアラビアはワッハーブ派輸出に伴うマイナスの経験に学んでいないようだ。

サウジアラビアのタリバン支援は、背後にいる米国がイランを敵対勢力で取り囲んで孤立させるという八〇年代の政策を再現させているのだと、イランに信じ込ませた。イランの想定によれば、米国は中央アジアからイランをよけて石油・ガスのパイプラインを通すという新たな目標を持っていた。タリバンがカブールを制圧した直後、イランの新聞はイラン当局者の以前からの想定を反映した論評を掲載した。

イラン外交官殺害事件

「タリバンのカブール制圧はワシントンで計画され、リヤドから資金を受け、イスラマバードから補給を受けた結果である」と、ジョムフリ・イスラミ紙は書いた。

しかし、アフガニスタンからイランに降ってくる本当の危険は国内への影響だった。イラン指導部は分裂し、世界中のシーア派支援を続けるべきだとする強硬派と、反タリバン同盟への支援を見直し、タリバンとの対決をなるべく避けようとする穏健派に分かれた。

イランはパキスタンと同様、アフガニスタン政策を自分の利益にそって推進しようとする各省庁やさまざまなロビー団体の間の争いに苦しんでいる。イラン国軍、革命防衛隊、情報機関、シーア派聖職者、それにブニヤと呼ばれる強力な財団などが、対立するロビー団体としていがみ合っているのだ。膨大な秘密資金を持つブニヤは、聖職者が経営し、国有セクター経済の大半を握り、冒険的な外交政策に資金を提供するイラン独特の機関である。

これらすべてのロビー団体の意見は、イラン外務省によって均(なら)されなければならなかった。均し役はアフガニスタン担当外務次官のアレディン・ボルジェルディで、一〇年以上もアフガニスタン政策を統括したスマートな外交官である。かれはアクバル・アリ・ラフサンジャニ前大統領の政権から引き続いてハタミ政権でも同じポストに任命されたが、マザリシャリフでイラン外交官が殺害された事件で辞任を余儀なくされた。かれはアフガニスタン政策では、対話の相手いかんでハト派にもタカ派にもなれた。同時にかれは、イランとパキスタンおよびサウジアラビアとの利害の対立が限界を超えることのないように保障しなければならなかった。これに対して、サウジアラビア外相のサウド・アル・ファイサル王子は、アフガニスタン政策のすべてを弟のトゥルキ王子とその指揮下のサウジ情報局に委譲していた。

アフガニスタン国家の崩壊は、イランへの麻薬や武器の大量流入を招き、イラン自身の安全を傷つけた。アフガニスタンの民族紛争がイランにこぼれ出す怖れが広がる一方、一〇〇万単位のアフガン難民を支える経済的コストも重かった。一般のイラン人は、イランに流入したアフガン難民を嫌った。イランには、パキスタンと同数の推定三〇〇万人の麻薬中毒者がいるが、イランの人口は六〇〇〇万人でパキスタンの半分である。イランからアフガニスタンへの燃料、食料品その他の物資の密輸はイランの歳入を減らした。折しもイランは世界の石油価格低下による歳入激減を体験、経済再建に困難を抱えている時期である。

イラン人にとってもっと大きな心配は、九六年以来、タリバンが反体制派イラン人グループをこっそり支援していることだ。

タリバンはカンダハルに「アハリ・スンナ・ワル・ジャマート」という名のイラン反体制派のための聖域を与えている。このグループはスンニ派で占められ、イランのホラサン州、シースターン州でスンニ派活動家を集めている。メンバーはイランで少数民族のトルクメン人、バルチ人、アフガン人などで、テヘランのシーア派政権を倒し、タリバン型のスンニ派政権を立てるのが目標である。イラン人口の九五パーセントがシーア派という現状では奇想天外な目標だが、それでもイラン国内の小さな反体制派を力づけているようだ。このスンニ派グループはタリバンから武器などの支援を受けており、イランはその背後のスポンサーがパキスタンだと見ている。

　イランの反タリバン同盟向け軍事援助は、九六年のカブール陥落後に増加し、九八年のマザル（マザリシャリフ）陥落後に再びエスカレートした。しかし、イランは反タリバン同盟と境界線で接していないため、マスード軍に空路または鉄道で補給物資を届けなければならない。鉄道輸送に当たっては、トルクメニスタン、ウズベキスタン、キルギスから許可を得なければならない。九八年にはイラン情報部が輸送機で、タジキスタン領クリアブにあるアハマド・シャー・マスードの基地に武器を空輸した。以後、マスードは頻繁にテヘランを訪れている。イランからマスード軍への補給が危険になったケースもある。九八年一〇月、キルギス治安部隊が列車を停止させたところ、貨車一六両に七〇〇トンの武器弾薬が発見された。列車は人道的援助物資の名目で、実はイランからタジキスタンに軍事補給物資を輸送中だったのだ。

　タリバンはイランの反タリバン同盟への支援に怒り、九七年六月、イランがアフガニスタンの平和と安定を破壊したと非難して、カブールのイラン大使館を閉鎖した。九七年九月、マザル奪取作戦の失敗が明白になった時点で出されたタリバンの声明は、次のように述べていた。

「イランの航空機は、国際的に認められたすべての法規に反してわが国の領空に侵入し、敵側が支配する飛行場に空から補給物資を投下した。このような介入に伴うすべての重大な結果は、イスラムの敵であるイランが負うべきである。アフガニスタンはイラン政府の反対派をアフガン領内にかくまい、イランにトラブルを起こすことができる」

しかしながらイランをタリバンとの戦争寸前に追い込んだのは、九八年のマザルにおけるイラン外交官殺害事件であった。この事件で、イラン軍のアフガニスタン西部への侵攻を求めるイラン民衆の運動が大々的に盛り上がり、保守強硬派はこの運動を利用してハタミ政権を危機に陥れようとする工作を進めた。侵攻に慎重なハラジ外相でさえ、タリバンを非難するのにきわめて強硬な言葉を使わざるを得なかった。

「タリバンはパシュトゥン人であるが、かれらが持続的な抵抗を受けずに、他の民族の政治参加を妨げることは不可能である。このような状況では平和はあり得ない。わたしはタリバンとタリバンを支援している者に警告する。われわれは国境付近での睨みあいや陰謀を容赦しない。われわれはパキスタンとの間で、アフガン問題を戦争で解決すべきでないと合意している。現在、戦争による解決を図ろうとする動きがあるが、われわれはこれを受け入れることはできない」

ハラジは九八年八月一四日の声明で、以上のように述べた。

イランは数回にわたり、パキスタンに裏切られたと感じている。九六年にちょうどブルハヌディン・ラバニ大統領が、イランの助言を入れてカブール政権の基盤を拡大し、パシュトゥン人やその他の民族を政府に組み入れようとした矢先、タリバンはカブールを占領した。イランはパキスタンがラバニの計画をつぶしたと確信した。九七年七月、ナワズ・シャリフ首相がテヘランを訪問した。かれはハタミ大統領と連名でアフガニスタン停戦を呼びかけ、軍事解決はあり得ないと宣言した。しかしイランは、パキスタンにはこの言葉を守る気がないと考えた。ジョムフリ・イスラミ紙は次のように書いた。

「パキスタンにはわれわれの信頼に応える余地がなく、イラン国民に対する立場を守っていない。われわれはわが国の国家安全保障に問題を生じさせるパキスタンを座視しない」

九八年夏、パキスタンはイランを説得して、両国合同の平和使節団を組織した。イランとパキスタンの中堅外交官が九八年七月四日、一緒にマザリシャリフとカブールを訪れ、互いに反対の側と話し合った。

それからわずか数週間後、タリバンがマザルを攻撃しイラン外交官を殺戮(さつりく)したことで、平和の試みは消えた。イラン側はパキスタンが平和を探るふりをしながら、イランをだましたのだと信じた。合同使節団を提案する一方で、ISI(パキスタン軍統合情報部)はタリバンのマザル攻撃を準備していたと、イランは信じたのである。

さらにイランは、パキスタンがマザルでの外交官の安全を約束していたと主張した。イランは外交官の殺害に怒り狂い、タリバンとパキスタンを非難した。イラン当局者によると、マザルのイラン領事館占拠を指揮したといわれるムラー・ドスト・モハメドは、まずビルの地下に外交官を集め、無線でカンダハルと通話した後、かれらを射殺したという。

殺されたイラン人たちは外交官ではなく、反タリバン同盟に武器を送る任務に従事していた情報要員だったというのがタリバンの回答だったが、それは本当だったようだ。ともかく事件後に続いた外交上の小競り合いを通じて、イランとパキスタンの間には信頼関係がなくなってしまった。

イランが試されるとき

イラン側がさらに怒ったのは、タリバンのマザル攻撃が、イランと米国の間で進行していた外交的接近のチャンスをつぶしてしまったことである。マドレーヌ・オルブライト米国務長官は九八年六月、イランがこの地域で果たしている重要な役割は「米国・イラン関係を米国務長官にとって重要な関心事項にした」と述べていた。

イラン側は、米国が初めてイランにまともに対応してくれたことに勇気づけられていた。アフガニスタン問題での米・イラン協力は「必ずや地域協力のモデルケースになるでしょう。また米国が地域の現実を理解し、イランが地域の平和と安全推進のために果たしている役割を米国が理解するきっかけになるでしょう」とカマル・ハラジ外相はわたしに説明してくれた。外相はさらにこう告げた。「われわれはずっと前から、イランが地域のキープレーヤーであることをかれら（米国）に理解させようと努力してきました」

米政府がタリバンに対する認識を変えたために、イランと米国の間は接近していた。タリバンの麻薬と女性に対する方針、タリバンがテロリストをかくまっていること、タリバン式イスラム原理主義がこの地域に与える脅威について、両国は批判的見解を共有するようになった。皮肉なことに米国にとっての脅威は今ではシーア派の原理主義ではなくて、タリバンのスンニ派原理主義になったのである。

タリバンは、今やサウジアラビアにとっても迷惑な存在になり、そのことがイランをサウジアラビアに接近させた。タリバンがビン・ラディンをかくまっていることはタリバン過激主義の極致を示すものであり、サウジアラビアの安定に対する脅威であることを示した。イランとサウジアラビアの接近は、イランが九八年にアフガニスタン侵攻の構えを見せた時も揺るがなかった。九九年五月、ハタミ大統領はサウジアラビアを訪問したが、イラン指導者としては三〇年来の訪問だった。

タリバンは、サウジアラビアの反体制派を支援しているため、サウジアラビアの安全に対する脅威となっている。かつてサウジアラビアは、アフガニスタンでの国家、政治的妥協、権力の分担などについてまともな考慮もしないまま、タリバンの原理主義に敬意を表していた。しかし、今やそんないい加減な態度を取る余裕はなくなった。サウジアラビアの外交政策は国家の制度というより個人の人間関係や親分子分の関係で決まっている。サウジアラビアのアフガニスタン政策は、今後ワッハーブ派よりサウジアラビアの国益や地域の安定を重視するだろうが、その先行きを見通すのは難しくなった。

ハタミ大統領がイラン国内の改革プログラムを推進しようとするなら、イラン政府は、今後ますますアフガニスタンの平和解決を必要とするだろう。平和解決によって反タリバン同盟への支援という無駄遣いをやめ、アフガニスタンからこぼれてくる麻薬や武器や宗派抗争を止めることができるし、対米接近をもっと進めることができる。皮肉なことに、タリバンの過激主義はイランとサウジアラビアが接近するのを助け、この両国とパキスタンの関係を弱めた。イランの外交本流への復帰によりパキスタンは大敗者となった。しかし、真にイランが西側からの孤立を終わらせるには、イランが国際社会で責任ある安定的なメンバーであることを証明しなければならない。その最初にして最大のテストはアフガニスタン和平への貢献であろう。

第16章　結論　アフガニスタンの将来

悲痛の国家

ブトロス・ブトロス＝ガリ前国連事務総長が、九五年に述べた言葉を借りれば、アフガニスタンは「世界に孤児扱いされている紛争、つまり気まぐれに選択する西側がたまたまユーゴスラビア紛争に関心を向けたために見捨てた」紛争国家になった。世界はアフガニスタンに背を向け、この国が内戦、民族間の分断、分極化を経てダメな国家になって行くのを放置した。アフガニスタンは価値ある国家でなくなり、国家がダメになる中で市民社会も破壊された。子どもたちは幾世代にもわたって根無し草のように育ち、戦う以外に自己確認する能力もなければ存在理由もない。大人たちは悪夢と残虐性に苦しみ、戦争と軍閥の権力しか知らない。

国連アフガニスタン調整官のラフダル・ブラヒミは次のようにコメントしている。

「われわれがここで対処しているのはダメな国家です。毒に感染した傷のようなもので、どこから消毒したらいいのか見当もつかないのです」

アフガニスタンの全人口が家を追われた。それも一回でなく何回も。物理的破壊はカブールを二〇世紀末のドレスデンに変えた。古代シルクロード沿いのアジアの十字路は、瓦礫（がれき）の行列になった。社会生活を支えるインフラらしきものは何もない。貧困の程度を示す指標の最低レベルのインフラさえもないのだ。ＩＣＲＣ（赤十字国際委員会）の九八年報告書によると、未亡人が世帯主の家族が九万八〇〇〇戸、身体障害者が世帯主の家族が六万三〇〇〇戸、戦争による負傷で手当てが必要な者が九八年だけで四万五〇〇〇人に上った。稼動している工場は、義肢、義足、松葉杖、車椅子などを作る人道援助機関の工場だけである。

アフガニスタンの分裂現象は多岐にわたっている。民族と民族、宗派と宗派、地方と都市、教育を受けた者と受けない者、銃を持つ者と非武装の者。経済は近隣国との密貿易を通じ、すべてを吸い込んでしまうブラックホールのような状態にあり、麻薬や武器の密輸がすべての関係国の基盤を掘り崩している。

「この国の開発に必要な最低限度の行政能力のある中央組織が登場するまでに、少なくとも一〇年か一五年はかかるでしょうね。これはわたしの個人的な考えで、かなり楽観的ですが」と述べたのは、スウェーデンの援助ワーカー、アンデルス・ファンゲである。

何世紀にもわたって政治権力と行政機関の間に築かれてきた複雑な関係は、完全に破壊されてしまった。国を再統一できる一人の指導者、一つの集団は存在しない。全国均一のアイデンティティはなく、血縁的・部族的基礎によるアイデンティティ、あるいは地域的なアイデンティティが幅を利かせている。今やアフガン人は自分たちを呼ぶのに、アフガン人あるいはパシュトゥン人、タジク人だけでは充分でなく、カンダハルの、パンジシールの、ヘラートの、カブールの、ジョウジャンのと、いちいち居住地の名前をつけなければならない。分解現象は垂直的にも水平的にも進み、一つの民族集団は一つの町あるいは一つの谷に広がる範囲で、他と切り離される。パシュトゥン人の部族構造は、部族の共有地や放牧地が失われたことで破壊され、戦争や住民の逃亡によって破壊された。非パシュトゥン人は自分たちの生き残りを、自分たちの戦争指導者あるいは自分たちの生まれた谷に賭けている。

昔はトラブルを調停する機能を持っていた部族組織の上下構造がなくなった。教育のある昔の支配階級はソ連の侵攻以後に逃亡し、平和解決を交渉できるような新しい支配階級は登場していない。妥協をしたり取引をしたりする政治階級はいない。ひとにぎりの人々をまとめる指導者はたくさんいるが、頭抜けた指導者は一人もいない。こうした枠組の下、戦争が終わる見通しがないまま国が分解し続け、粉々になった民族グループが地域全体に拡散して、不安定をもたらすという見通しが支配的になっている。

戦争の継続について主に責任を負うべきなのは、介入と暴力の悪循環が続く中で自らの代理人を支援し続ける外部勢力である。このプロセスを始めたのは、野蛮な軍事侵略を行ったソ連である。しかしソ連自身も深く傷ついた。

「われわれはアフガニスタンに、自分たち自身、自分たちの心と魂、記憶、習慣などすべてを、すべてのレベルで持ち込んだのだった」

「この弱々しい政治的冒険、いまだ立証されたことのない革命輸出の試みは、終わりの始まりを記したのだ」

アフガニスタンにソ連軍少将として従軍し、その後、ロシア大統領候補になったアレクサンドル・レベジは、このように述懐している。

アフガン・ムジャヒディンはソ連邦の消滅に貢献した。ソ連帝国の消滅あるいは共産主義そのものの消滅にさえ貢献した。アフガン人はこのことに自信を持っているが、西側の人々はそのように考えず、アフガニスタンが冷戦終結に貢献したことをほとんど認めていない。アフガニスタンからのソ連軍撤退は、内部からソ連のシステムが改革できると考えた、ゴルバチョフのペレストロイカとグラスノスチによる実験に終わりを告げた。

テロリズムと麻薬の聖域

ここに現在アフガニスタンに介入している外部勢力への教訓がある。介入者はアフガン人の力によってでなく、自己の脆弱（ぜいじゃく）な社会の内部に拡散する力によって、自己解体の危険に直面するのである。アフガニスタンから早々と退散した米国は、数年のうちに外交官が殺され、大使館が破壊され、ニューヨークで爆発が起こり、街頭に安いヘロインが出回るのを見ることになった。アフガニスタンが国際テロリズムと麻薬マフィアの聖域になったからである。アフガン人は今も米国に深い恨みを感じている。米国のために冷戦を戦ったのに、米国に見捨てられたからである。

米国は八〇年代、ソ連と対抗するために「アフガン人の最後の一兵まで戦う」用意があった。しかし、ソ連が撤退すると、米国はアフガニスタンに平和をもたらし、飢えた人々に食糧を与える用意をなくしてしまった。地域の国々は、米国の撤退によって生じた政治的真空を自らの影響力拡大のチャンスと見て、迷路に飛び込んだのである。

今日の米国は、パイプラインであれ、女性の待遇であれ、テロであれ、個々の問題一つを採り上げ、その周辺で総合的政策を立てようとしているが、これでは教訓をまったく学んでいないのを誇示するようなものだ。未実現のユノカル・プロジェクトは米国の政策立案者に多くの教訓を残しているが、バクーからジェイハンまでのパイプライン建設の約束を取りつけようと、米外交官たちが中央アジアの石油会社や政府のもとを駆け回っているのを見ると、教訓は学ばれていないようだ。このパイプラインは無期延期の公算が強い。着工開始は、当初二〇〇〇年とされていたが、何度も延期されて二〇〇三年になり、ごく最近では二〇〇五年まで延期された。

ユノカル・プロジェクトからの教訓はいくつもある。中央アジアからの大型パイプライン建設については、アフガニスタン、タジキスタン、ナゴルノ・カラバフ、チェチェン、グルジアそして対クルド人紛争など、この地域における全紛争を解決しようとする米国をはじめとする広範な国際的決意がない限り、いかなるパイプラインも建設できないだろう。この地域は未解決紛争の火薬庫である。地域全体にある程度の合意がない限り、安全なパイプライン建設はあり得ない。イランとロシアを地域の発展からいつまでも排除することはできない。自分たちが参加できない限り、イランもロシアもプロジェクトに抵抗したり邪魔したりするだろう。民族紛争が国家を分裂させている時には、いかなるパイプラインも建設できない。民族は現代の到来を告げる鐘の響きである。民族の問題を解決し、国家間の関係をまとめるには、軍閥を静かにさせておくための賄賂ではなく、粘り強い一貫した外交が必要である。

石油会社は、内戦、急速に動く政治的変革や政治的事件、治安の悪さ、イスラム原理主義や麻薬、銃の横行する環境などに弱いパイプラインを建設することはできない。昔のグレート・ゲームはお互いに認識している脅威をめぐるゲームであって、実際に武力が使われることはなかった。

ロシアと英国は境界線を引いて条約を結び、アフガニスタンを双方の間の緩衝（かんしょう）地帯とした。新たなグレート・ゲームの目的は地域の問題を解決し、安定化させることで、緊張や敵意を増やすものであってはならない。

米国は、すべての近隣諸国にアフガニスタンへの介入をやめさせるよう影響力を行使できる、唯一の世界パワーである。米国はこれまでに示した以上の決意を持って、それを実行しなければならない。

パキスタンは冷戦終結後、米国との戦略的提携関係を失ったことで弱体化した上、深い経済危機の痛みを味わっている。それなのに、カブールの次期政府を指名することで影響力を拡大しようと決意を固めている。自国より七倍も大きい好戦的なインドと隣り合っているため、パキスタンの安全保障に懸ける執念は、一九四七年の建国以来、その内外政策を形作ってきた。

一九五〇年代以来、パキスタンの運命を率いてきた軍・官・情報エリートは、民間社会に安全保障問題への介入を決して許さなかった。パキスタンの国家安全保障に対する脅威の性質を決定し、その解決策を決定する権限を持っているのは、選挙で選ばれた政府でも、議会でも、民間団体でも、常識でもなく、この軍・官・情報エリートだけだった。

宗派代理戦争

パキスタンでは一九八八年以来、選挙で選ばれた四つの政府が解任され、一〇の内閣が出現し、消滅した。政局安定は見果てぬ夢である。パキスタンが国家のアイデンティティ危機、政治的正統性の問題、経済管理の失敗、社会的分極化などを抱えている中で、パキスタンの軍・官・情報エリートは、第三世界の国としては今世紀後半で最悪の帝国主義的拡張政策にふけったのである。パキスタンは二つの戦線、カシミールとアフガニスタンで代理戦争を戦っている。これらの戦線からイスラム原理主義、麻薬、武器、社会の分裂現象など悪い副作用が国内に、もの凄い勢いで漏れ出しているというのに、政策見直しや再検討の動きはまったくない。

今パキスタンでは、タリバン式イスラム革命の機が熟している。もし革命が起これば、中東、南アジア、中央アジアの安定を危うくするだろう。

パキスタンの政策立案者が見落としていることは、カブールに安定した政府が登場すれば、国家再建のため食料品、燃料、外部世界とのアクセスなどを、パキスタンに依存することになるという点である。パキスタンがアフガニスタンに労働者、技術者、再建用資材などを手当てすることになり、パキスタン自体の経済が恩恵を受ける。アフガン難民が帰国し、難民支援の経費負担を免れるようになり、パキスタンは荒廃した国家機関や国境管理などの建て直しに着手できるだろう。

パキスタンはアフガニスタンにのめり込んできたが、イランの介入は基本的には防衛的で、限定された影響力の維持とタリバンの全土支配阻止に向けられてきた。しかしイランはシーア派カード、ペルシャ語カードを使ったり、イランが支援する民族グループを分裂させるなどのやり方で、アフガニスタンの分解化を大きく促進した。イランの支援の大部分を受けているハザラ人とウズベク人が互いに離反している姿は、イランの分割統治策がいかに反タリバン同盟の内部を荒廃させたかを、充分に物語っている。イランのアフガニスタン政策は、過去二年間に激化の一途をたどったイラン国内エリート間の権力闘争を反映している。

イランとパキスタンの間で信頼感と相互理解がまったく失われたことは、アフガニスタン和平プロセスを後退させ、アフガン人に破局的影響を残した。イランとパキスタンにはアフガン内戦解決のための共通の足場はなく、しかももっと悪いことは、両国がアフガニスタンおよび相手国内部の仲間に、シーア派対スンニ派代理戦争の費用を払い続けていることだ。これにより、地域内でシーア派対スンニ派の大爆発が起こる危険性が高まっている。タリバンの登場により、宗派的浄化ないし民族・宗派的浄化がアフガニスタン史上で初めて、その醜い頭部をもたげ始めた。

神学がすべて

中央アジア諸国は一団となって新しく登場したプレーヤーである。しかし、自らの国益を脅かしそうなものは直ちに排除する措置を取った。パシュトゥン人によるアフガニスタン支配は中央アジアには好かれないし、かれらはタリバンが密着したイスラム的感情を嫌悪する。かれらの民族的親戚がカブールの合同政権をになう組み合わせのうちに残っている間は、タリバンに抵抗する身内の戦いを支援し続けるだろう。このことは、中央アジアから出てアフガニスタンを通過するパイプラインや輸送路にアクセスしようとするパキスタンの計画を難しくする。中央アジア諸国はタリバンがアフガニスタン全土を征服すれば、その現実を認めざるを得なくなるだろう。しかし、中央アジア諸国が、タリバン支配のアフガニスタンとパキスタンを通るエネルギー輸出に信頼を置くことはなさそうである。

サウジアラビアは、国益にかなった合理的外交政策に変えることができず、国内ワッハーブ派の圧力団体をなだめるだけに終わっているように見える。ムラー・オマル自らが、サウジ王室に侮辱(ぶじょく)を与えた事件の後、サウジアラビアはタリバンから手を引いた。サウジアラビアによるワッハーブ派の輸出はブーメランのように自国内に逆流し、王室の権威を掘り崩しつつある。ウサマ・ビン・ラディンによる腐敗、失政に関する体制批判はサウジアラビア大衆の耳にもとどいている。アフガニスタン和平が進展しない限り、アフガニスタン内部の基地におもむいて、かれの代わりを務めたいとする、何十人もの新たなビン・ラディンが出現するだろう。

サウジアラビアがタリバンを支援したことは、世界中のムスリムにとって非常に迷惑なことだった。なぜならばタリバンのイスラム解釈が、非常にマイナスかつ破壊的に働いているからである。西側の一般的受けとめ方では、イスラムとタリバンとビン・ラディン式テロリズムは同一視されている。西側の評論家の多くは、タリバンを特殊な存在とはみなさず、イスラム全体を非寛容、反近代的だとして非難を加えている。タリバンはその他多くの原理主義集団と同様、神学以外のイスラムの遺産を放棄し、イスラム哲学、科学、芸術、美学、神秘主義などは忘れられている。こうしてイスラムの多様性は忘れられ、統治者が市民に責任を負うことを通じて正義と公正の市民社会を築かなければならない、というコーランの基本的メッセージも忘れられた。

初期ムスリム・アラブ文明の素晴らしさは、多文化、多宗教、多民族の多様性にあった。今日のムスリム世界に多く見られる国家経営の失敗は、イスラムの原初的道筋、イスラムの意図、イスラムの霊感が放棄され、野蛮な独裁や偏狭な思想的解釈に道を譲っているからである。ムスリムの歴史は征服、再生、敗北の循環だった。

「初期イスラム世界にまたがる諸民族を魅了し、利用したのはおそらくはイスラムの運命であったろう。しかし、その後イスラムは諸民族の暴力のえじきになった。やがて原初的戦士たちは、イスラムの全能的都市生活に飼い慣らされた」

フェルディナン・ブローデルは以上のように書いている。

タリバンもムスリムの伝統に従い、自らを変革し、政策を穏健化させて、アフガニスタンの豊かな民族的・文化的多様性を吸収することで、まっとうな国家統治者になれるだろうか。今日の状態ではそのようなことは起こりそうにない。

今日のタリバンは基本的に、自ら無視しようとしてきた部族社会と、自らその構築を拒否してきた国家構造の必要性の間に引き裂かれて、身動きができなくなっている。パシュトゥン人社会が分解したために、また非パシュトゥン人を無視しているために、タリバンは局地的な権力分担の仕組みをつくって欲しいという地元の要望にも応じられないでいる。これは過去に例のない現象だ。

国際人道援助の疑問

「パシュトゥンが一見支配的に見えるが、アフガニスタン国家構造の実際の組み立てには、全民族グループのエリートの参加と、行政および軍事部門における非パシュトゥン人の優越した役割を必要としていた」

アフガニスタンの学者アシュラフ・ガニは以上のように記している。

タリバンはアフガニスタンの歴史的傾向をあくまで拒否しているが、それはかれらが歴史に無知だからである。

同時にタリバンは、かれらが創設し、統治するアフガニスタン国家の定義を避けているが、それはかれらが何を望んでいるのかをはっきり把握していないからであろう。中央の権威、国家の組織形態、支配と統制のための方法論、一定レベルの住民の参加（ロヤ・ジルガ、イスラム・シューラなど議会的機能）を反映するメカニズムなど一切が欠落している。このことが原因で、多くのアフガン人がタリバンを受け入れることができないし、また、外部世界もタリバン政府を承認することができないでいる。

戦争の傷痕をいやすためにどのような国家が必要とされるか、そのことについて受け入れ可能な共通の定義が生まれない限り効果的な政府の編成は望めないだろう。しかしムラー・オマル周辺のカンダハル集団は、外部の意見やアドバイスを一切拒否する姿勢だ。タリバン内部の分裂も急速に進行しており、より穏健なタリバンが、ムラー・オマルとカンダハル・ウレマ打倒のクーデターを起こすこともないとは言えない。

これまでどの軍閥も民間人の生活に責任を感じたことはないが、タリバンには市民生活改善のための最低限の開発すら実行不可能である。なぜなら、タリバンはイスラムが個人の生活の面倒を見てくれると考えているからである。このことは国連とＮＧＯグループに根本的問題を投げかけている。それは人道的援助が結果的に戦争を長引かせているのではないかという疑問である。外国の援助機関が住民の生存を保障し、軍閥から住民に食糧を与える責任を免除しているために、軍閥は全資源を戦争に注ぎ込めるのではないか。このジレンマはスーダン、ソマリアなど破綻した国家にかかわっている国連や援助機関に共通の問題であり、国際的人道運動の将来にとって最大の挑戦になるだろう。

アフガニスタンにおける唯一効果的なＮＧＯは、組織的密輸と麻薬取引にかかわるものだけであろう。これまでにタリバンが実行したわずかな再建活動といえば、道路の修復、給油ポンプの設置、米人技術者を招いての携帯電話網の開設など、密貿易と麻薬取引の能率改善に関連するものだけだった。携帯電話は麻薬取引と密貿易用物資の移動のスピードを著しく高めた。学校や病院を建てたり、水道を引いたりするなど市民生活のために役立つことは、どの軍閥も一切、手をつけていない。

タリバンの限界

タリバンが、現在の形態を維持する限り、タリバンにアフガニスタン統治ができるようになるとは期待できないし、国際社会から承認されることも不可能であろう。仮にタリバンが北部を制圧したとしても、安定をもたらすことはできず、非パシュトゥン人とゲリラ戦争を続けるだけだろう。その場合のゲリラ出撃基地は中央アジアやイランに置かれ、地域全体を一層不安定化させるだろう。

しかし、アフガニスタンのパシュトゥン・ベルトでは、タリバンに代わるものはさらなる無秩序と混乱だけであろう。

「カブール以南のアフガン人の大多数は、タリバンを当初ほど買っていないが、タリバン以前の状態に比べると治安や生活の面でまだましであり、タリバンに代わるのは無秩序以外にないということに同意するだろう」スウェーデンの援助ワーカー、アンデルス・ファンゲは九九年二月にそう報告した。

タリバンが強制的に退場させられることはあり得ない。あり得るシナリオとしては、タリバンが分裂して、カブール、カンダハル、あるいはヘラートにそれぞれの分国を置く可能性である。

反タリバン同盟は、南部のパシュトゥン地帯を征服することも統治することもできない。マスードはこれまでに、タリバンを忌避するパシュトゥン人を多数抱え込むことができなかった。もし充分な数のパシュトゥン人を抱え込むことができたら、マスードは全国的合法性を主張できただろう。

反タリバン同盟が生き残れる唯一のチャンスは、非タリバンのパシュトゥン人派閥と連携を組むことに懸かっている。それは戦争を長引かせるが、タリバンを弱体化させ、その結果双方が交渉に同意する可能性が開ける。反タリバン同盟の側もこれまでに最低限の国家組織をつくることもできなければ、非パシュトゥン人のすべてを結集できるような代表的指導部をつくることもできなかった。多くのアフガン人の眼前で展開された、反タリバン同盟内部のいさかい、意見不一致、権力争いは同盟の力を破壊した。タリバンに憎しみを抱くアフガン人は多いが、かれらは反タリバン同盟にも信頼を置けないのである。

国家分解の怖れは恒常化している。九六年以来、タリバンの支配下にあるパシュトゥン人の南部と、非パシュトゥン人の北部の間にはヒンズークシ山脈による分断線が引かれ、カブールは双方から争奪の的になっている。多くの地域で展開された破滅的な殺戮、宗派的虐殺、民族浄化を経て、国家分解の可能性はきわめて高くなっている。幸いにして、権力と領国の保持のためには国家分割をいとわないスロボダン・ミロシェビッチやサダム・フセインは、アフガン軍閥の中には見当たらない。近隣諸国はアフガニスタンに介入しているが、どの国にとってもアフガニスタンの分裂は都合が悪い。

なぜならばアフガニスタンの分裂は複雑な民族の詰まったパンドラの箱を開き、国境を越えてこぼれ出す大量の難民や、麻薬、武器、イスラム原理主義を、もともと脆弱な周辺諸国に流入させるからである。いずれ正式なアフガニスタン国家の解体や分裂が起こる可能性はある。しかしこれまでそれを望むプレーヤーは出なかった。ここに将来和平プロセスに通じる前向きな希望がひとつ存在する。

アフガン和平の巨大な配当

国連による和平の試みはこれまでのところ何の配当も生んでいない。しかしそれは努力が足りないからではない。和平に成功しない理由は簡単だ。外部勢力が軍閥にカネや武器を送り続けている限り、内戦が衰える可能性はない。

可能性のある解決策は、アフガニスタンの外部から始まるプロセスにありそうだ。すなわち全周辺国がまずアフガニスタンへの武器禁輸に同意することだ。次いでそれを誠実に実行し、さらに国連による効率的な監視を行う。周辺諸国は、アフガニスタン国内の代理勢力に全国支配権を追求させるのでなく、影響力の及ぶ範囲が限定されることを受け入れなければならない。

とりわけイランとパキスタンの対話が不可欠である。この対話を通じ、パキスタンはその影響力が及ぶ範囲がパシュトゥン・ベルトに限定されるのを受け入れなければならない。イランも同様に影響力がアフガニスタン西部と中部に限定されるが、少数派のアフガン・シーア派を保障することは認められよう。

簡単に言えば、どの周辺国も自国の安全保障上必要なことだけでなく、別の近隣国の安全保障上の必要性を認めなければならないということだ。今となっては、アフガニスタンでは外部の影響力を完全に排除することはできないが、相互間の協定により許容できる水準まで、外部の影響力を封じ込めるか、限定しなければならない。どの近隣国も、他の近隣国に認められた安全保障上の利益を阻害することは許されない。

このような相互間協定を取りつけるための交渉はきわめて複雑である。なぜなら交渉は外交官だけでなく、各国の軍人や情報当局者もかかわるからである。国連や国際社会は、こうした協定がアフガニスタンの分裂を加速させたり、アフガニスタン国内の政府編成プロセスを妨害しないように、保証しなければならない。

アフガニスタンの内部解決はもはや、婉曲(えんきょく)表現で「基盤の広い政府」と言われる形で実現されることはあり得ない。ムラー・オマルとマスードがカブールで同席し、共同統治で合意する可能性はまったくない。その代わりに必要なのは、停戦であり、当初期間は権限の弱い中央政府であり、カブール非軍事化の合意であり、それぞれの派閥に支配されるそれぞれの地区に高度の自治権が保証されることである。

すべての派閥は、長期的には強力な中央政府を樹立すること、短期的には自派の自治権を守ることで同意する。このようにして、各派閥は独立したそれぞれの軍事力を保持しながら、カブールに設置される中央軍事力に兵力を差し出すことができる。

各派閥は外国からの再建援助を独立ベースで受け取ることはできるが、中央政府を通じた相互協力によって壊滅したインフラの再建に取り組む。この事業は派閥間の相互信頼と相互理解を強化するだろう。その地区ごとに選挙で選ばれるか、あるいは選定された代表者を通じて、物事を合法化するプロセスを推進することで全派閥が一致する必要がある。そうなれば最終的には、カブールに中央ジルガまたは中央シューラを設置することにつながるだろう。

現在交戦中の各派閥に交渉する意思がまったくない以上、このような協定をつくるための交渉がどれほど難しいかを過小評価するべきでない。交渉への一つの誘いとしては、世界銀行あるいは民間で、大規模慈善基金などの国際的ドナーが、各派閥間に最低限の協定ができ次第カネを支払うという約束で、大型の再建パッケージを始動させることが考えられる。このカネは基本的には軍閥への賄賂になり、軍閥に協定受諾の圧力をかける住民への奨励金になるだろう。まともな和平プロセスが始まるには、国際社会がこれまで見せた以上の、アフガニスタン和平への強い誓約を打ち出すことが必要になるだろう。

アフガニスタン和平は、地域全体に計り知れないほどの配当金を支払うはずである。パキスタンはアフガニスタンの再建から経済的恩恵を得るだけでなく、アフガン戦争から遺棄された武器、麻薬、テロ、宗派抗争、ヤミ経済などの拡散という問題に初めて立ち向かうことができる。地域におけるパキスタンの外交的孤立は解消し、中央アジアの輸送ネットワークにパキスタンの輸送ラインが一体化し、中央アジアから海に出る最短ルートを確保できる。

イランは世界でイランが本来居るべきポジションに戻り、南アジアと中央アジアと中東の中心に位置する大貿易国としての役割を復活させるだろう。トルコは、歴史的つながりを持つアフガニスタン内部のチュルク語系住民との、文化的・商業的きずなを復活させるだろう。

中国は安全保障面で従来より安心し、貧しいムスリムの住む新疆ウイグル自治区で、もっと意欲的な経済開発計画を進めるだろう。ロシアは中央アジア、南アジアとの間で、偽りの覇権主義的野望でなく、経済的現実に根差したより現実的な関係を構築することができるようになる。

同時にこれでロシアはアフガンの亡霊を休ませることができる。アフガニスタンを通過する石油・ガスのパイプラインはこの国と地域をつなぎ、アフガニスタン再建のための外国援助を促進するだろう。米国はもっと現実的な中央アジア政策を進め、より安全な環境で地域のエネルギーに接近し、テロリズムの危険に対処できるようになる。

しかし、もしアフガニスタン紛争が今後なお無視され続けるならば、最悪の事態が予想される。パキスタンはタリバン型のイスラム革命に直面する。それはパキスタンを不安定化させるだけでなく地域全体を危険に追い込むだろう。

イランは世界の外縁に残り続け、その東部国境は不安定にさらされる。中央アジア諸国は、そのエネルギーや鉱物資源を最短ルートで輸出することができないまま、経済は破産し、イスラムの反乱や不安定さに見舞われよう。ロシアは自国の社会と経済が瓦解する中で、中央アジアにおける覇権主義的野心を燃やし続けるだろう。賭け金はあまりに高額だ。

訳者あとがきと解説

龍谷大学法学部教授　坂井定雄

本書はAhmed Rashid著"TALIBAN : Islam, Oil and the New Great Game in Central Asia"（I.B.Tauris, London, 2000）の全訳である。二〇〇〇年一月に英国で、その後、米国、ドイツで発行された。「タリバン」について初めての本格的ルポルタージュ。中央・南西アジアの歴史、民族、文化、そして新たな石油・天然ガス資源も絡む複雑な国際関係を分析しつつ、この過激なイスラム（原理）主義運動の全容を解き明かした。発行後、間もなく『ニューヨーク・タイムズ』、英『サンデー・タイムズ』はじめ、各国の新聞書評欄で大きく取り上げられ、高い評価を受け、注目されている。

「タリバン」は世紀末も近い一九九四年、内戦が続くアジア最奥部の国アフガニスタンに突如出現した、イスラム神学生主体の武装勢力。二年後には首都カブールを占領して、「イスラム国」政権を追放、やがて国土の九割を支配するに至った。占領後のカブールで、女性の就業禁止、女子学校閉鎖、男性のあごひげ強制、犯罪者への死刑や手足切断の刑罰など、極端なイスラム法を実施、当時首都にいた国際的メディアによって大々的に報道されたこともあり、世界の関心を集めた。しかし、組織の秘密性、最高指導者ムラー・オマルの神秘性によって、その実像は謎に包まれたままだった。

その後タリバンは、中東諸国、旧ユーゴスラビアのボスニアやコソヴォの内戦、ロシアのチェチェン紛争、中央アジア諸国での反体制運動、さらには中国の新疆ウイグル自治区でのウイグル族分離独立運動などで戦う、イスラム武装勢力を支援し、アジア・中東・欧州の一部で影響力を広げるイスラム（原理）主義過激派の、いわば中心的存在になった。タリバンが提供した〝聖域〟に保護されている仇敵ウサマ・ビン・ラディンを殺すため、米国がアフガニスタンをトマホーク・ミサイルで攻撃をした事件（九八年）は記憶に新しい。

二一世紀を迎えるいま、タリバンはとくに二つの観点から、注目しなければならないだろう。一つは、はたしてタリバンは、過激なイスラム（原理）主義の新潮流なのか、サミュエル・ハンチントンが『文明の衝突』で主張した、欧米キリスト教文明と対立するイスラム文明の先兵なのか、その人間的、思想的実像はどんなものなのか、といった観点。

もう一つは、ユーラシア大陸最奥部、〝アジアの屋根〟に位置するアフガニスタンが、どのような国家、どのような存在になっていくのか、タリバンが支配し続けるのかどうか、支配し続けるならば、極端なイスラム法による統治が続けられるのか、それともより緩やかかな、普通のイスラム国家に変質していくのか、あるいは、タリバンもまた、別の勢力によって駆逐（くちく）されるのか、といった観点だ。

こうしたことは、タリバンを脅威とみなし、軍事的対抗行動さえ検討しているロシアと中央アジア諸国との関係、パキスタン、インド、イラン、中国など周辺諸国との関係、そして中央アジアからの石油・天然ガス・パイプラインのルートとして、アフガニスタンを注目する米国などとの関係に、直接的に影響する。

アフガニスタンの内戦終結、平和と安定の回復、周辺諸国との関係改善は、二一世紀のユーラシア大陸中央部の安定と発展にとって、重要なカギの一つになるだろう。著者が「日本版へのまえがき」で強調しているのも、そこにあると思う。

本書を理解する助けになればと願い、アフガニスタンの概要と最近史をごく簡単に紹介しよう。

アフガニスタンは、アジア最奥部、アジアの屋根といわれるヒンズークシ山脈、パミール高原の山間部にある国。面積約六五万平方キロの国土に一八八〇万人（一九九八年）の人口。

複雑な多民族国家で、最も人口が多いパシュトゥン人はパキスタン北部にまたがって住んでいる。タジク人、ウズベク人、トルクメン人は、中央アジアにそれぞれ自民族の国家があり、三番目に人口が多いハザラ人はモンゴル系。ハザラ人だけはシーア派ムスリム（イスラム教徒）だが、他の民族はスンニ派ムスリム。それぞれが、民族の言語を使っている。

住民の大部分が暮らす農山村では、部族構造がしっかりと残り、部族長・氏族長の支配、ロヤ・ジルガ（国民大会議）、ジルガ（部族長会議）、シューラ（評議会）などの伝統的な合議・決定制度が、大きな力を持ってきた。また、モールヴィ（高位のイスラム指導者）、ウレマ（イスラム法学者）、ムラー（モスクでの指導者）が、大きな社会的影響力を持っている。こうした伝統的制度と勢力が、イスラム武装勢力ムジャヒディンの基盤になって、八〇年代の侵攻ソ連軍とのゲリラ戦を勝利に導いた。

アフガニスタンが、国際的な注目を集め始めたのは、一九七八年四月、共和国のダウド政権が、若い共産主義グループの人民民主党のクーデターで打倒されてからだろう。新政権の革命評議会議長となった同党タラキ書記長は、翌七九年九月に死亡（暗殺といわれる）、党内反対派のアミンが議長に就任したが、アミンに不信感を持つソ連が七九年一二月二七日、軍事侵攻、アミンを処刑して、親ソ派のカルマルを議長に据えた。

しかし、ソ連とカルマル政権、その後継のナジブラ政権に対して、国内の伝統的勢力が各地で反乱を起こした。内戦の構図は、政府軍とソ連軍に対して、いずれもイスラムの旗を掲げた、ムジャヒディン（聖戦を戦うイスラム戦士）と自称し、人々からもそう呼ばれる武装政治勢力との戦いだった。ムジャヒディンはこのソ連軍とのゲリラ戦争をジハード（聖戦）と呼んだ。

ムジャヒディン各党は、部族的な武装集団の伝統にもとづいて、急進的なイスラム主義指導者を中心に結成され、主に本部をパキスタン北西辺境州のペシャワルに置いた。ペシャワルは、有名なカイバル峠のパキスタン側にある。各党は、九二年にカブールを占領して政権を樹立したラバニ、マスードを指導者とするイスラム協会（タジク人勢力）、ヘクマティアルのイスラム党（パシュトゥン人勢力）、イスラム統一党（ハザラ人勢力）といった具合に、民族ごとに、いくつも分立していた。また、地方には、部族長、ムラー、封建地主、軍人などが率いる軍閥が多数出現した。なかでも有力な軍閥は北部のドスタム将軍が握るウズベク人勢力だった。

アフガニスタンでのソ連軍とムジャヒディンとの戦争は、米中央情報局（ＣＩＡ）がパキスタン軍統合情報部（ＩＳＩ）の全面的協力の下に、ムジャヒディン各党に大規模な軍事援助を開始したことにより、冷戦時代最後の戦争になった。八〇年から八九年までの九年間の戦争で、ソ連は四五〇億ドル以上もの戦費をつかい、一万三〇〇〇人の戦死者を出して結局、敗退。この失敗が、ソ連崩壊への最後の一押しになった。

一方、米国は八〇年代から、さらに九二年のナジブラ社会主義政権崩壊まで、ムジャヒディンに総額四〇億〜五〇億ドルの資金と兵器を援助。この援助が、ＩＳＩを通じて、ムジャヒディン各党に渡され、各党の武装勢力と配下の地方軍閥に配布され、いわば軍閥の系列化も進んだ。さらにＣＩＡは、サウジアラビアの富豪で、イスラム過激派のウサマ・ビン・ラディンらの手を借りて、おもにアラブ諸国からイスラム過激派の青年数万人を傭兵として募り、ムジャヒディンの助っ人として送り込んだ。ナジブラ政権崩壊後、アラブ・アフガンと呼ばれたこれらの傭兵たちは、大部分故国に帰ったり、他のイスラム諸国に散ったが、その先で、自国での反体制活動、さまざまな反米テロ活動に加わった。米国は、ビン・ラディンはじめ、いわば飼い犬に手をひどくかまれることになったのである。ボスニア内戦やチェチェン紛争でも、イスラム側に相当数のアラブ・アフガンが参加している。

八〇年代の戦争で、アフガン国民は、米政府の推定では民間人一二〇万人、政府軍二五万人、ムジャヒディン一〇〇万人以上が死亡し、数百万人が難民化して、国内とパキスタン、イランに流出した。冷戦の終わり、ソ連解体、九二年のムジャヒディンによるカブール占領、ナジブラ政権崩壊、ラバニ政権樹立で、アフガニスタンから国際社会の関心は遠のき、米国の軍事援助も終わった。しかし、ムジャヒディン各派の抗争は続き、九四年のタリバン登場で、内戦が全土に拡大した。

筆者アハマド・ラシッドは、現役のパキスタン人ジャーナリスト。アジア随一の経済・政治専門誌

『ファー・イースタン・エコノミック・レビュー』、英紙『デイリー・テレグラフ』のパキスタン・アフガニスタン・中央アジア支局長を長年務めている。最近は英ＢＢＣ、米ＣＮＮでもレギュラー解説者として活躍している。

前著『The Resurgence of Central Asia-Islam or Nationalism?』（邦訳・坂井、岡崎『よみがえるシルクロード国家』講談社、一九九六）は、ソ連崩壊後の中央アジアを、その歴史を踏まえてレビュー、分析した力作だった。しかし、本書「まえがき」で著者が書いているように、この広いカバー・エリアでの、二〇年以上にわたるジャーナリスト活動で、かれがいわば心血を注いだ焦点は、アフガニスタンだったと思う。

著者は、同じ南西アジア出身のイスラム教徒。アフガン諸語とくにタリバンを生んだパシュトゥン人のパシュトゥ語に通じていることも武器にして、八〇年代のアフガニスタンでのソ連軍とムジャヒディンとの戦争、ソ連軍撤退後の旧ムジャヒディン諸勢力間の、そして旧勢力と新興タリバンとの内戦を、取材・報道し続けた。その中心は、かれ以外のだれもなしえなかった、徹底的な現地取材で、旧勢力のナジブラ大統領、ラバニ大統領、多数のタリバン幹部をはじめ、政治・軍事指導者から一般市民、一般兵士にいたるまで、じつに数多くのインタビューを積み重ねた。

だからこそ、著者はタリバンの実像に迫り得た、といえると思う。著者だけがなしえた、タリバン報道であり、書きえた本なのだ。

しかし、著者はタリバンの行動、〝タリバン流〟イスラム法解釈とその強制、とくに女性に対する非人間的強制に、厳しく批判的である。かれは、パキスタンでのジア・ウル・ハク軍政時代（一九七七〜八八年）、国内少数民族問題など人権問題で軍政に批判的な記事や論評を書き、治安当局による拘束や執筆禁止、そして国外追放の措置まで受けている。その一貫した、人権と人間性を尊重して沈黙しないジャーナリストとしての姿勢が、同じムスリムでありながら、いや、ムスリムだからこそ、タリバンを厳しく批判させることになった、といえるだろう。

わたし自身は、共同通信社の記者時代、七九年と八〇年、それぞれ、二週間程度、アフガニスタンで取材した。最初は、七九年初頭のイラン革命が新生社会主義政権下のアフガニスタンにどう影響するかの取材、二回目はソ連軍の軍事介入を取材するためだった。険しいヒンズークシ山脈の底にある都、カブールのエキゾチックな風景に感動し、近代的な服装、目の大きなアフガン女性たち、豊富な商品であふれるバザールなど、アジアの最奥地にこんなところがあるかと驚き、夜になると、ソ連軍への敵意に満ちた「アラー・アクバル（神は偉大なり）」の叫び声が、地底からわき起こるように、首都を覆っていたことを鮮明に覚えている。また、その後に取材したパキスタン・ペシャワルのアフガン難民キャンプでは、大勢の若者たちに囲まれ、ソ連軍の侵略を非難する激しい声を聞き続けた。かれらは、交代で、何週間も国境の向こう側の前線に出かけていた。

同じころ、著者も現地で取材を続けていたに違いない。それ以来、わたしにとってもアフガニスタンは、重いテーマの一つになった。八〇年代の四年間、ジュネーブ特派員だったわたしは、国連主導の和平交渉を初めから取材することになった。

前著『よみがえるシルクロード国家』は、わたしの方から著者に提案して邦訳出版した。今回は著者からの提案で、本書を出版することになった。翻訳は、共同通信社外信部の先輩で、アジア、欧州での取材経験も豊富な伊藤力司さんに、半分受け持ってもらった。前半はわたしが、後半は伊藤さんが担当した。

原著には、まえがきに一ページ半にわたり、著者の取材、報道に協力し、支えてくれた、国連諸機関、援助団体、赤十字国際委員会、パキスタンはじめアジアと欧米のメディア、ジャーナリストたちへの謝辞が丁寧に述べられている。そこには、約四〇人の個人名が挙げられている。また、巻末には、一八ページにわたる詳細な出典がついている。貴重な資料だが、ページ数の関係もあり、著者と相談の上、邦訳には載せなかった。出典を参照したい研究者には、原著をみていただくようお願いしたい。

本書のカッコ内の引用文で、著者自身がインタビューした発言は「です、ます」言葉で、他の文献からの引用は「である」言葉で区別した。

また、いずれにせよ日本語表記を正確にすることはできない、地名、人名は、原則として、共同通信社世界年鑑に拠(よ)った。同年鑑に出ていないものは、著者にも発音してもらって、なるべく短い表記にした。題名の「タリバン」についても同様。

本書の出版にあたり、前著同様、講談社学術局の和泉功さんにたいへんお世話になった。和泉さんの力添えがなければ、ロンドンでの出版後、わずか九ヵ月で邦訳出版をすることはできなかったろう。著者とともに深く感謝している。

二〇〇〇年八月

付録　女性および文化的問題に関するタリバンの布告

一、一九九六年一一月、カブールで発表された宗教警察総本部の布告

女性は住居の外に出るべきではない。女性が外出する場合は、おしゃれな衣服や化粧品を身に着けるべきでないし、男性より前に出るべきでない。

救いの教えであるイスラムは、女性に特別の尊厳を定めており、女性のために有益な指針を示している。女性は、女性を良い眼で見ない、役立たずの男たちの関心を引くような機会をつくってはならない。女性は家庭内で教師または調停者としての責任を有する。夫、兄弟、父親は家族に生活必需品(食料、衣服など)を手に入れる責任を有する。女性が、教育や社会に必要なことや社会サービスなどのために外出するときは、イスラムのシャリーアの定める規則通りに、身を覆わなければならない。女性たちがおしゃれで、飾り立てた、身に密着した、魅力的な衣服を着けて外出するならば、イスラムのシャリーアに呪われ、天国に行くことができなくなるだろう。

すべての家庭の年長者、ひとりひとりのムスリムはこの問題で責任を有する。われわれはすべての家庭の年長者に対し、家族を厳しく監督し、こうした社会問題を引き起こさせぬよう要求する。問題を起こした女性とその家庭の年長者はともども、宗教警察により威迫され、取り調べと厳しい処罰を受けるだろう。

二、イスラムのシャリーアに基づく国立病院と民間診療所の就業規則　一九九六年一一月、保健省が制定

1　女性患者は女性医師のもとへ行かねばならない。男性医師が必要な場合、女性患者には近親者がつき添わなければならない。

2　女性患者と男性医師は診察中、ともにヒジャブ（ベール）を着けなければならない。

3　男性医師は女性患者の患部以外の場所に触れたり見たりしてはならない。

4　女性患者の待合室には覆いがかけられていなければならない。

5　女性患者に寝返りを打たせる看護人は女性でなければならない。

6　夜間当直の際、男性医師は患者のコールがない限り、入院中の女性患者の部屋に入室してはならない。

7　男性医師と女性医師がいっしょに座ること、話し合うことは許されない。討議する必要があるときは、お互いにヒジャブを着けなければならない。

8　女性医師は簡素な服装をしなければならない。おしゃれな衣服や化粧品を着けること、化粧することは許されない。

9　男性患者が入院している病室に女性医師や看護婦の入室は許されない。

10　病院職員は定時に礼拝しなければならない。

11　宗教警察は監督のため、いつでも病院に立ち入ることが許される。何人も警察の立ち入りを阻止できない。

三、一九九六年一二月、カブールで発表された宗教警察総本部の布告

1　誘惑および女性の顔などの露出を禁止。運転手はイラン風ブルカ（アフガン風ブルカより露出度が高い）を着けた女性を車に乗せることを禁止される。これに違反した運転手は収監される。このような女性を路上で見かけた場合、女性の住居を突き止め、女性の夫を罰しなければならない。女性が刺激的で魅力的な服装をしながら、男性の近親者がつき添っていない場合、運転手はそのような女性を車に乗せてはならない。

2　音楽の禁止。これを公共報道機関を通じて伝播する。商店、ホテル、自動車、人力車でカセットなどの音楽は禁止される。この件は五日間にわたって監視される。音楽カセットが商店内で発見されれば店主は収監され、店は閉鎖される。五人以上の保証人が保証すれば商店は再開され、罪人は追って釈放される。自動車内でカセットが発見されれば、自動車は押収され運転手は収監される。五人以上の保証人が保証すれば、車は返却され、罪人は追って釈放される。

3　あごひげ剃りの禁止。一ヵ月半の後、あごひげを剃るか切るかしたと認められた者は逮捕され、あごひげが生え揃うまで収監される。

4　ハトを飼い、小鳥をもてあそぶことを禁止。一〇日以内に悪い習慣ないし趣味をやめなければならない。一〇日間後に立ち入り検査を行い、見つかったハトや小鳥は殺さなければならない。

5　凧上げの禁止。凧を売る店は廃止されなければならない。

6　偶像崇拝の禁止。自動車、商店、ホテル、室内その他の場所における肖像写真や肖像画は禁止される。肖像写真などを見つけた監視員はすべて破棄しなければならない。

7　賭博禁止。治安警察と協力し主な賭博場を摘発しなければならない。賭博者は一ヵ月間収監される。

8　麻薬使用の根絶。麻薬中毒者は収監され、麻薬供給者、扱い店は摘発されなければならない。店は閉鎖され、店主と客は収監され、罰せられなければならない。

9　米英式へアスタイルの禁止。長髪の男は逮捕され、宗教警察に連行され、髪を剃ってもらわなければならない。罪人は床屋に代金を支払わなければならない。

10　借金に対する利息および小銭への両替手数料、送金手数料の禁止。すべての両替店には、以上三点の禁止を知らせておかなければならない。これに違反した罪人は長期間収監される。

11　市中の水路で若い女性の洗濯禁止。違反した女性は、イスラムの礼式にそって自宅に連行され、その夫は厳しく罰せられなければならない。

12　結婚式で歌や踊りの禁止。これに違反した場合は家長が逮捕され、罰せられる。

13　音楽用ドラムの禁止。ドラムの禁止は周知させなければならない。違反者が出た場合は、宗教的長老が処置を決める。

14　女性用洋服の縫製と女性の寸法取りの禁止。洋服屋の店内で顧客の女性やファッション雑誌が発見されれば、店主は収監されなければならない。

15　すべての呪術の禁止。呪術関連のすべての書物は焼却し、呪術師は本人が悔い改めるまで収監されなければならない。

16　不礼拝禁止とバザールでの集団礼拝の指示。すべての地域で礼拝は定時に行われなければならない。礼拝時間中の交通は厳格に停止しなければならないし、すべての人はモスクに行かなければならない。礼拝時間中に店内に若者を見かけたら、直ちに収監しなければならない。

【用語解説】（訳者）

本書によく出てくるアフガン語（主にパシュトゥン人の用語）。イスラム用語はアラビア語と同じか、訛っている。

ウレマ　イスラム法学者。シャリーア（イスラム法）の高度な知識を備えた人物で、イスラム国家、社会で重要な役割を果たす。

カジ　イスラム法判事　シャリーアに基づくイスラム法廷の判事。

ジハード　聖戦。イスラム社会を広げ、あるいはイスラムの敵からイスラム社会を守る戦い。本書では、八〇年代の侵攻ソ連軍に対するゲリラ戦争を指す。

シャリーア　コーランと預言者の言行伝承などにもとづいて集大成されたイスラム法。神が定めた「道」を示す規範で、人間はそれにただ絶対的に服従しなければならない、とされる。近代法の民事法、刑事法に相当する法的規範から、信仰、行、道徳律まで、ムスリムの生き方のすべてを規制する内容を含む。

シューラ　評議会。さまざまなレベルで常設され、政策提言を決定するなど、議会的な役割を持つが、議員は公選ではない。一般的にその権限は行政の長に対する提言など。タリバンの統治では、国家的最高機関はムラー・オマルが主催するカンダハル・シューラ。アフガニスタン政府の閣議に相当するのは、カブール・シューラ。各市には、市議会に相当する市シューラがある。

ジルガ　アフガニスタンの伝統的な部族長会議。国家的レベルのロヤジルガは部族長、ウレマなど指導者たちの会合で、国王の選出など国家的重要決定を行ってきた。

パシュトゥンワーリ　パシュトゥン社会の部族的おきて。シャリーアに一致しないことも少なくない。

ファトワ　高位のウレマによる重要事項のイスラム法的裁断。

ブルカ　アフガン女性が頭から足もとまでかぶり、顔や素肌を見せないイスラム的伝統衣装。黒や濃紺がほとんど。

マドラサ　イスラム学校。コーランを読むことをはじめ、イスラム教を教える。小学校レベルでは、字の読み書きから教え、高校、大学レベルになると、ウレマ、ムラーなど聖職者の養成のための、高度な教育内容になる。近代化された国では、国が定めた教育プログラムによる学校とマドラサが共存している。

ムジャヒディン　聖戦を戦うイスラム戦士あるいは武装勢力。本書では、侵攻ソ連軍と戦った武装勢力を指す（訳者解説参照）。主なムジャヒディンは七党あった。反ソ聖戦中、主に本部をアフガニスタン東部国境から近いパキスタンの北西辺境州ペシャワル市に設けた。アフガン難民の青年を訓練してゲリラ部隊を編成、アフガニスタン国内に送り込んだ。ＣＩＡ（米中央情報局）、パキスタンＩＳＩ（軍統合情報部）は、ムジャヒディンに強力な軍事援助をした。

ムスリム　イスラム教徒。

ムラー　イスラム指導者の称号。村や町あるいは都市のモスクには必ずムラーがいて、イスラムの説教、出生、結婚をはじめムスリム社会のすべてをシャリーアにもとづいて取り仕切る。

モールヴィ、モーラナ　一部の高位のイスラム指導者の称号。

モスク　イスラム礼拝所。イスラム寺院という訳語はあまり適切ではないが、誤りでもない。ムスリムが住むところには必ずあり、ムスリム社会にとって最も重要な基本的施設。

【主要人物】

（アフガニスタン）

イスマイル・ハン　ヘラートと周辺州を支配した軍閥。ソ連軍侵攻時は政府軍将校だったが、反乱に決起。タリバンと戦い、九五年九月、ヘラートを放棄、イランに脱出。

オマル　ムラー・ムハンマド・オマル　タリバンの最高指導者。

ドスタム　ラシッド・ドスタム　北部のウズベク人武装勢力の指導者。旧政府軍の将軍だった。

ナジブラ　八六〜九二年、社会主義政権の最高指導者。大統領。ムジャヒディンがカブール占領した九二年以降、市内の国連施設内で保護されていたが、九六年に同市を占領したタリバンに殺害された。

ヘクマティアル　グルブディン・ヘクマティアル。パシュトゥン人のムジャヒディン「イスラム党」の指導者。ラバニ政権下の首都をロケット攻撃する一方、反タリバンで手を結び、一時、同政権の首相に就任。

マスード　アハマド・シャー・マスード。タジク人中心のムジャヒディン「イスラム協会」の軍事指導者。ラバニ政権の国防相。ソ連軍に最も恐れられた。タリバンが首都を占領、国土の大部分を支配するようになって以後、出身地のパンジシール渓谷を本拠地にして、タリバンに対する抵抗を続ける。反タリバン勢力を結集した「北部同盟」の最高司令官。

ラバニ　ブルハヌディン・ラバニ。「イスラム協会」の最高指導者。九二年、反政府勢力を率いてカブールを占領。ナジブラ政権を打倒。九三年一月、大統領に就任。九六年九月、タリバンの攻勢で首都脱出、マスード司令官とともに行動。支配地域は国土のごく一部でしかないが、二〇〇〇年九月現在、国連での代表権を依然確保し続けている。

（パキスタン）

ジア・ウル・ハク　「ジア」とも呼ばれる。七七年七月、陸軍参謀長時代にクーデターをおこし、アリ・ブット初代首相から政権奪取。八八年八月に航空機事故で死亡するまで、大統領として軍事政権維持。ＩＳＩ（軍統合情報部）を指揮して、ＣＩＡ（米中央情報部）によるムジャヒディンへの軍事援助供与に全面協力。ソ連軍を敗北させるのに貢献。

ベナジール・ブット　アリ・ブット首相の娘。ハク大統領死去後の民政復帰選挙で、人民党を率いて勝利。イスラム圏初の女性首相に就任。八八年一二月〜九〇年一〇月、九三年一〇月〜九六年一一月の二回、首相を務める。アフガニスタンに積極的に介入。

【国連諸機関】

ＵＮＨＣＲ　国連難民高等弁務官事務所。全世界の難民を支援。

ユニセフ＝ＵＮＩＣＥＦ　国連児童基金。途上国の子供の生活、保健衛生、教育の向上支援。

ユネスコ＝ＵＮＥＳＣＯ　教育、文化、科学を通じて各国民の協力を推進。世界の文化遺産の保護。

WFP　世界食糧計画　食糧援助、緊急援助の実施機関。各国政府の自発的拠出に依存。

索引

●ア

ISI（パキスタン軍統合情報部）――47,141,161,2420
ICRC（赤十字国際委員会）――232
アジア経済危機――279
アスカル・アカエフ大統領――121
アゼルバイジャン国際操業会社（AIOC）279
アナン国連事務総長――150
アハマド・シャーの墓所――50
アハマド・シャー・マスード――42,105,155,373
アハル・アルハル・オ・アック――89
アハリ・スンナ・ワル・ジャマート-372
アフガニスタン――33,398
アフガニスタン救国イスラム民族戦線――122
アフガニスタン民族解放戦線――159
アフガニスタン問題――322
アフガン回廊――33
アフガン軍閥――52
アフガン・シーア派――393
アフガン・トランジット貿易（ATT）――348,352
アフガン・ナショナリズム――155
アフリディ、レーマン事件――221
アヘン輸出税――226
アミール・アブドル・ラーマン――41
アミール・ウル・モミンイーン（信仰者たちの指導者）――50,87
アヤトラ・ハメネイ――147
アラー・アクバル（神は偉大なり）―195
新たなイスラム急進主義――324
アラブ・アフガン――236,243
アル・カーダ（軍事基地）――32,243
アルジェリア・アフガン――249
アル・ジハード――251
イスタフバラト――240
イスマイル・ハン――77
イスラム協会――161,399
イスラム・シーア派――156
イスラム諸国会議機構（OIC）――130
イスラム的刑罰――210
イスラム党――399
イスラム統一党――134,363,399
イスラム統一党指導者――146
イスラム党ハリス派――158
イスラム法――210
イード――212
イブン・バットゥータ――159
イラン――274,359
イラン制裁政策――317
イラン体制転覆計画――325
インド・アフガン帝国――37
ウィリアム・ケーシーCIA長官――236
ウサマ・ビン・ラディン――32,145,240,247,370
ウズベキスタン――269,296
ウズベク人――113
ウレマ（高位のイスラム法学者）―47,158
ウレマ・イスラム協会（JUI）――61,368
ウレマ会合――138
ウンマ（イスラム共同体）――162
エモマリ・ラフモノフ大統領――224
エル・ガンマ・イスラミヤ（イスラム団）――250
オスロ協定（イスラエルとパレスチナの和平合意）――280

●カ

カイバル峠――34
カザフスタン――294
カジ・フサイン・アハメド（イスラム協

会党首)――170
カスピ海地域――259,295
ガスプロム――318
カデリーヤ――159
カブール大学シャリーア学部――158
カブール評議会――182,190
カリフ（後継者)――88
カリモフ大統領――271
カンダハル――49
カンダハル評議会――181
キルギス――30
ギルザイ・パシュトゥン――38,46,181
クエッタ・マフィア――351
グルブディン・ヘクマティアル―51,161
KHAD――4,195
国際合弁企業セントガス――318
国連安全保障理事会――149,327
国連難民高等弁務官事務所（UNHCR)
――128
国連麻薬取り締まり計画（UNDCP)-218
コーラン――89,387

●サ

サイード・モハメド・ハタミ大統領-359
ザカート（貧者へのイスラム的喜捨)
――155
サパルムラト・ニヤゾフ大統領
――260,274,287
ザヒル・モハメド・シャー元国王―155
サファビ朝――38
サラフ――259
サルダル・モハメド・ダウド――42
ザルヒカル・アリ・ブット首相――42
CIA（米中央情報局)――93,161,222,303
CIA秘密予算――95
シェブロン――279
ジェンダー政策――208
ジハード（聖戦)――44,155,164
シパへ・サハバ・党（SSP)――172
シャリーア（イスラム法)――24,68
シャルワル・カメーズ――25
シューラ（評議会)――59
宗教警察――192
宗教順守局――192
地雷――231
地雷撤去――231
ジルガ（部族長会議)――48
新グレート・ゲーム――31
新ペルシャ・ルネッサンス――36
スーフィズム――159
スペツナズ――47
スンニ急進派――357
スンニ派――157,361
スンニ・ハナフィ学派――157
スンニ四学派――156
世界食糧計画（WFP)――132,232
世界貿易センター爆破――241
赤十字国際委員会（ICRC)――47,119
全アフガン人対話――97
祖国防衛最高評議会――108

●タ

対アフガニスタン政策再検討――94
大タジキスタン主義――269
大パシュトゥン人国家――342
タジキスタン――268
タジキスタン内戦――122
タジク人――267
タフキル――252
WAD――195
タリカト（道)――166
ダリ語――37
タリバン（タリブの複数形)
――56,76,163,341,390
タリバン運動――164
タリバン化――334,345

タリバン現象――397
タリバン・シューラ(評議会)――176
タリバンのスンニ派原理主義――376
タリブ――56,158
チシュティア同胞団――80
チムール――36
チムール帝国――36,80
中央シューラ――394
中央ジルガ――394
チンギス・ハン――36,270
デオバンド主義――163
デルタ――369
テロ支援国――343
デュランド・ライン――41,344
ドゥラニ・パシュトゥン――38,47,104
独立国家共同体（CIS）――121
ドスタム将軍――52,83,96,107
トルクメニスタン――259,273
トルコ――277

●ナ

ナクシュバンディ教団――80
ナクシュバンディヤ――159
ナジブラ元大統領――29,101
ナジブラの処刑――102
日本人技師四人の拉致・人質事件――6
ニンガルチョ――369
ヌルスルタン・ナザルバエフ大統領-294
ネオ・ワッハーブ派――365

●ハ

バイアト――88
バイツル・マル（イスラム基金）――28
パイプライン計画――230
パキスタン――337
パキスタン人民党（PPP）――168
バクー・ジェイハン計画――279
ハザラ人――34,118,131,142,363
ハザラ人虐殺――156
ハシーシ――217
ハシーシ中毒治療法――217
パシュトゥ語――37
パシュトゥン人――23,34
パシュトゥンワーリ――27,205
バスマーチ――267
ハナフィ学派――156
ハマス――250
バーミヤン――131,145
ハラカット・ウル・アンサル――252
ハルク（人民）派――43
パルチャム（旗）派――43
バルフ――35
バルフの遺跡――115
ハワジャ・アブドラ・アンサリ――80
ハン（族長）――43
汎イスラム主義――256
反カブール同盟――91
反シーア派作戦――156
反タリバン同盟-109,121,123,157,373,391
汎トルコ主義外交――277
反米テロ事件――248
反ラバニ同盟――96
ヒズボラ――250
ファトワ（教令）――246
フェルガナ盆地――37
ブズクシ――116
部族ジルガ（評議会）――176
ブット・パキスタン首相――95
ブニャッド――355
ブリダス――32,230,276,305,319
ブルカ――194
ブルハヌディン・ラバニ――42
文明の衝突――397
米国際援助局（USAID）――313
米国のカスピ政策――279
米上院外交委南アジア小委員会――94

米麻薬規制局（DEA）――221
平和民族統一党――160
ヘラート――34,78
ヘロインとカラシニコフの文化――356
北部同盟――30

●マ

マスード――75,148,161
マドラサ（イスラム学校）――24,55,158
マドレーヌ・オルブライト（国務長官）――332
マフタブ・アル・キドマット――240
密輸市場――354
民族イスラム戦線――250
ムガール帝国――37
ムジャデディ家――159
ムジャヒディン（イスラム武装勢力）-42
ムスリム急進派――238
ムハッラム――212
ムラー・オマル――30,46,57,88,119,228
ムラー・ハッサン・レーマニ――45
ムラー・ワクリ・アハメド――59,83,89
モハメド・カシム・ナナウタウィ――165
モハメド・マシャル――212
モルビ・アハメド・ジャン鉱工業相-229
モールヴィ・サイド・パサナイ――188
モールヴィ（高位の宗教指導者）――158
モールヴィ・カラムディン――192

●ヤ

ヤシュラー鉱区――288
ユノカル――31,94,230,276,295,314
ユノカル・プロジェクト――383
預言者ムハンマド――162

●ラ

ラジオ・シャリアト（旧ラジオ・カブール）――195
ラシッド・アハメド・ガンゴヒ――165
ラシュカル――184
ラマダン（断食月）――155
陸軍全国補給組織（NLC）――65
ロディ朝――37
ロヤ・ジルガ（国民大会議）――39,398

●ワ

ワッハーブ派――168,271

●著者略歴
アハメド・ラシッド(Ahmed Rashid)
一九四六年生まれ、ケンブリッジ大学卒業。パキスタンの著名なジャーナリスト。英BBC、米CNNのレギュラー解説者として活躍中。現在、経済・政治専門誌『ファー・イースタン・エコノミック・レビュー』および『デイリー・テレグラフ』パキスタン・アフガニスタン・中央アジア支局長。

●訳者略歴
坂井定雄(さかい　さだお)
龍谷大学法学部政治学科教授（専門は中東・中央アジア現代政治・地域紛争）。一九三六年生まれ。東京都立大学理学部卒業。一九六〇〜九三年、共同通信記者。ベイルート、ジュネーブ支局長などを歴任。

伊藤力司(いとう　りきじ)
ジャーナリスト(国際問題)。一九三四年生まれ。東京外国語大学フランス科卒業。一九五八年共同通信社に入社、外信部、サイゴン、パリ、ハノイ支局長、編集委員、論説委員などを務めた。

N. D. C.229.6　417p　20cm

タリバン
――イスラム原理主義の戦士たち

二〇〇〇年一〇月二〇日　第一刷発行
二〇〇一年 九 月二〇日　第四刷発行

著　者　アハメド・ラシッド
発行者　野間佐和子
発行所　株式会社講談社
東京都文京区音羽二―一二―二一／郵便番号一一二―八〇〇一
電話　編集部（〇三）五三九五-三五六〇
　　　販売部（〇三）五三九五-三六二四
　　　業務部（〇三）五三九五-三六一五
印刷所　豊国印刷株式会社
製本所　牧製本印刷株式会社
定価はカバーに表示してあります。

ISBN4-06-210255-2　（術２）